who?

special

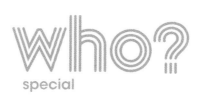

글 김현수

학습 만화와 독립 단편 영화를 오가며 글을 쓰고, 영화를 만들고 있습니다. 주요 작품으로는 《who? 한국사 윤봉길》, 《who? 스페셜 김연경》 등 다수의 Who? 시리즈와 부천 국제 판타스틱 영화제에 출품된 〈투명인간과의 인터뷰〉, 〈점프〉 등 독립 단편 영화가 있습니다.

그림 이유철

한국출판미술대전1999에서 장려상을 수상했으며, 오랫동안 애니메이션 동화 작업을 해 왔습니다. 현재 〈과학소년〉에 만화를 연재하고 있습니다. 주요 작품으로는 《상상영단어》, 《몸의 주인은 나야!》, 《그리스 로마 신화》, 《why? 스포츠 야구》 등이 있습니다.

다산어린이 공식 카페

책을 더 재미있게, 책을 더 오래 기억하는 방법
다산어린이 공식 카페에는 다양한 독서 활동 자료가 있습니다.
자료를 활용하여 아이들의 독서 흥미를 더욱 키워 주세요.

who? special

킬리안 음바페

MBAPPÉ

글 김현수 | 그림 이유철

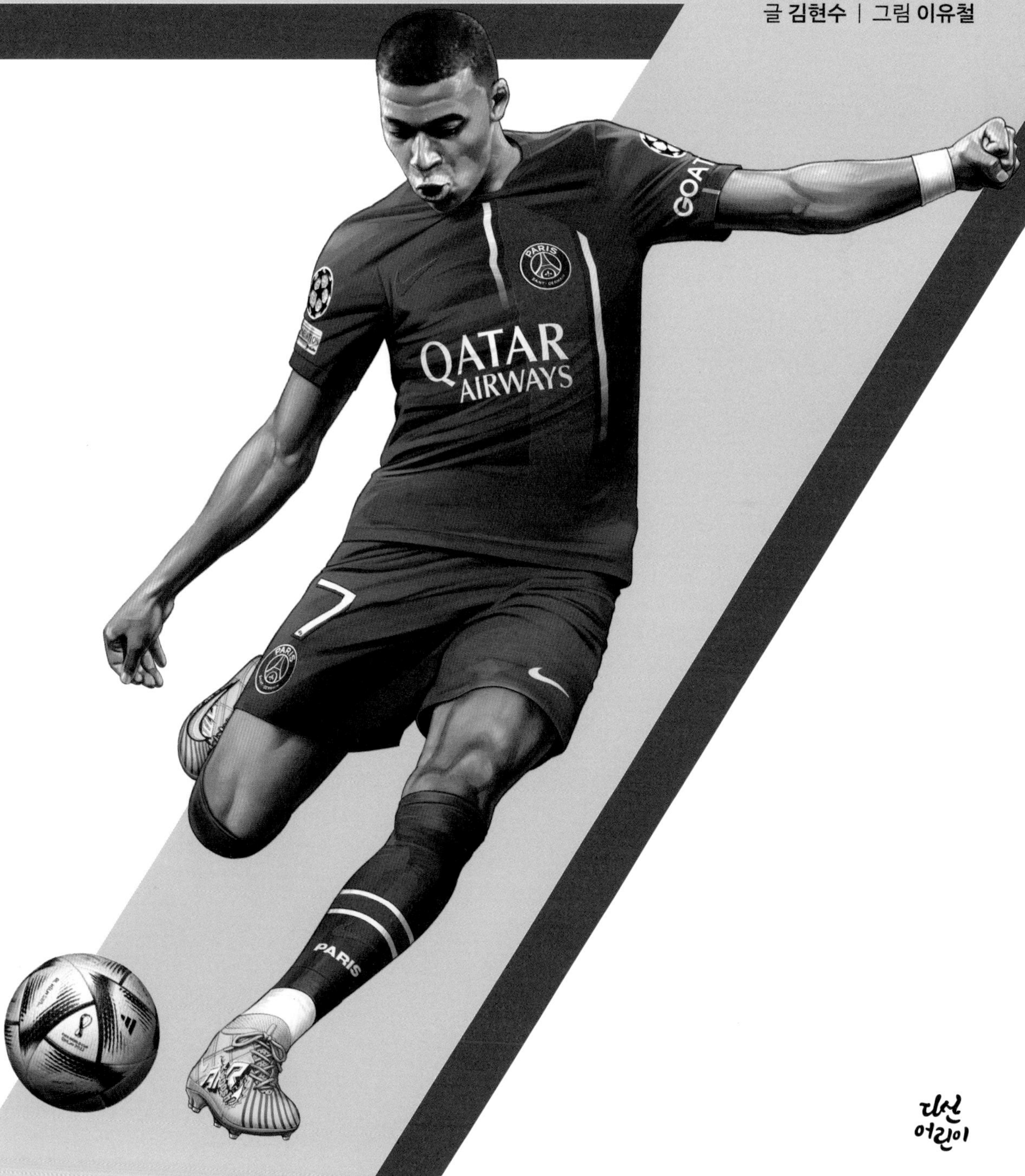
GOAT
PARIS
QATAR
AIRWAYS
7
PARIS

다산
어린이

존 던컨 John B. Duncan
미국 UCLA 아시아언어문화학부 교수

한국학 분야의 세계적인 석학으로
미국 UCLA 한국학 연구소 소장 및
동 대학의 아시아언어문화학부 교수를
겸직하고 있습니다.

자신만의 멘토를
만날 수 있는 who? 시리즈

다산어린이의 《who?》 시리즈는 어린이들은 물론 어른들에게도 재미와 감동을 주는 교양 만화입니다. 《who?》 시리즈는 전 세계 인류에 영향력을 끼친 인물들로 구성되었으며 인물들의 삶과 사상을 객관적으로 전해 줍니다.

이처럼 다양한 나라와 분야에서 활약한 위인들의 이야기를 통해 과학, 예술, 정치, 사상에 관한 정보는 물론이고, 나라별 문화와 역사까지 배우게 될 것입니다. 《who?》 시리즈의 가장 큰 장점은 위인들이 그들의 삶에서 겪은 기쁨과 슬픔, 좌절과 시련, 감동을 어린이들이 함께 느낄 수 있다는 것입니다. 어린이들은 이 책을 읽으면서 폭넓은 감수성을 함양하게 됩니다.

《who?》 시리즈의 어린이 독자들이 책 속의 위인들을 통해 자신만의 멘토를 만나 미래의 세계적인 리더로 성장하기를 진심으로 응원합니다.

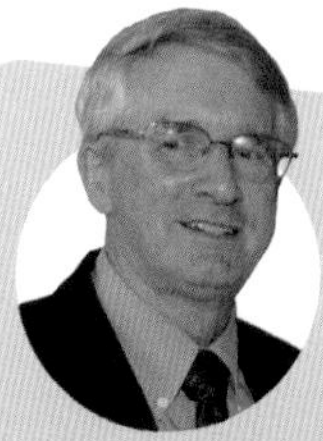

에드워드 슐츠 Edward J. Shultz
하와이 주립 대학교 언어학부 교수

하와이 주립 대학교 언어학부 교수인 에드워드 슐츠는 동 대학의 한국학센터 한국학 편집장을 역임한 세계적인 석학입니다.

세상을 더 나은 곳으로 만든 사람들의 이야기

어린이들은 자라면서 수많은 궁금증을 가지게 됩니다. 그중에서도 "저 사람은 누굴까?"라는 질문은 종종 아이들의 머릿속을 온통 지배해 버리기도 합니다. 다산어린이에서 출간된《who?》시리즈는 그런 궁금증을 해결해 주기 위해 지구촌 다양한 분야의 리더들을 소개하고 있습니다.

《who?》시리즈에 등장하는 인물들은 인종과 성별을 넘어 세상을 더 나은 곳으로 만든 사람들입니다. 어린이들은 이 책에서 디지털 아이콘으로 불리는 스티브 잡스는 물론 니콜라 테슬라와 같은 천재 발명가를 만날 수 있습니다.

책 속 주인공들의 어린 시절 이야기를 통해 기쁨과 슬픔, 도전과 성취감을 함께 맛보고, 그들과 함께 성장하면서 스스로 창조적이고 인류에 도움이 되는 사람이 되겠다는 포부와 자신감을 갖게 될 것입니다.《who?》시리즈 속에서 다채롭고 생동감 넘치는 위인들의 이야기를 만나 보세요.

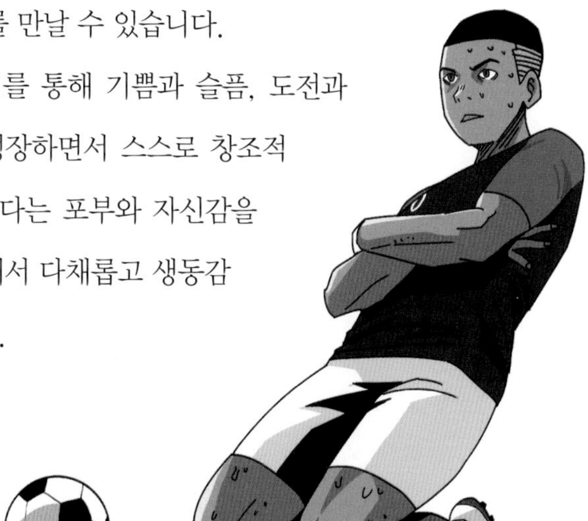

차례

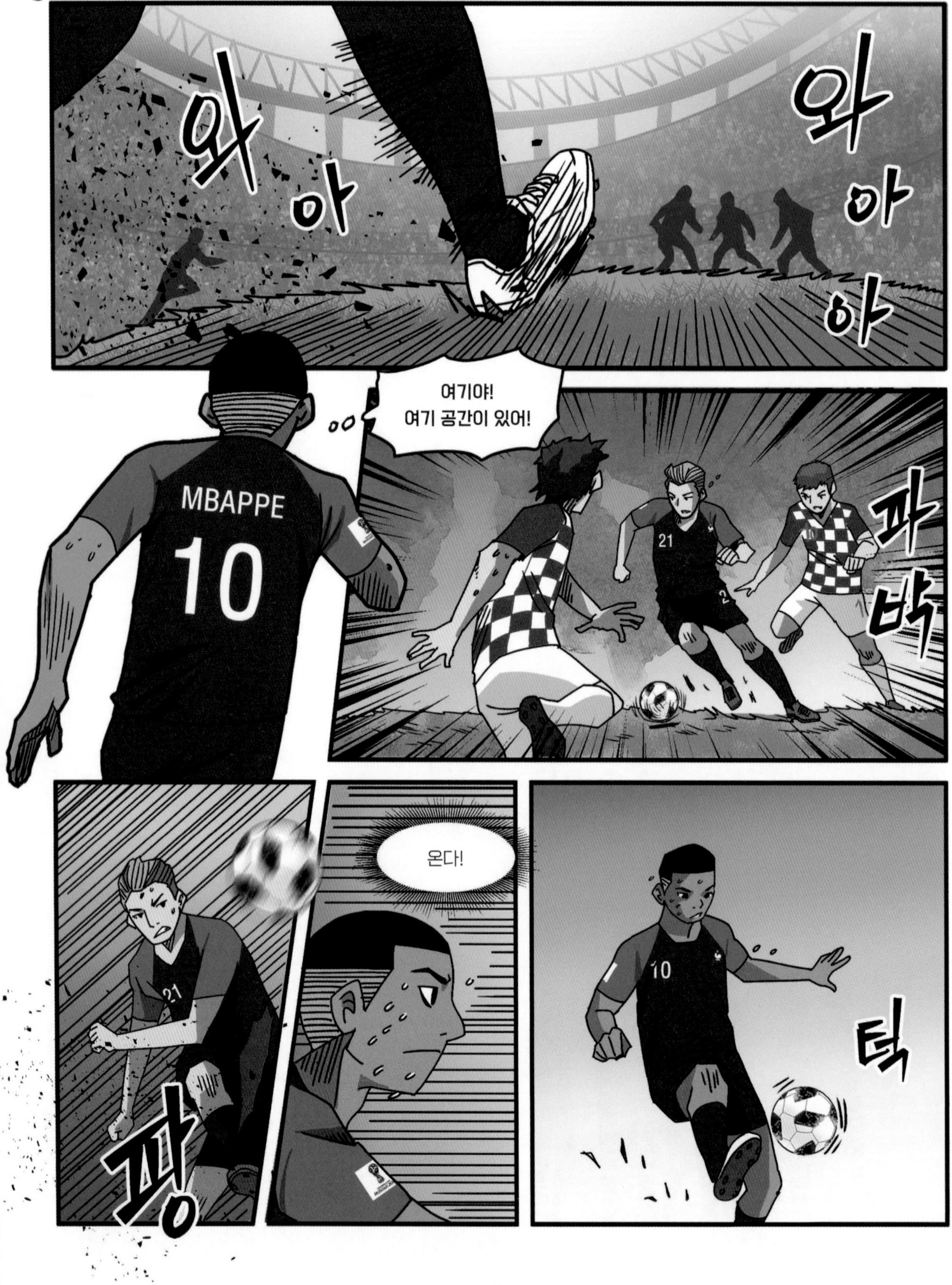
와아
와아아
여기야!
여기 공간이 있어!
MBAPPE
10
21
파박
온다!
21
10
탁
팡

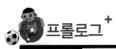

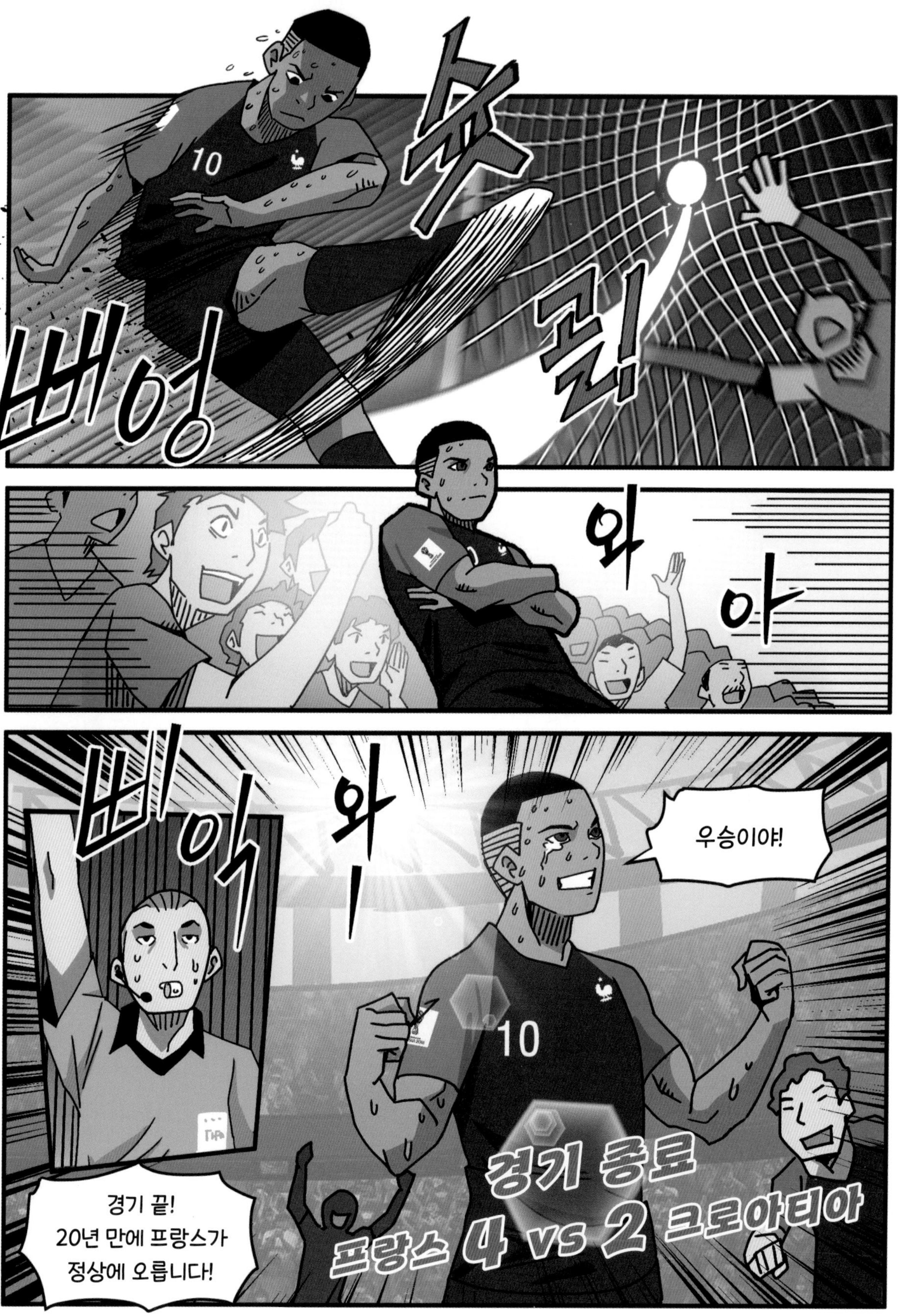
슛
뻐엉
골!
와
아
삐익
와!
우승이야!
경기 끝!
20년 만에 프랑스가
정상에 오릅니다!
경기 종료
프랑스 4 vs 2 크로아티아

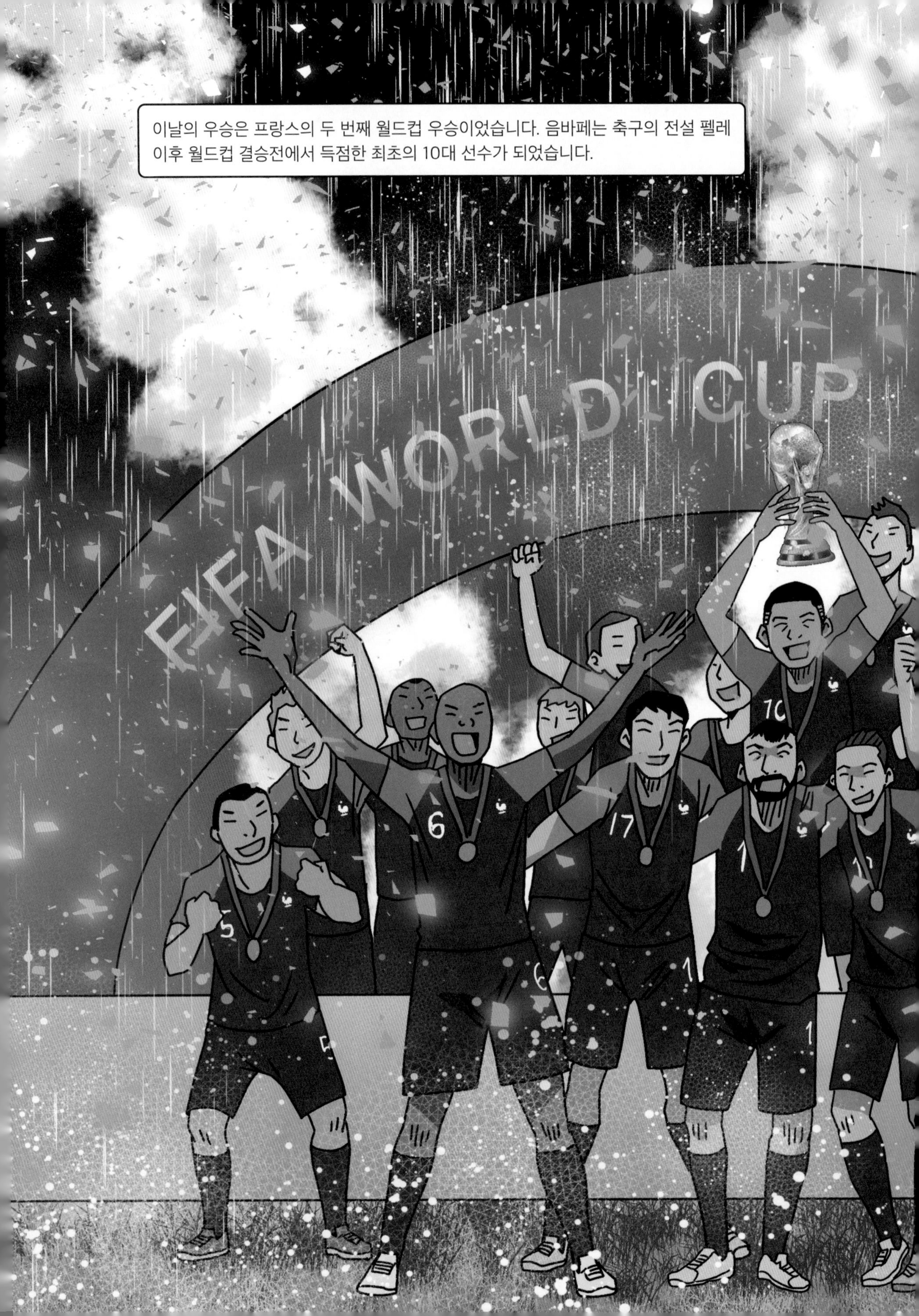
이날의 우승은 프랑스의 두 번째 월드컵 우승이었습니다. 음바페는 축구의 전설 펠레 이후 월드컵 결승전에서 득점한 최초의 10대 선수가 되었습니다.
FIFA WORLD CUP

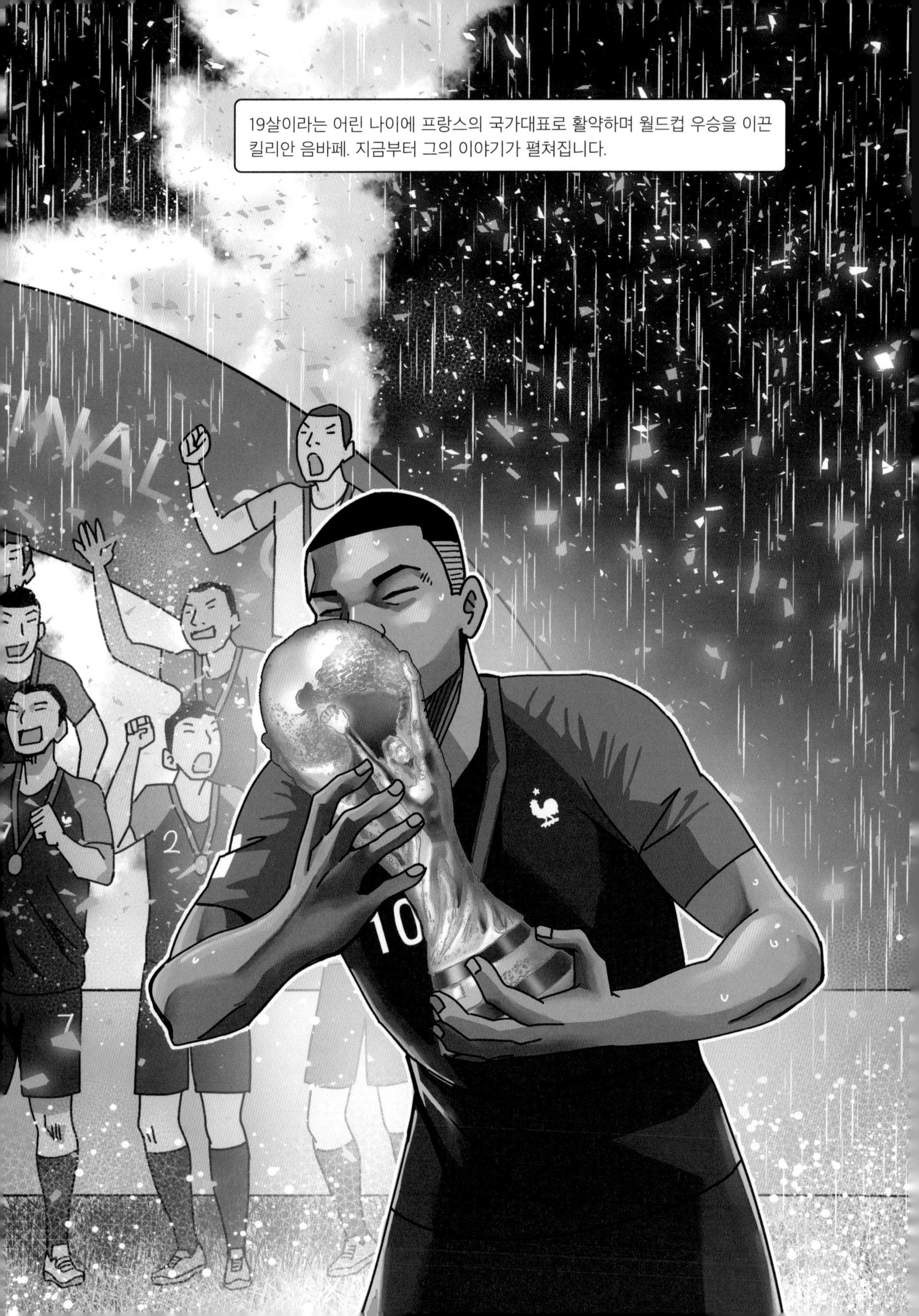
19살이라는 어린 나이에 프랑스의 국가대표로 활약하며 월드컵 우승을 이끈
킬리안 음바페. 지금부터 그의 이야기가 펼쳐집니다.

MBAPPE

1장

좋아하고 열심히 하는 것! 그게 바로 재능의 시작!

> "
> 꼭 운동을 할 필요는 없잖아요?
>
> 무엇이든
>
> 킬리안이 원하는 걸 하게 될 거예요.
> "

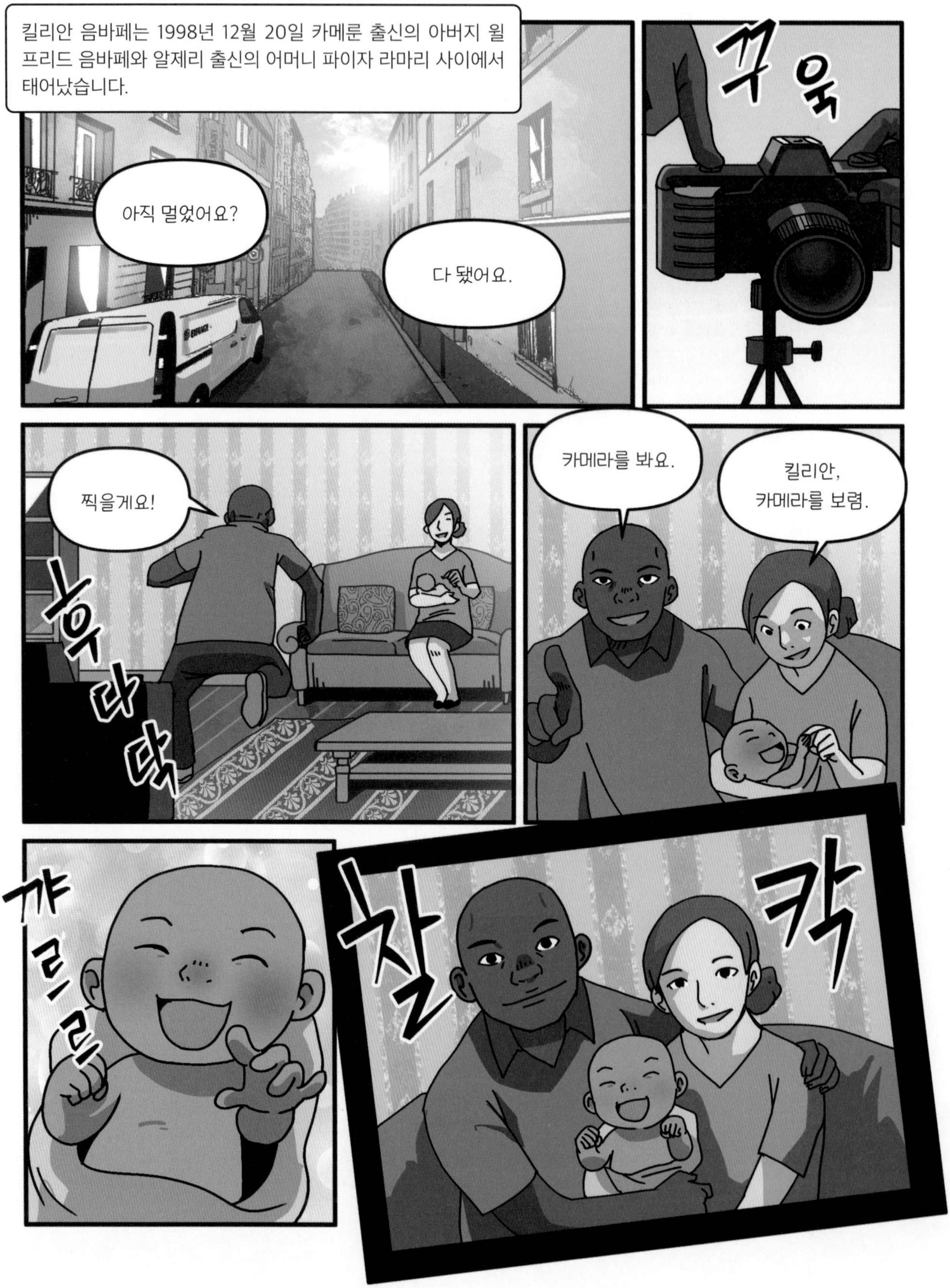
킬리안 음바페는 1998년 12월 20일 카메룬 출신의 아버지 윌프리드 음바페와 알제리 출신의 어머니 파이자 라마리 사이에서 태어났습니다.
아직 멀었어요?
다 됐어요.
꾸욱
찍을게요!
후다닥
카메라를 봐요.
킬리안,
카메라를 보렴.
꺄르르
찰칵

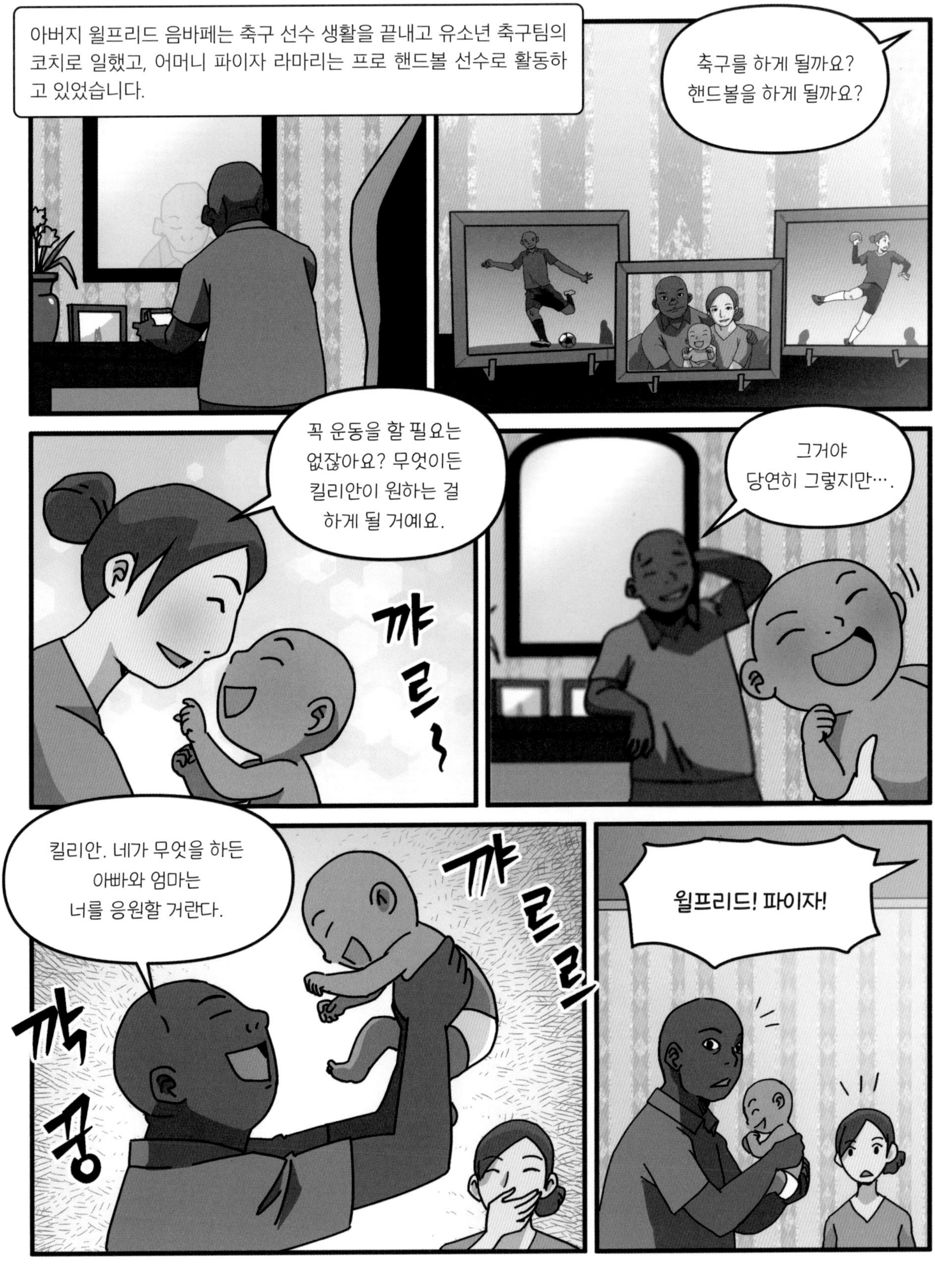
아버지 윌프리드 음바페는 축구 선수 생활을 끝내고 유소년 축구팀의 코치로 일했고, 어머니 파이자 라마리는 프로 핸드볼 선수로 활동하고 있었습니다.
축구를 하게 될까요? 핸드볼을 하게 될까요?
꼭 운동을 할 필요는 없잖아요? 무엇이든 킬리안이 원하는 걸 하게 될 거예요.
꺄르~
그거야 당연히 그렇지만….
킬리안. 네가 무엇을 하든 아빠와 엄마는 너를 응원할 거란다.
꺄르르
까꿍
윌프리드! 파이자!

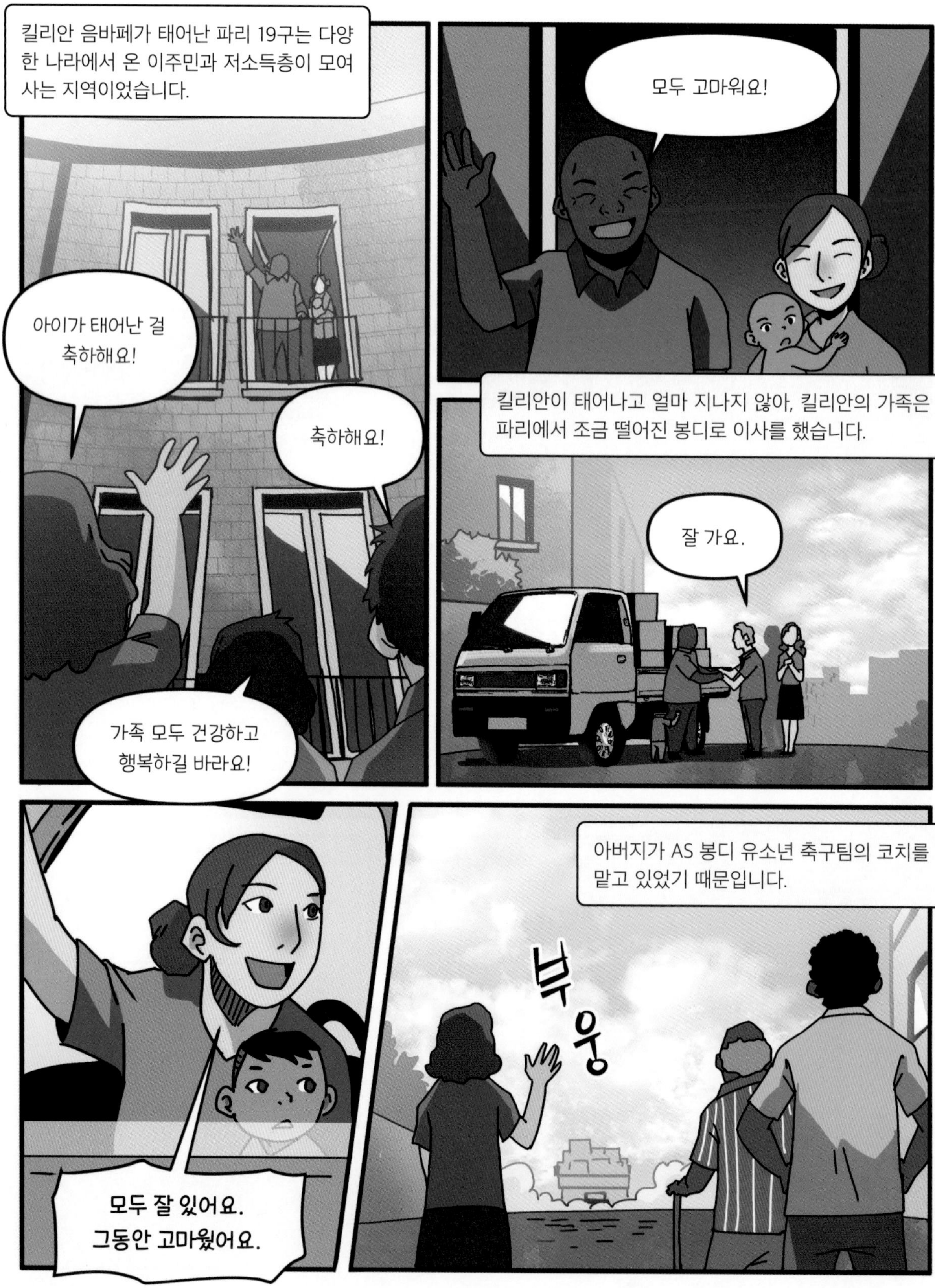
킬리안 음바페가 태어난 파리 19구는 다양한 나라에서 온 이주민과 저소득층이 모여 사는 지역이었습니다.
아이가 태어난 걸 축하해요!
축하해요!
가족 모두 건강하고 행복하길 바라요!
모두 고마워요!
킬리안이 태어나고 얼마 지나지 않아, 킬리안의 가족은 파리에서 조금 떨어진 봉디로 이사를 했습니다.
잘 가요.
모두 잘 있어요. 그동안 고마웠어요.
아버지가 AS 봉디 유소년 축구팀의 코치를 맡고 있었기 때문입니다.
부웅

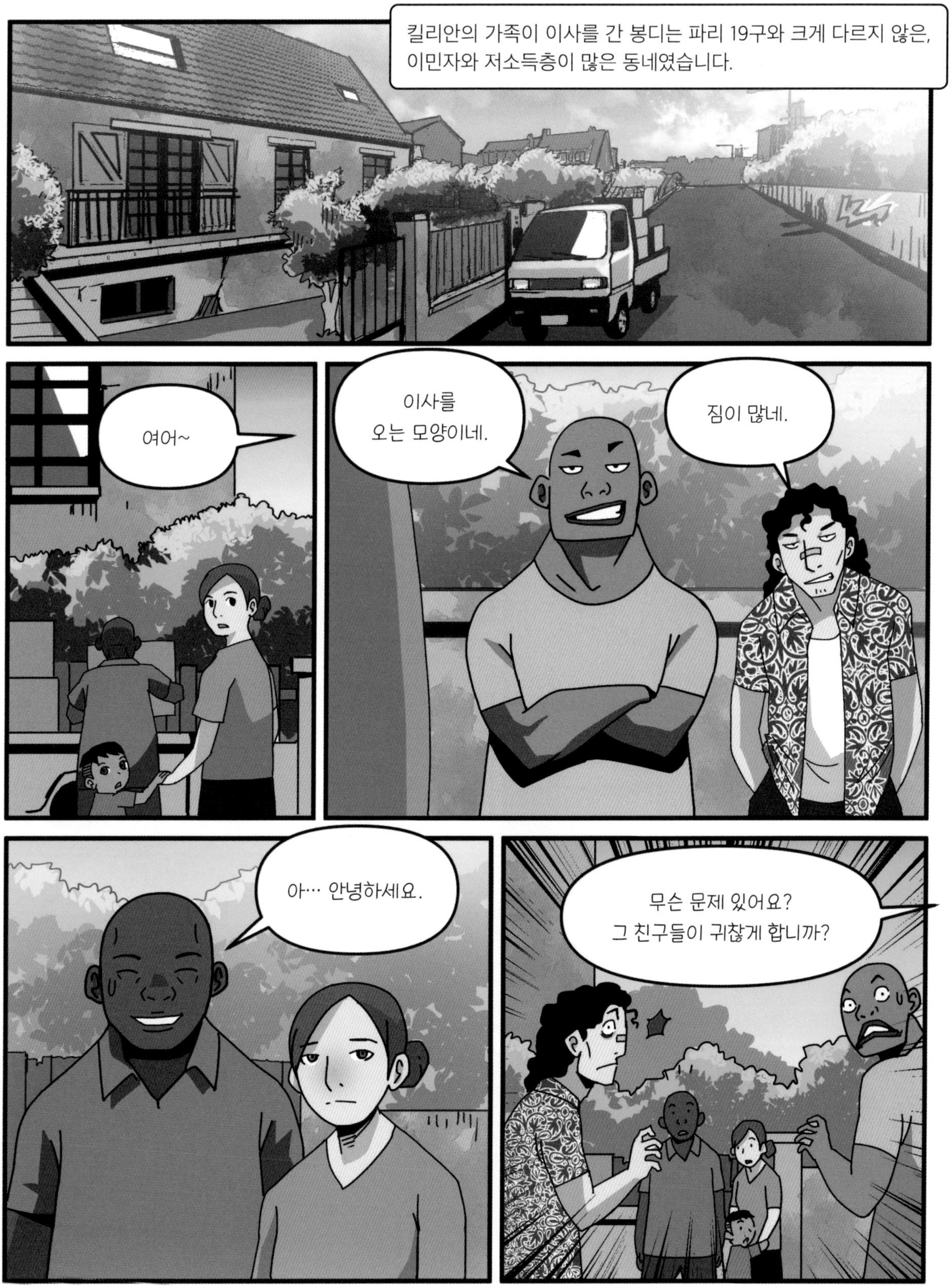
킬리안의 가족이 이사를 간 봉디는 파리 19구와 크게 다르지 않은,
이민자와 저소득층이 많은 동네였습니다.
여어~
이사를 오는 모양이네.
짐이 많네.
아… 안녕하세요.
무슨 문제 있어요? 그 친구들이 귀찮게 합니까?

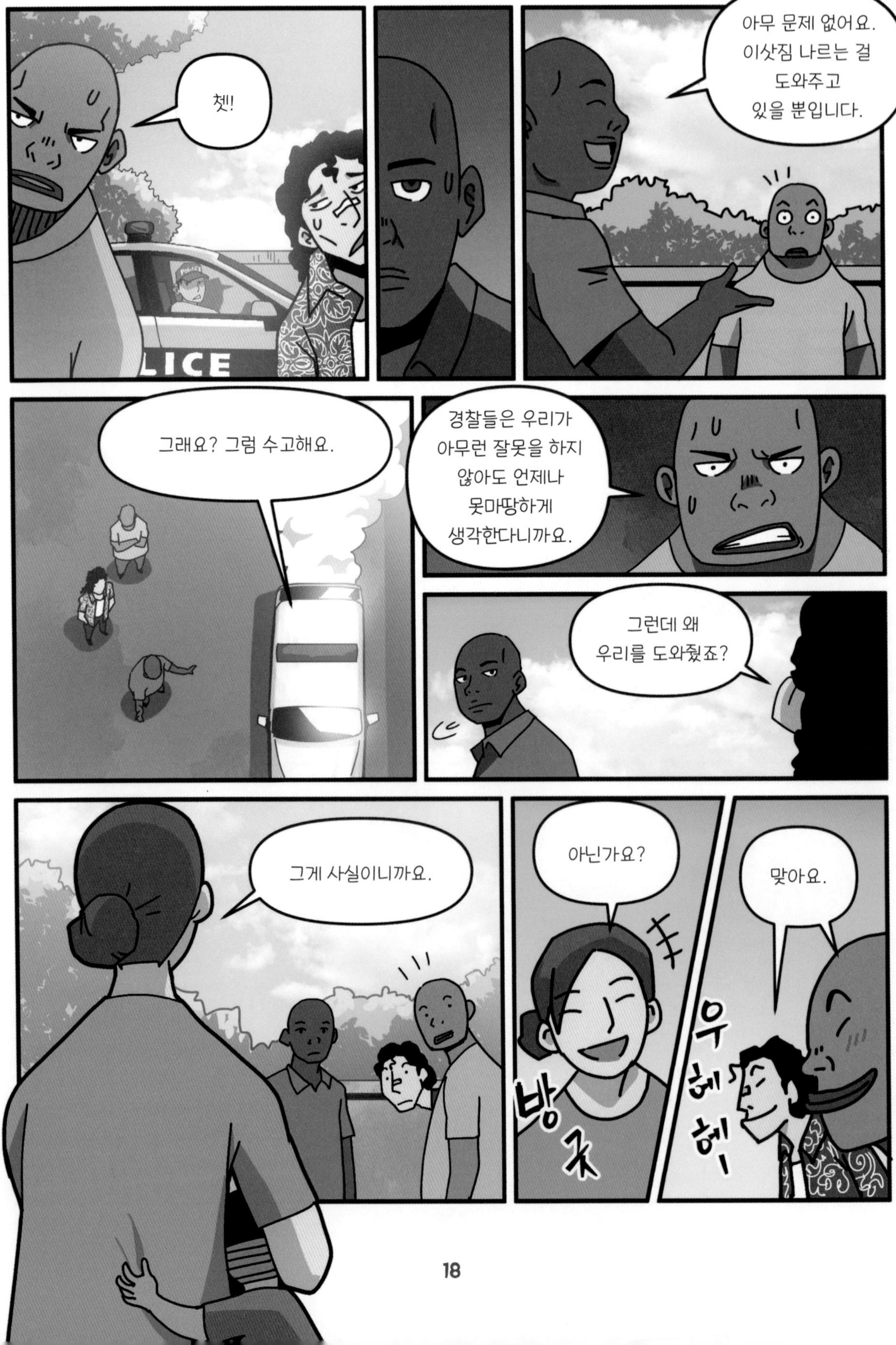
쳇!
LICE
아무 문제 없어요. 이삿짐 나르는 걸 도와주고 있을 뿐입니다.
그래요? 그럼 수고해요.
경찰들은 우리가 아무런 잘못을 하지 않아도 언제나 못마땅하게 생각한다니까요.
그런데 왜 우리를 도와줬죠?
그게 사실이니까요.
아닌가요?
방긋
맞아요.
우헤헤

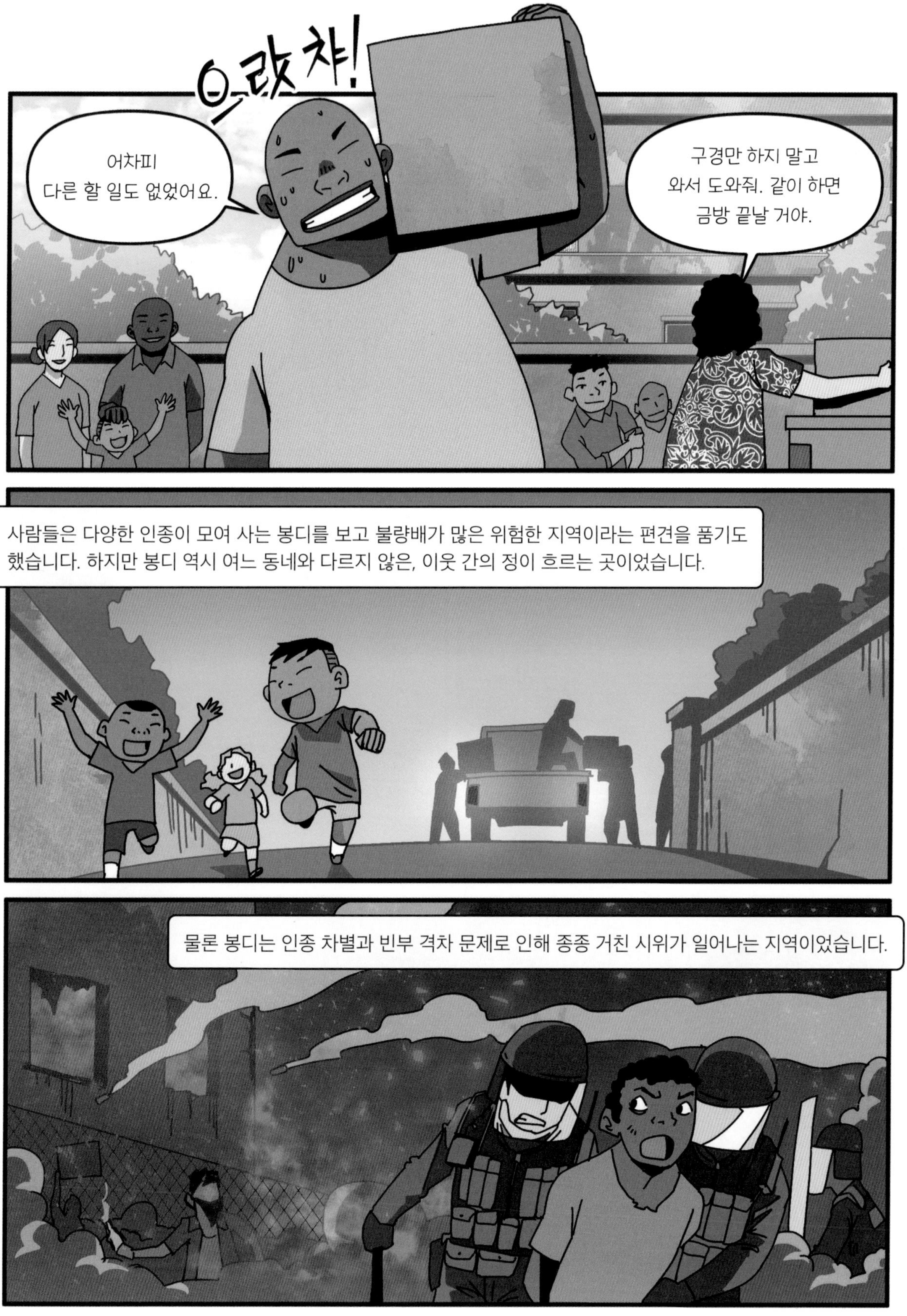
으랏차!
어차피 다른 할 일도 없었어요.
구경만 하지 말고 와서 도와줘. 같이 하면 금방 끝날 거야.
사람들은 다양한 인종이 모여 사는 봉디를 보고 불량배가 많은 위험한 지역이라는 편견을 품기도 했습니다. 하지만 봉디 역시 여느 동네와 다르지 않은, 이웃 간의 정이 흐르는 곳이었습니다.
물론 봉디는 인종 차별과 빈부 격차 문제로 인해 종종 거친 시위가 일어나는 지역이었습니다.

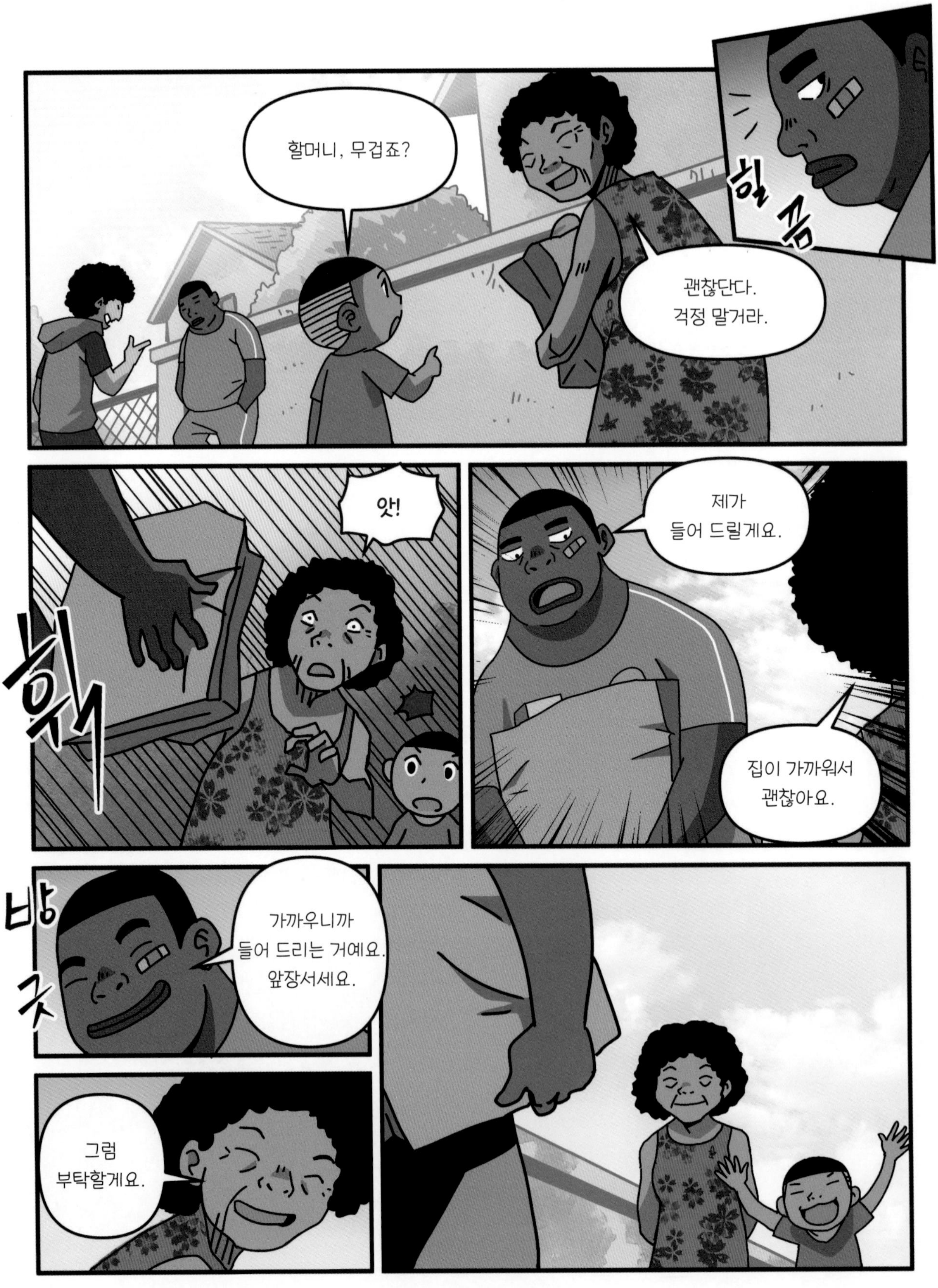

할머니, 무겁죠?
헐
끔
괜찮단다.
걱정 말거라.
앗!
휙
제가
들어 드릴게요.
집이 가까워서
괜찮아요.
방
긋
가까우니까
들어 드리는 거예요.
앞장서세요.
그럼
부탁할게요.

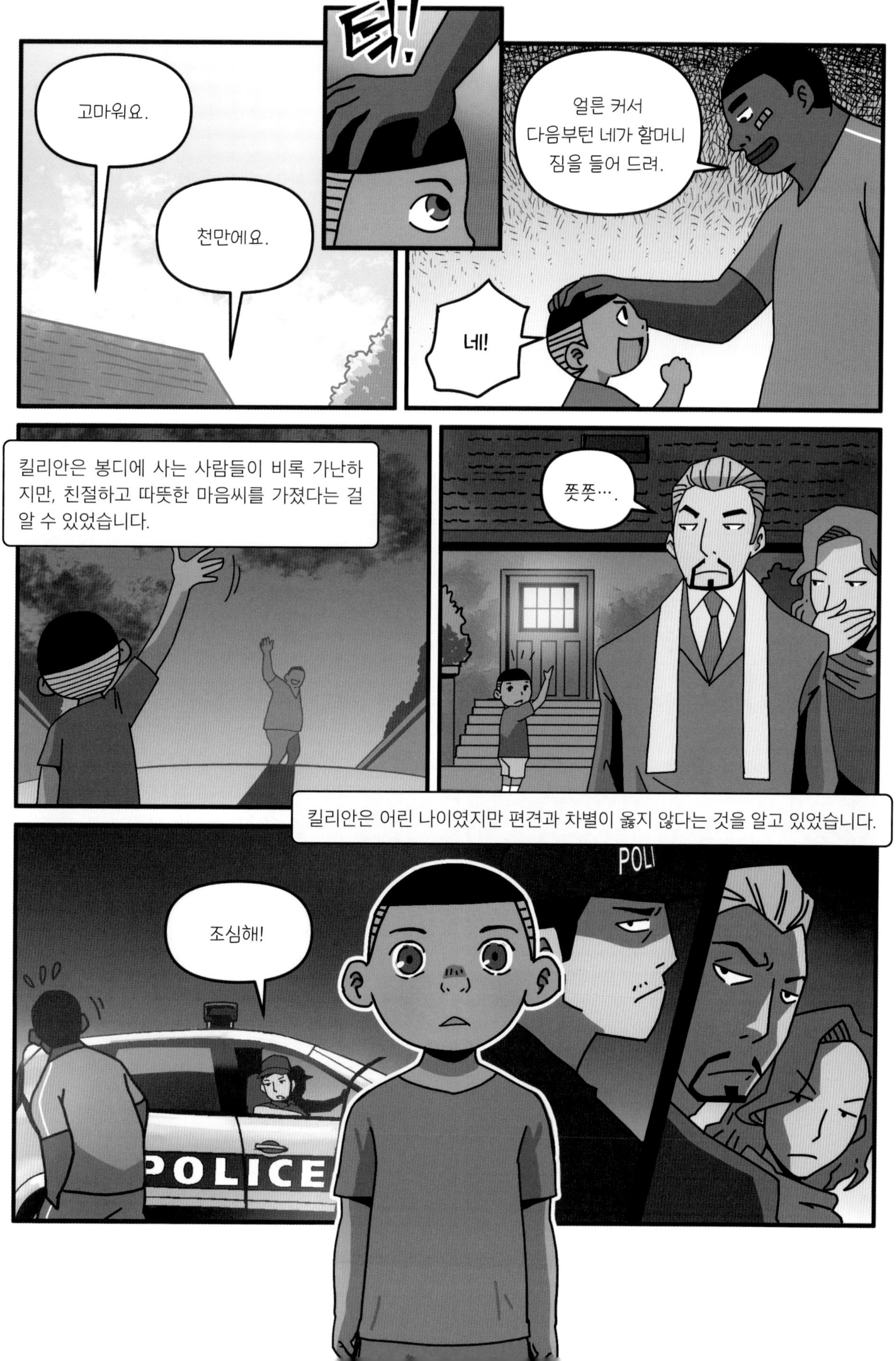
고마워요.
천만에요.
턱!
얼른 커서 다음부턴 네가 할머니 짐을 들어 드려.
네!
킬리안은 봉디에 사는 사람들이 비록 가난하지만, 친절하고 따뜻한 마음씨를 가졌다는 걸 알 수 있었습니다.
쯧쯧….
킬리안은 어린 나이였지만 편견과 차별이 옳지 않다는 것을 알고 있었습니다.
조심해!
POLICE
POLI

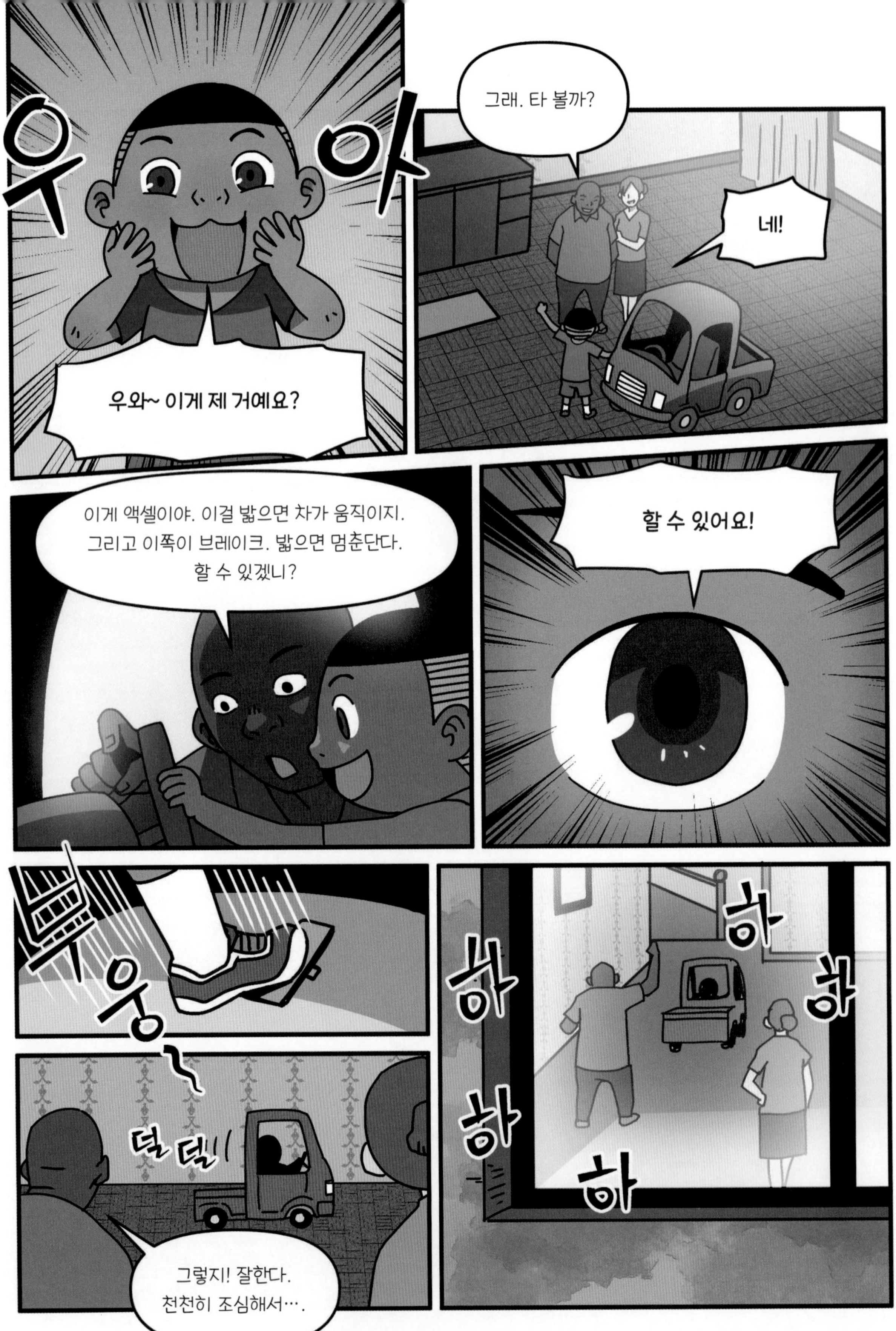

우 아
우와~ 이게 제 거예요?
그래. 타 볼까?
네!
이게 액셀이야. 이걸 밟으면 차가 움직이지. 그리고 이쪽이 브레이크. 밟으면 멈춘단다. 할 수 있겠니?
할 수 있어요!
부웅~
덜덜
그렇지! 잘한다. 천천히 조심해서….
하 하 하 하 하

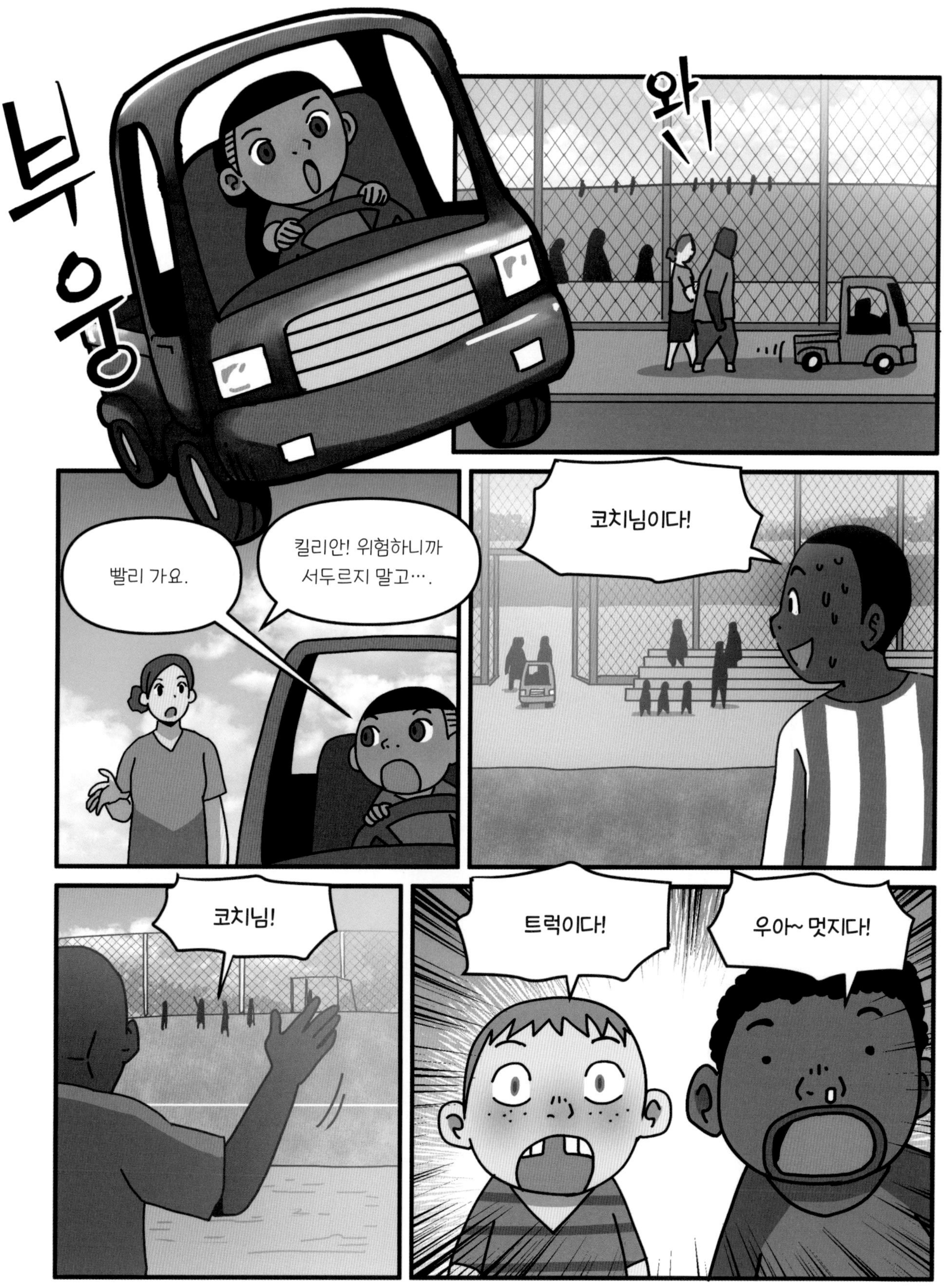
부우웅
왁!
칼리안! 위험하니까
서두르지 말고….
빨리 가요.
코치님이다!
코치님!
트럭이다!
우아~ 멋지다!

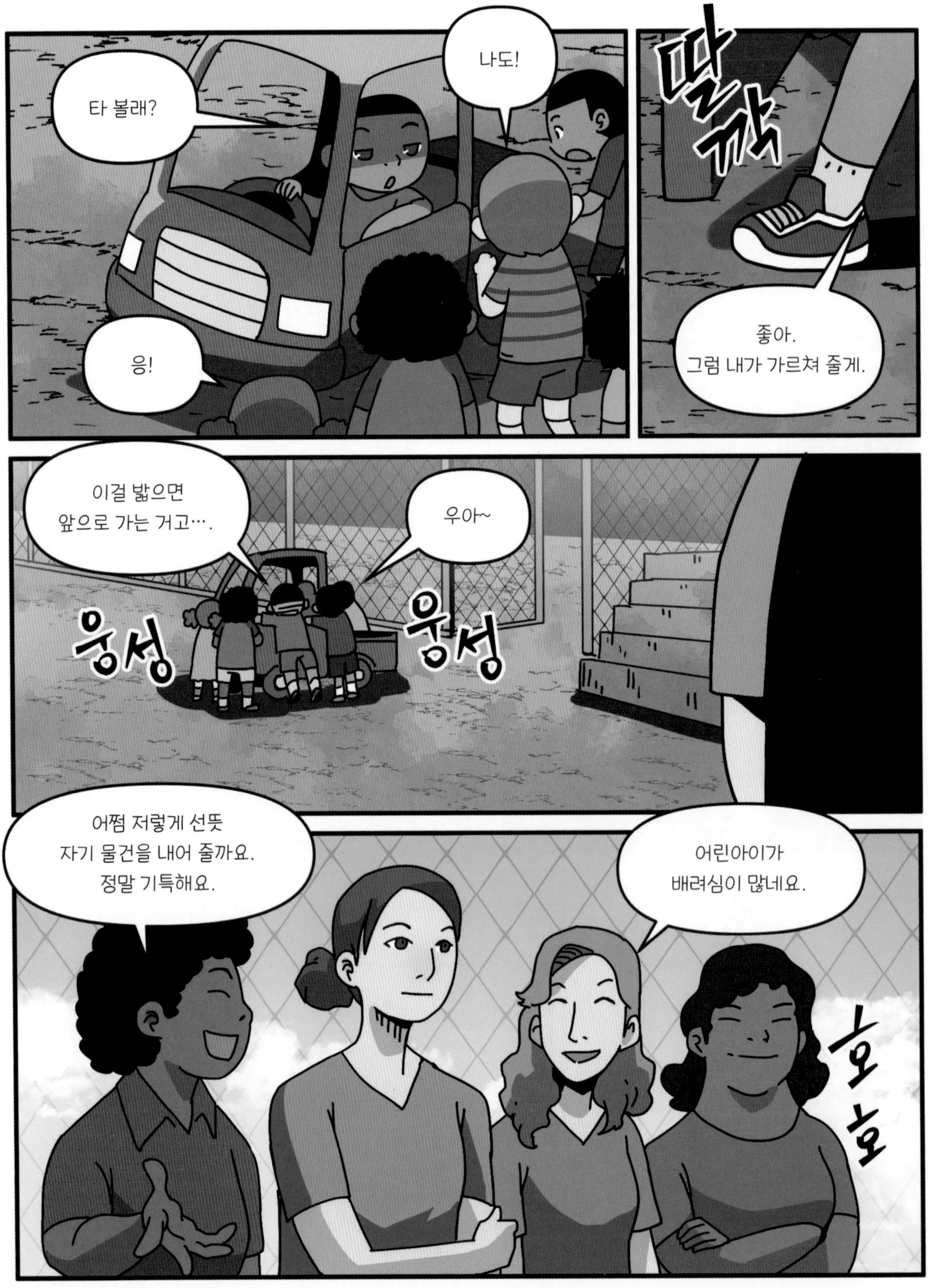

타 볼래?
나도!
응!
딸깍
좋아.
그럼 내가 가르쳐 줄게.
이걸 밟으면
앞으로 가는 거고….
우아~
웅성
웅성
어쩜 저렇게 선뜻
자기 물건을 내어 줄까요.
정말 기특해요.
어린아이가
배려심이 많네요.
호호

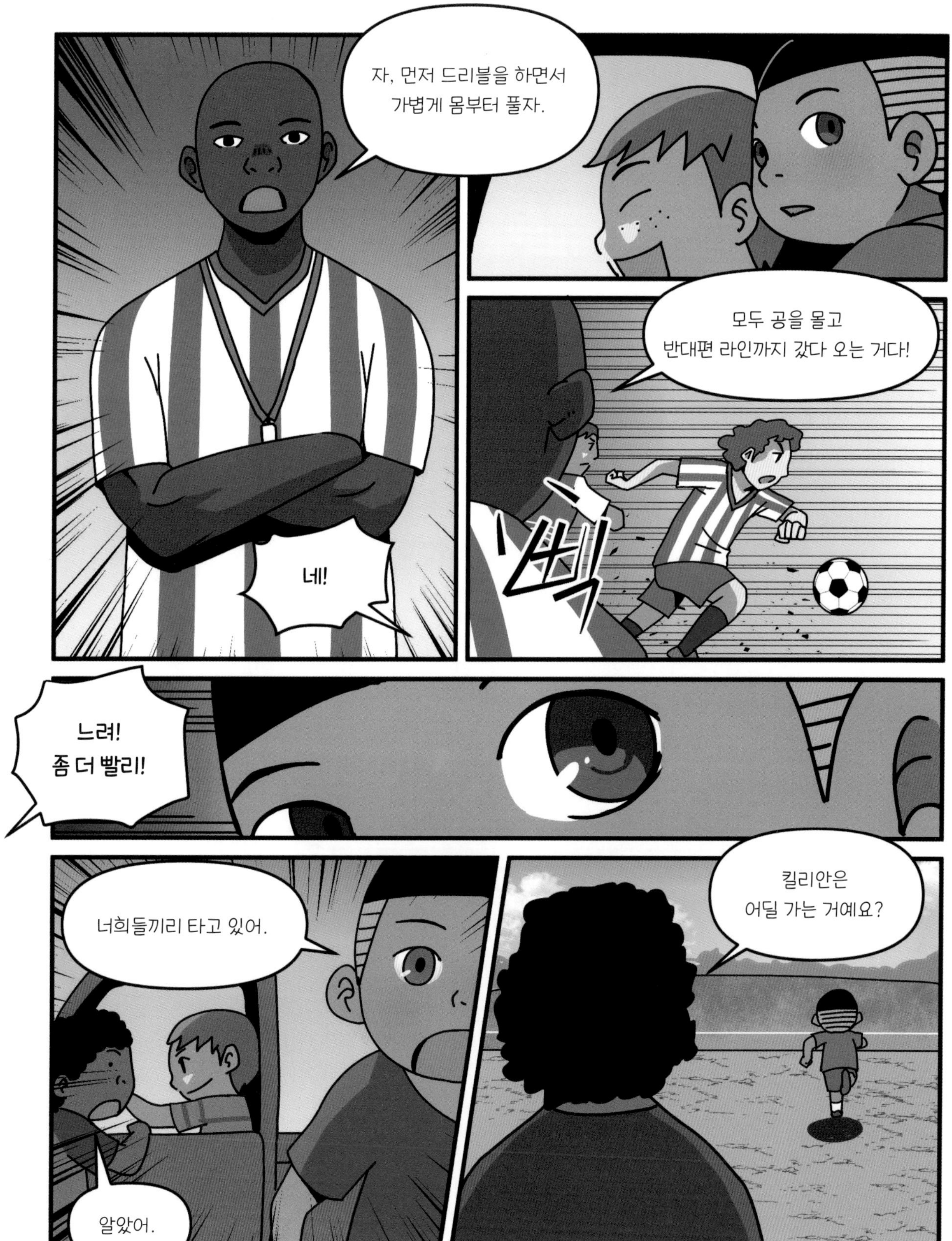
자, 먼저 드리블을 하면서 가볍게 몸부터 풀자.
네!
모두 공을 몰고 반대편 라인까지 갔다 오는 거다!
빽
느려! 좀 더 빨리!
너희들끼리 타고 있어.
알았어.
킬리안은 어딜 가는 거예요?

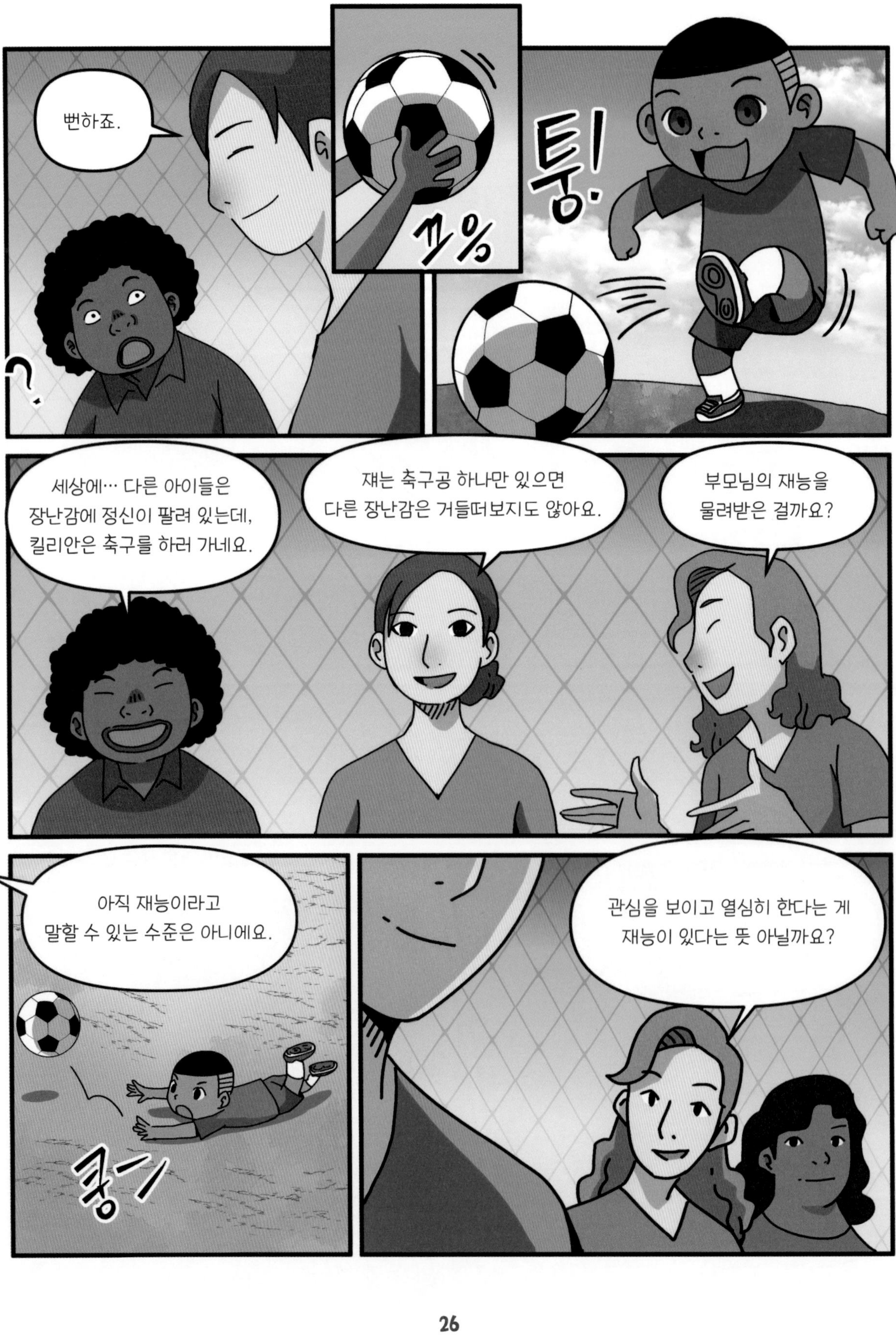
뻔하죠.
퉁!
세상에… 다른 아이들은 장난감에 정신이 팔려 있는데, 킬리안은 축구를 하러 가네요.
쟤는 축구공 하나만 있으면 다른 장난감은 거들떠보지도 않아요.
부모님의 재능을 물려받은 걸까요?
아직 재능이라고 말할 수 있는 수준은 아니에요.
쿵
관심을 보이고 열심히 한다는 게 재능이 있다는 뜻 아닐까요?

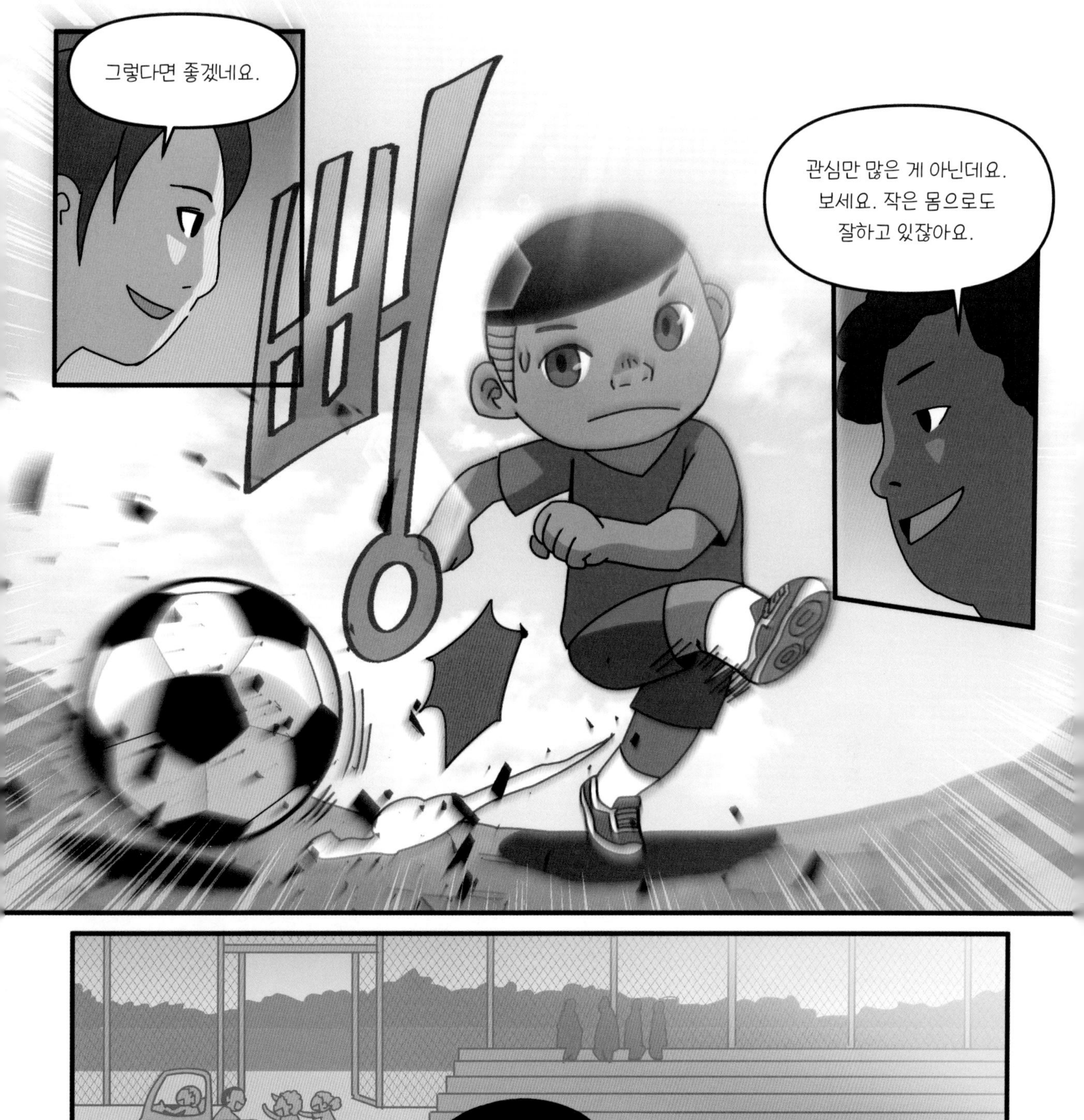
그렇다면 좋겠네요.
뻥!
관심만 많은 게 아닌데요.
보세요. 작은 몸으로도
잘하고 있잖아요.

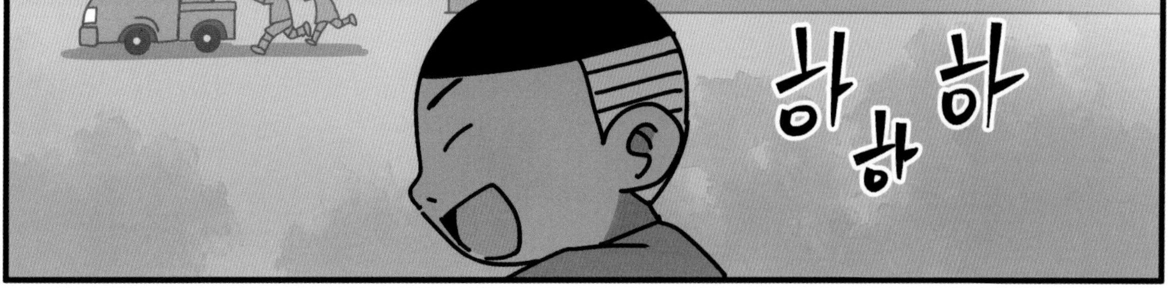
하 하 하

통합지식 플러스 1 ▼

축구란?

세계적으로 가장 인기 있는
스포츠 중 하나인 축구!
축구를 더욱 재미있게 즐기기 위해
알아 두면 좋은
축구 기본 지식을 살펴봅시다.

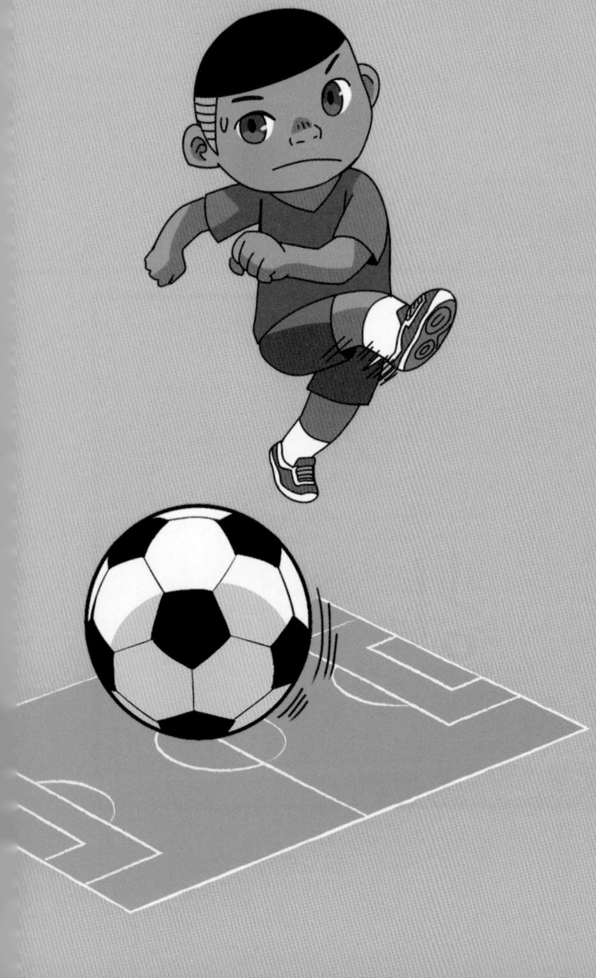

하나 축구의 역사

국제 축구 연맹(FIFA)이 공식적으로 인정하는 축구의 기원은 고대 중국에서 출발합니다. 한나라 때 시행된 둥근 물체를 차고 달리는 군사 훈련 '추슈'를 축구의 기원으로 본 것입니다. 하지만 축구와 같이 공을 발로 차는 놀이와 훈련이 있었다는 증거는 세계 곳곳에서 발견할 수 있습니다.

그렇다면 우리에게 익숙한 현대 축구의 모습은 언제, 어디서 만들어졌을까요? 바로 1863년 영국입니다. 당시 축구에는 통일된 규칙이 없었습니다. 따라서 영국 축구 클럽 관계자들이 '프리메이슨스 테이번'이라는 선술집에 모여 회의를 진행하였고 그 결과 축구 협회(The Football Association)가 탄생하였죠.

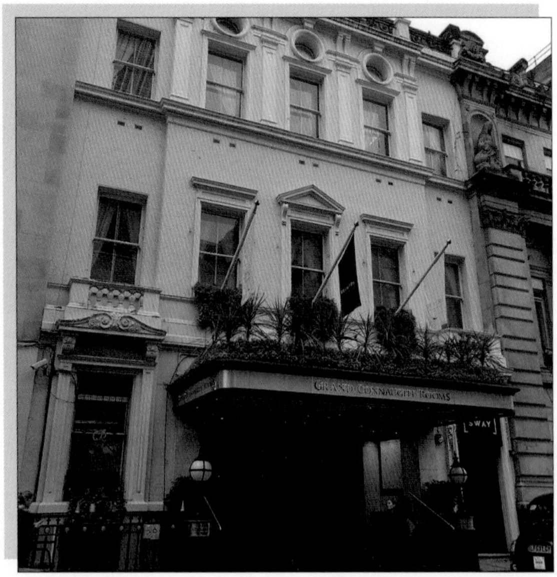
GRAND CONNAUGHT ROOMS

축구 협회가 시작된 영국의 프리메이슨스 테이번 © Philafrenzy

영국은 축구가 스포츠로 자리매김하는 데 많은 기여를 했습니다. 축구의 규칙을 정하고 공표했을 뿐 아니라, 세계에 축구를 널리 알릴 수 있도록 힘썼습니다. 영국이 축구의 종주국이라고 불리는 이유입니다.

🗨️ 둘 축구의 규칙

축구는 두 팀이 승부를 겨루는 게임입니다. 각 팀마다 11명의 선수가 출전하여 손을 사용하지 않고 상대편의 골대 밑에 그려진 선인 '골라인' 안으로 공을 더 많이 넣는 팀이 이깁니다.

축구 경기는 전반전 45분, 후반전 45분을 합하여 총 90분 동안 진행됩니다. 하지만 축구 경기를 보면 5-10분 내외의 추가 시간이 주어지는 경우가 많은데요. 이는 경기 도중 선수의 반칙이나 부상, 교체 등으로 경기가 잠깐 중단되더라도 시간이 계속 흐르기 때문입니다. 주심은 이러한 시간을 대략적으로 계산하여 추가 시간을 부여합니다. 이를 '인저리 타임'이라고 부릅니다.

추가 시간까지 경기를 진행했지만 점수가 똑같다면 무승부로 경기가 끝납니다. 하지만 꼭 승부를 내야 하는 경우는 어떨까요? 아시안 게임이나 월드컵 같은 축구 경기에서는 승자와 패자를 가르기 위해 연장전을 치릅니다. 그럼에도 승부가 가려지지 않으면 승부차기를 진행합니다. 양 팀의 선수들이 각각 한 명씩 나와서 공을 차고, 골을 많이 넣는 쪽이 승리합니다.

축구는 심판의 재량이 크게 발휘되는 스포츠 중 하나입니다. 심판은 선수가 심한 반칙을 했다고 판단하면 경고의 의미로 옐로카드 혹은 레드카드를 부여합니다. 옐로카드는 고의적으로 위험한 행동을 한 선수에게 부여합니다. 몸싸움을 일으키거나 심판의 판정에 지나치게 항의해도 옐로카드를 받습니다. 누군가를 조롱하는 동작, 상의를 탈의하는 골 세리머니도 경고를 받을 수 있습니다. 한 경기 내에 옐로카드를 두 번 받으면 퇴장입니다.

레드카드는 고의적으로 상대방에게 큰 피해를 끼쳤을 경우 부여되며, 레드카드를 받은 선수는 즉시 퇴장합니다. 레드카드로 선수가 퇴장당한 팀은 선수를 채워 넣을 수 없으며, 해당 선수를 뺀 채 게임을 진행해야 합니다.

경우에 따라서 심판은 감독과 코칭 스태프, 벤치에 앉아 있는 선수에게도 옐로카드와 레드카드를 줄 수 있습니다.

한 선수가 반칙을 했다면 벌칙으로 상대 팀에게 프리킥 기회가 주어집니다. 상대 팀 선수는 반칙이 일어난 지점에서 자유롭게 공을 찰 수 있습니다.

승패를 가르는 승부차기 ⓒ Threecharlie

옐로카드를 주는 주심 ⓒ Jacktd

프리킥은 간접 프리킥과 직접 프리킥으로 나뉩니다. 간접 프리킥의 위치는 심판이 지정하며, 공이 다른 선수를 맞고 골대에 들어가야만 골로 인정됩니다. 비교적 심한 반칙을 한 경우 직접 프리킥이 허용됩니다. 직접 프리킥은 선수가 찬 공이 바로 골대로 들어가도 골로 인정합니다.

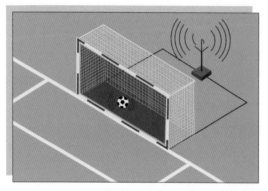

골대 밑에 그려진 골라인을 넘어야 골로 인정 ⓒ Ranjithsiji

축구 경기장을 보면 골대 밑에 그려진 긴 선이 있습니다. 이를 '골라인'이라고 부릅니다. 공이 골대 밑에 그어진 골라인을 완전히 넘어가야 골로 인정됩니다. 만약 골라인에 공이 걸친다면 골로 인정되지 않습니다.

그럼 골대 밑이 아닌 골라인을 넘어간 공은 어떻게 처리할까요? 만약 수비 팀이 건드린 공이 골라인을 넘어간다면, 공격 팀이 수비 팀 코너에서 공을 차게 됩니다. 이를 '코너킥'이라고 합니다. 코너킥은 주로 킥의 정확도가 높은 선수들이 주로 담당하며 공격 팀에게는 득점의 기회가, 수비 팀에게는 역습의 기회가 되기도 합니다.

축구에서 또 하나의 중요한 규칙은 '오프사이드'입니다. 오프사이드는 중앙선을 넘은 공격수가 상대 팀 두 번째 수비수(첫 번째 수비수는 골키퍼)보다 앞에 있으며, 패스로 공을 받아 플레이에 관여하거나 이득을 취하는 경우 적용됩니다. 복잡하게 들리지만, 그림과 함께 살펴보면 이해하기 쉽습니다.

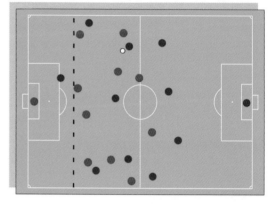

오프사이드 상황 ⓒ UserDaveFX

왼쪽 가장 앞쪽에 있는 파란색 공격수는 오프사이드 위치에 있습니다. 경기장 중앙선을 넘었고 상대 팀 두 번째 수비수보다 앞에 있기 때문이죠(점선으로 표기).

오프사이드는 논란이 많은 규칙 중 하나인데요. 규칙이 복잡할뿐더러 선수들이 워낙 빠르게 움직여 오프사이드인지 아닌지를 판단하기 어렵습니다. 하지만 최근에는 비디오 보조 심판(VAR)이라는 최신 기술을 이용해 비교적 정확하게 오프사이드를 판독하는 것이 가능해졌습니다.

오프사이드는 직접 공을 몰고 가는 '드리블'에는 적용되지 않기 때문에, 공격수가 현란한 드리블로 수비수들을 제치고 앞으로 나아가는 명장면이 탄생하기도 합니다.

 ## 축구의 기술

축구는 손과 팔을 제외한 모든 부위를 사용하여 공을 다루기 때문에, 다채로운 기술을 구사할 수 있

습니다.

● **킥:** 축구에서 가장 기본이 되는 기술입니다. 발 안쪽, 발등, 발 바깥쪽 등을 이용해 공을 차는 기술입니다. 선수는 멀리 공을 보낼 때, 상대를 속이고 공을 뒤로 보낼 때, 공이 휘어지며 나아가게 할 때와 같이 다양한 상황에 맞추어 킥을 구사합니다.

● **트래핑:** 가슴, 복부, 머리 등 손을 제외한 신체 부위를 이용하여 날아오는 공을 받는 기술입니다. 공을 부드럽게 착지시킨 뒤 끌고 나가는 것이 중요합니다.

● **드리블:** 적절한 상황에 슛이나 패스를 하기 위해서 공을 자유자재로 몰고 다니는 행위입니다.

● **헤딩**: 머리로 공을 슛하거나 패스하는 기술입니다.

● **태클:** 상대방이 가지고 있는 공을 향해 순간적으로 달려들어서 공을 빼앗는 플레이입니다. 상대 선수가 다칠 수도 있는 위험한 플레이이기 때문에 적절한 각도와 시기를 고려하여 진행합니다.

● **스로인:** 밖으로 빠져나간 공을 경기장 안으로 다시 던지는 기술입니다. 반드시 두 발을 땅에 붙인 채, 양손으로 공을 잡고 머리 뒤쪽부터 상체의 반동을 이용하여 던집니다.

넷 축구의 포지션

축구의 포지션은 선수들의 위치에 따라 크게 골키퍼(Goalkeeper), 수비수(Back), 미드필더(Midfielder), 공격수(Forward)로 나뉩니다. 11명의 선수들은 각자의 자리를 지키면서 유동적으로 역할을 수행합니다.

● **골키퍼:** 유일하게 손을 쓰는 것이 가능한 포지션으로, 상대 팀의 득점을 저지합니다. 다른 선수와 구분되는 색의 옷을 입습니다.

● **수비수:** 골키퍼와 함께 상대 팀의 득점을 저지합니다.

● **미드필더:** 공격수와 수비수를 연결하는 징검다리 역할입니다. 팀에서 맡는 세부 역할에 따라 공격에 가담하기도, 수비에 집중하기도 합니다.

● **공격수:** 골을 넣는 것이 주 임무이기 때문에 주로 앞에 배치됩니다.

포메이션은 각각의 포지션에 몇 명을 배치할 것인가를 숫자로 나타낸 것입니다. 예시로 4-2-4 포메이션은 4명의 수비수와 2명의 미드필더, 4명의 공격수로 진형을 이룹니다.

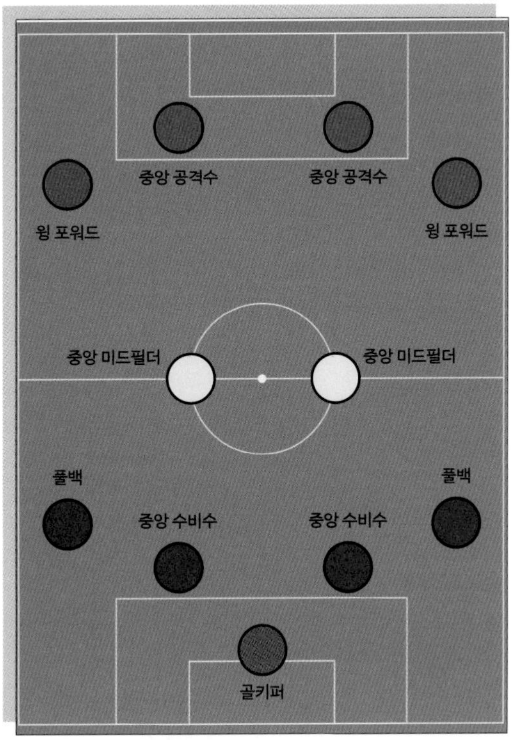

중앙 공격수
중앙 공격수
윙 포워드
윙 포워드
중앙 미드필더
중앙 미드필더
풀백
풀백
중앙 수비수
중앙 수비수
골키퍼

4-2-4 포메이션의 구성

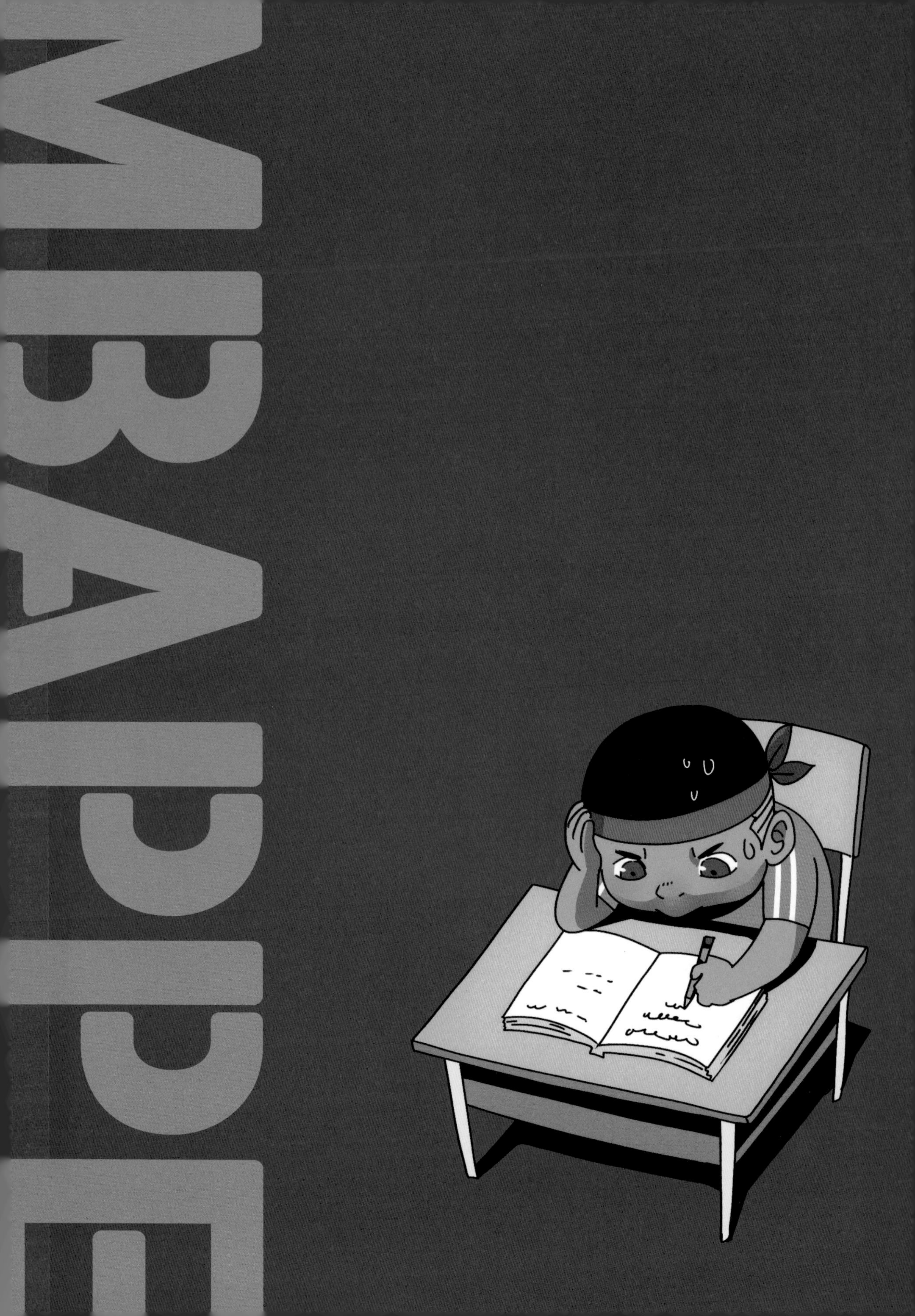
MBAPPE

2장

축구의 규칙, 학교의 규칙

> 축구에 규칙이 있는 것처럼
> 학교에도 규칙이 있단다.
> 학교에 있는 동안엔
> 학교의 규칙을 지켜야 하는 거야.

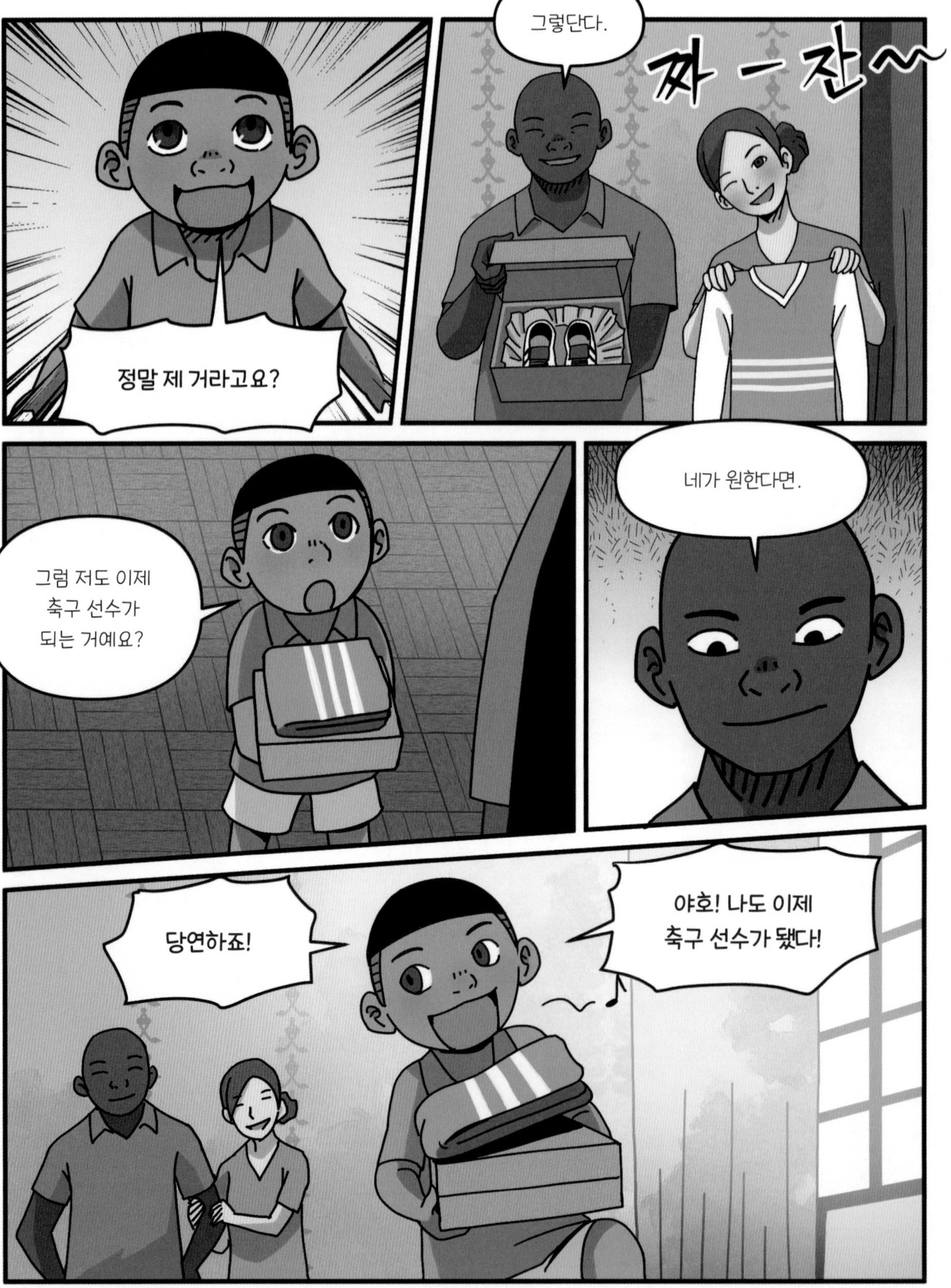
정말 제 거라고요?
그렇단다.
짜-잔~
그럼 저도 이제 축구 선수가 되는 거예요?
네가 원한다면.
당연하죠!
야호! 나도 이제 축구 선수가 됐다!

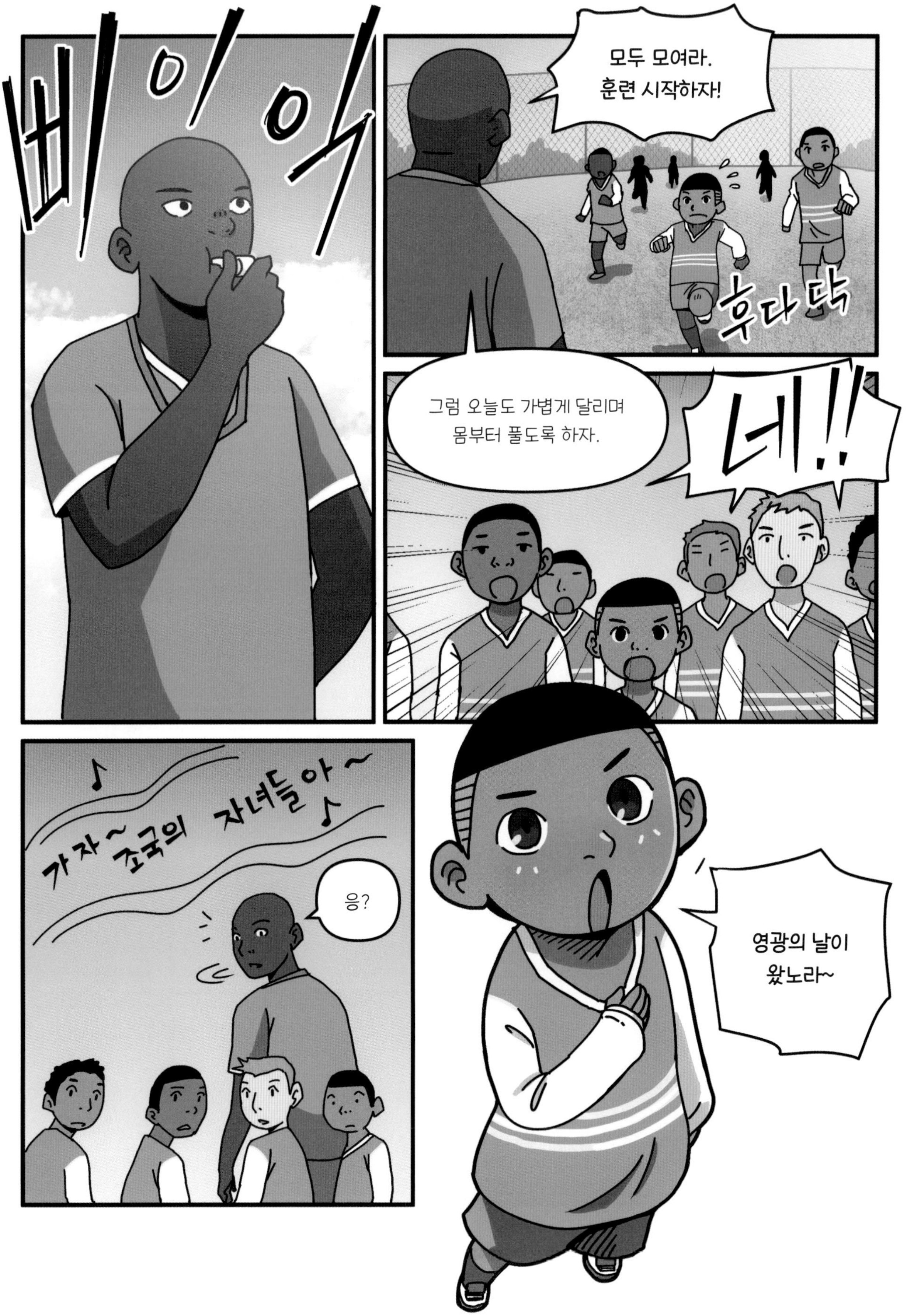
삐이익
모두 모여라. 훈련 시작하자!
후다닥
그럼 오늘도 가볍게 달리며 몸부터 풀도록 하자.
네!!
가자~ 조국의 자녀들아~
응?
영광의 날이 왔노라~

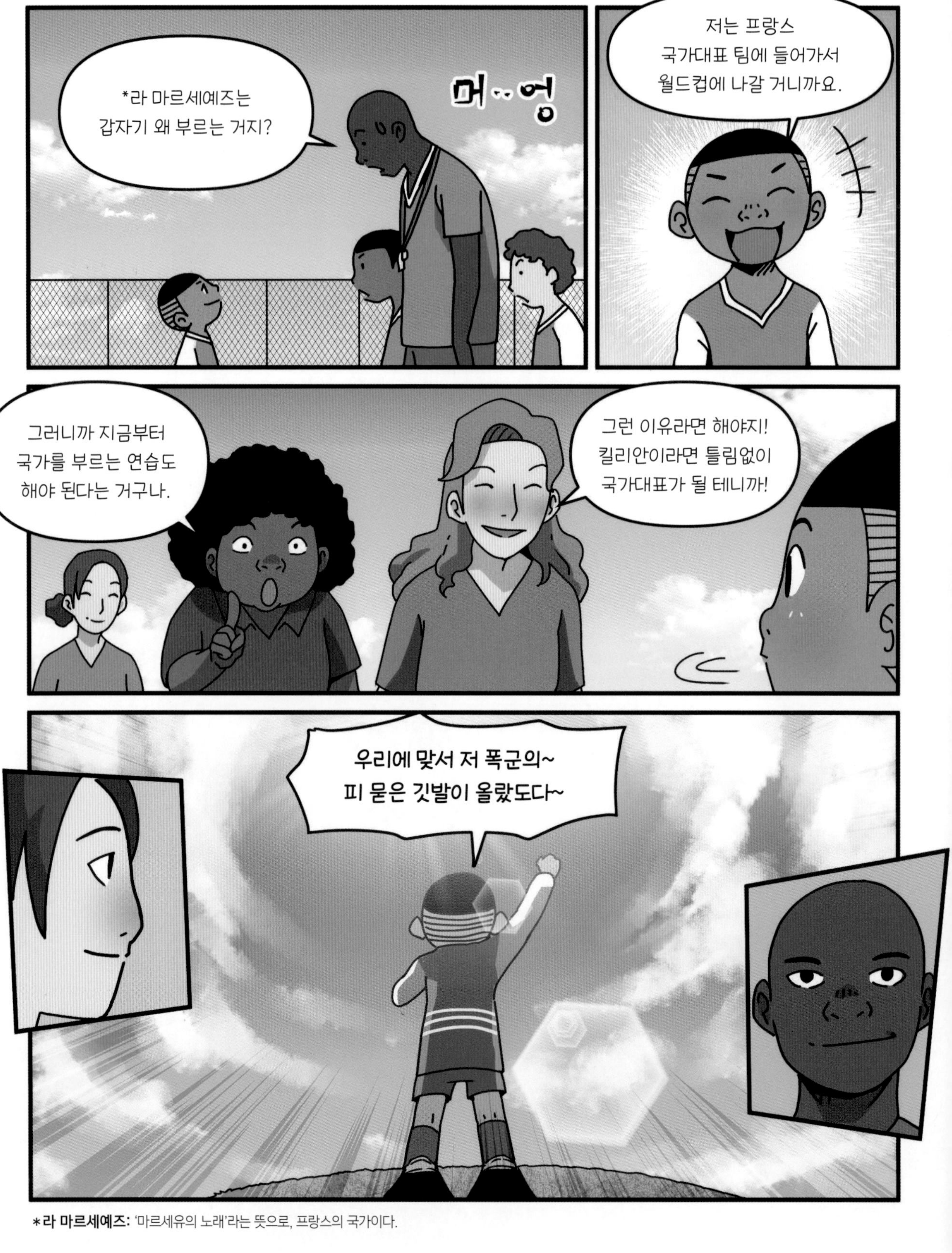
*라 마르세예즈는 갑자기 왜 부르는 거지?
머..엉
저는 프랑스 국가대표 팀에 들어가서 월드컵에 나갈 거니까요.
그러니까 지금부터 국가를 부르는 연습도 해야 된다는 거구나.
그런 이유라면 해야지! 킬리안이라면 틀림없이 국가대표가 될 테니까!
우리에 맞서 저 폭군의~ 피 묻은 깃발이 올랐도다~

***라 마르세예즈:** '마르세유의 노래'라는 뜻으로, 프랑스의 국가이다.

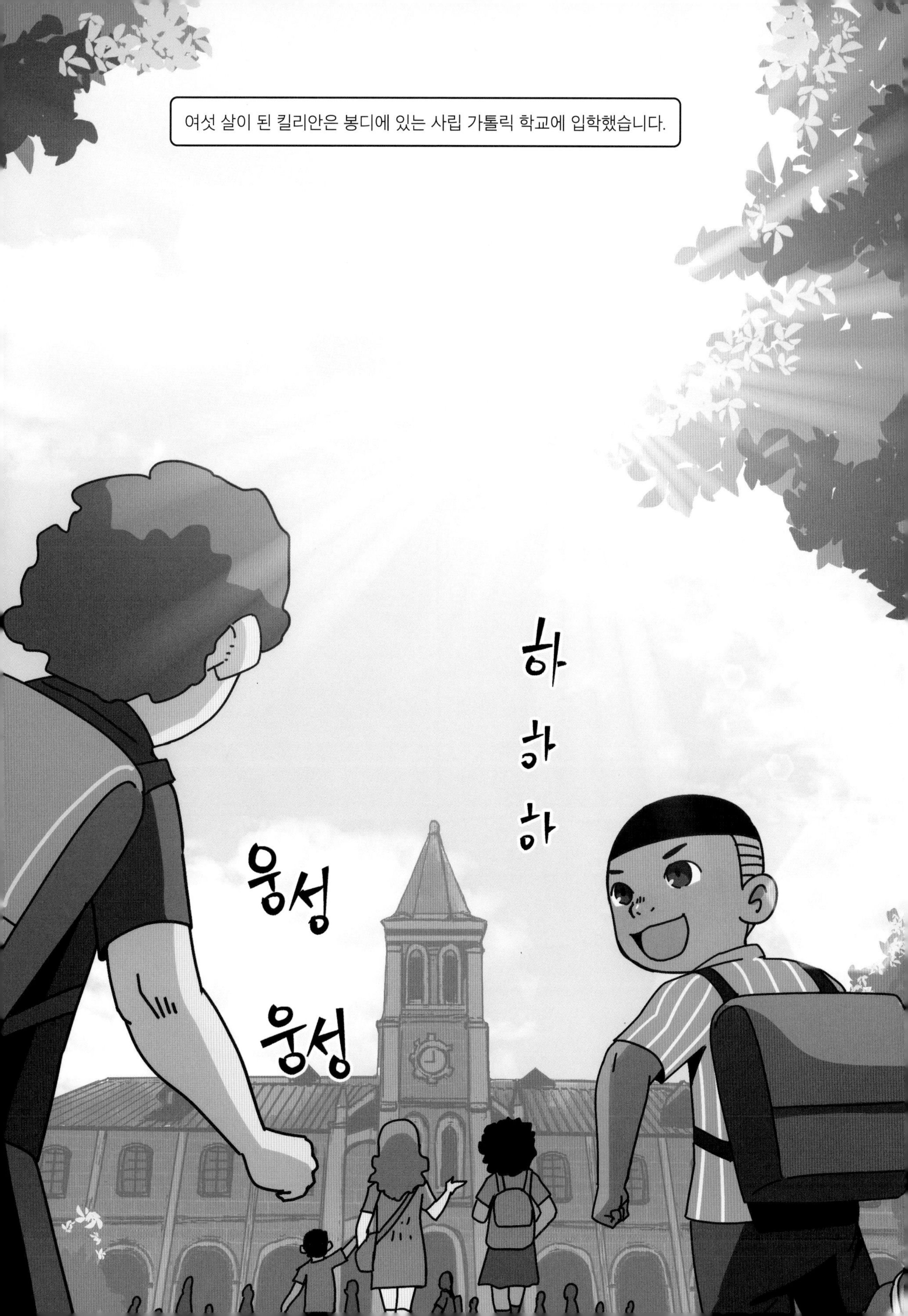

여섯 살이 된 킬리안은 봉디에 있는 사립 가톨릭 학교에 입학했습니다.
하하하
웅성 웅성

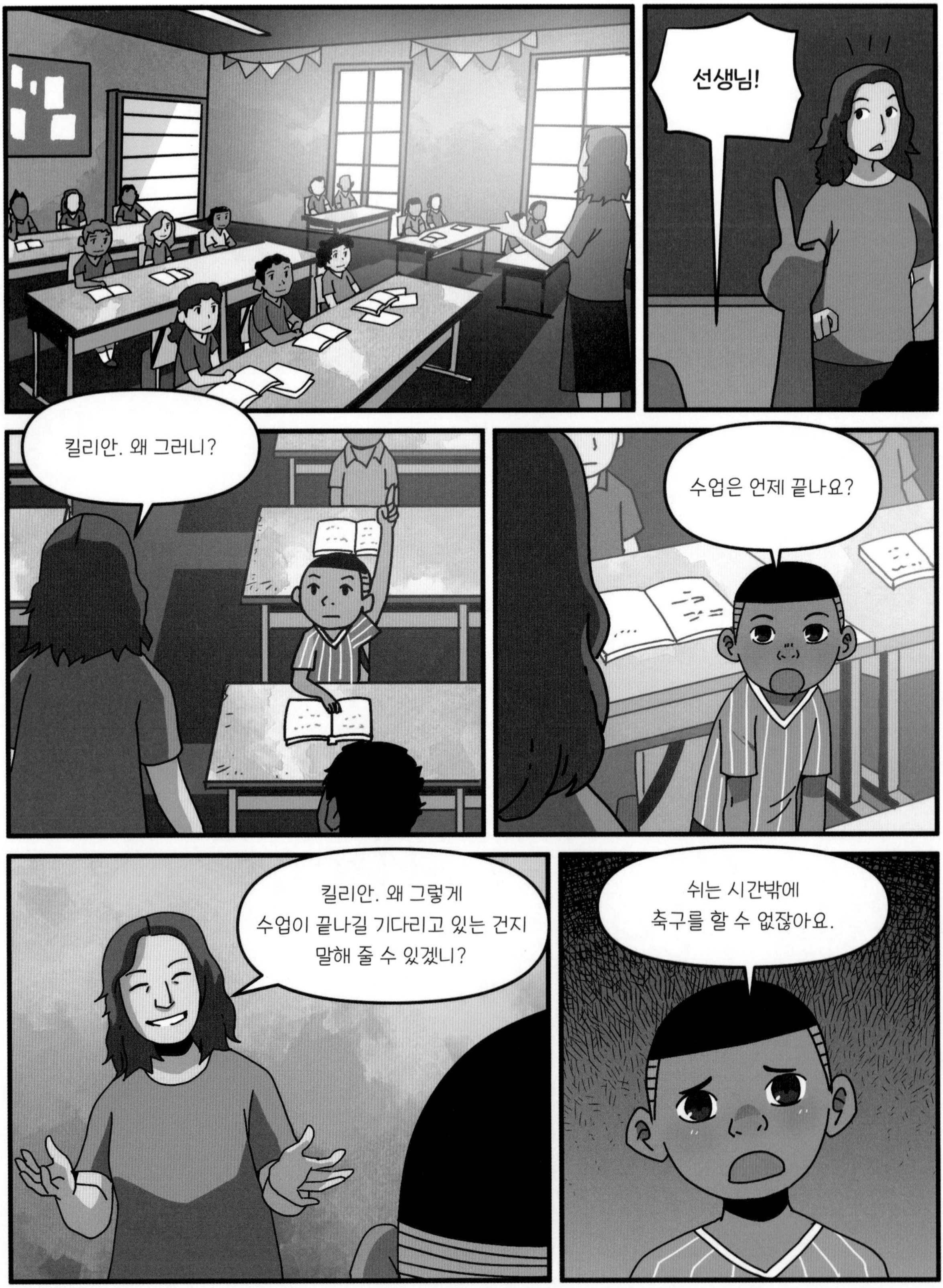

선생님!
킬리안. 왜 그러니?
수업은 언제 끝나요?
킬리안. 왜 그렇게 수업이 끝나길 기다리고 있는 건지 말해 줄 수 있겠니?
쉬는 시간밖에 축구를 할 수 없잖아요.

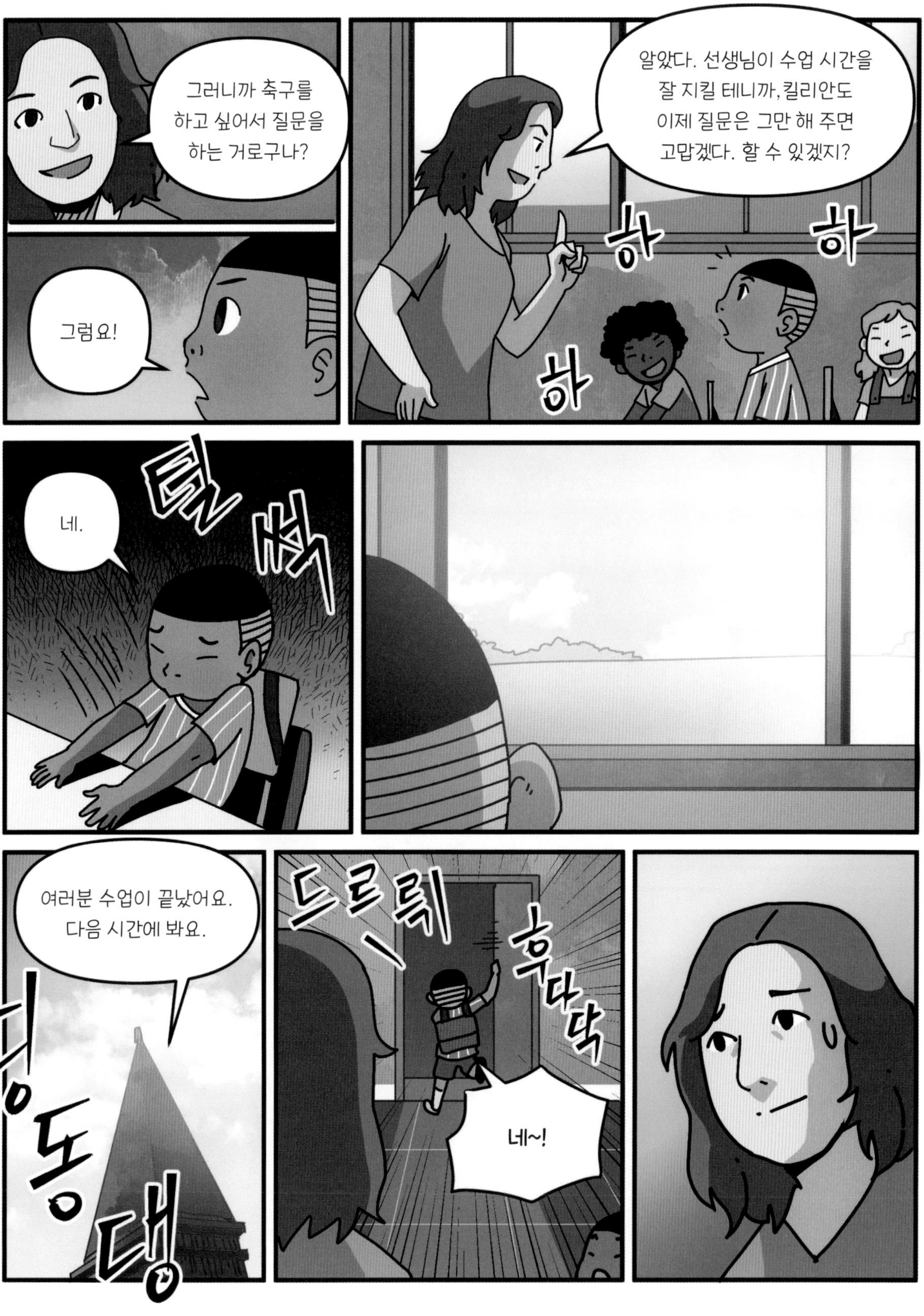
그러니까 축구를 하고 싶어서 질문을 하는 거로구나?
그럼요!
알았다. 선생님이 수업 시간을 잘 지킬 테니까, 킬리안도 이제 질문은 그만 해 주면 고맙겠다. 할 수 있겠지?
하
하
하
네.
털썩
여러분 수업이 끝났어요. 다음 시간에 봐요.
딩동댕
드르륵
후다닥
네~!

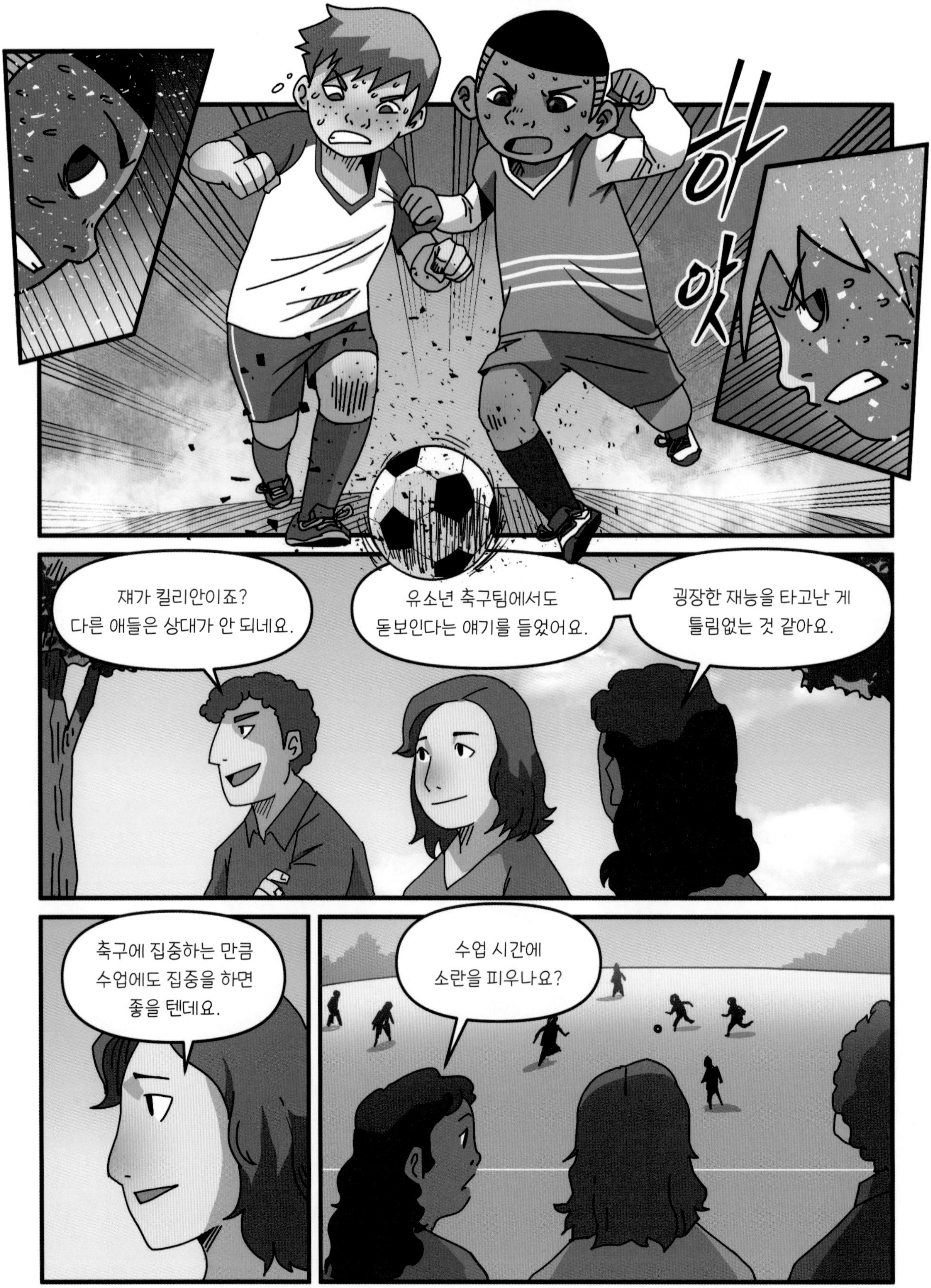
하
얏
쟤가 킬리안이죠? 다른 애들은 상대가 안 되네요.
유소년 축구팀에서도 돋보인다는 얘기를 들었어요.
굉장한 재능을 타고난 게 틀림없는 것 같아요.
축구에 집중하는 만큼 수업에도 집중을 하면 좋을 텐데요.
수업 시간에 소란을 피우나요?

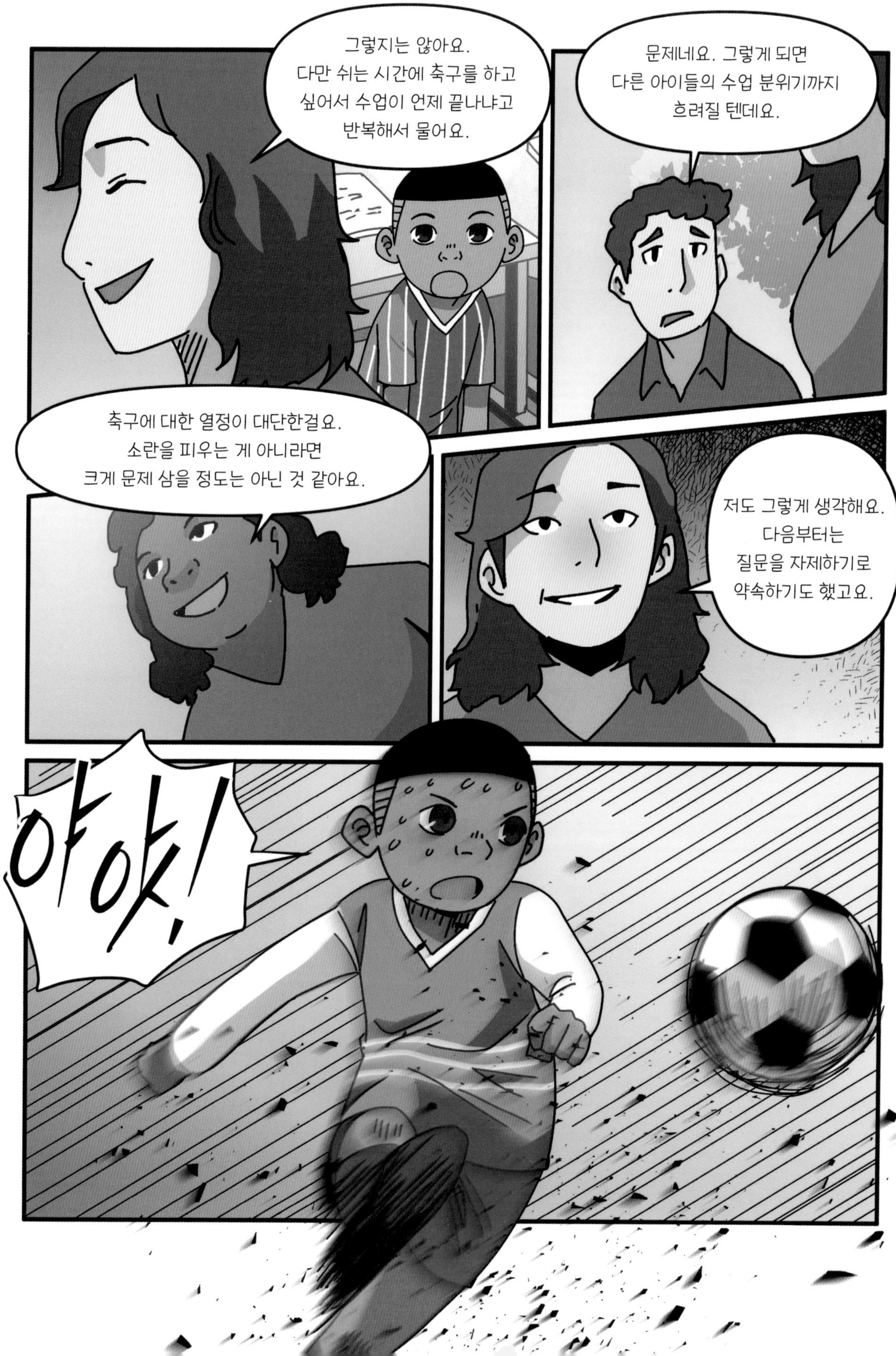
그렇지는 않아요.
다만 쉬는 시간에 축구를 하고
싶어서 수업이 언제 끝나냐고
반복해서 물어요.
문제네요. 그렇게 되면
다른 아이들의 수업 분위기까지
흐려질 텐데요.
축구에 대한 열정이 대단한걸요.
소란을 피우는 게 아니라면
크게 문제 삼을 정도는 아닌 것 같아요.
저도 그렇게 생각해요.
다음부터는
질문을 자제하기로
약속하기도 했고요.
야앗!

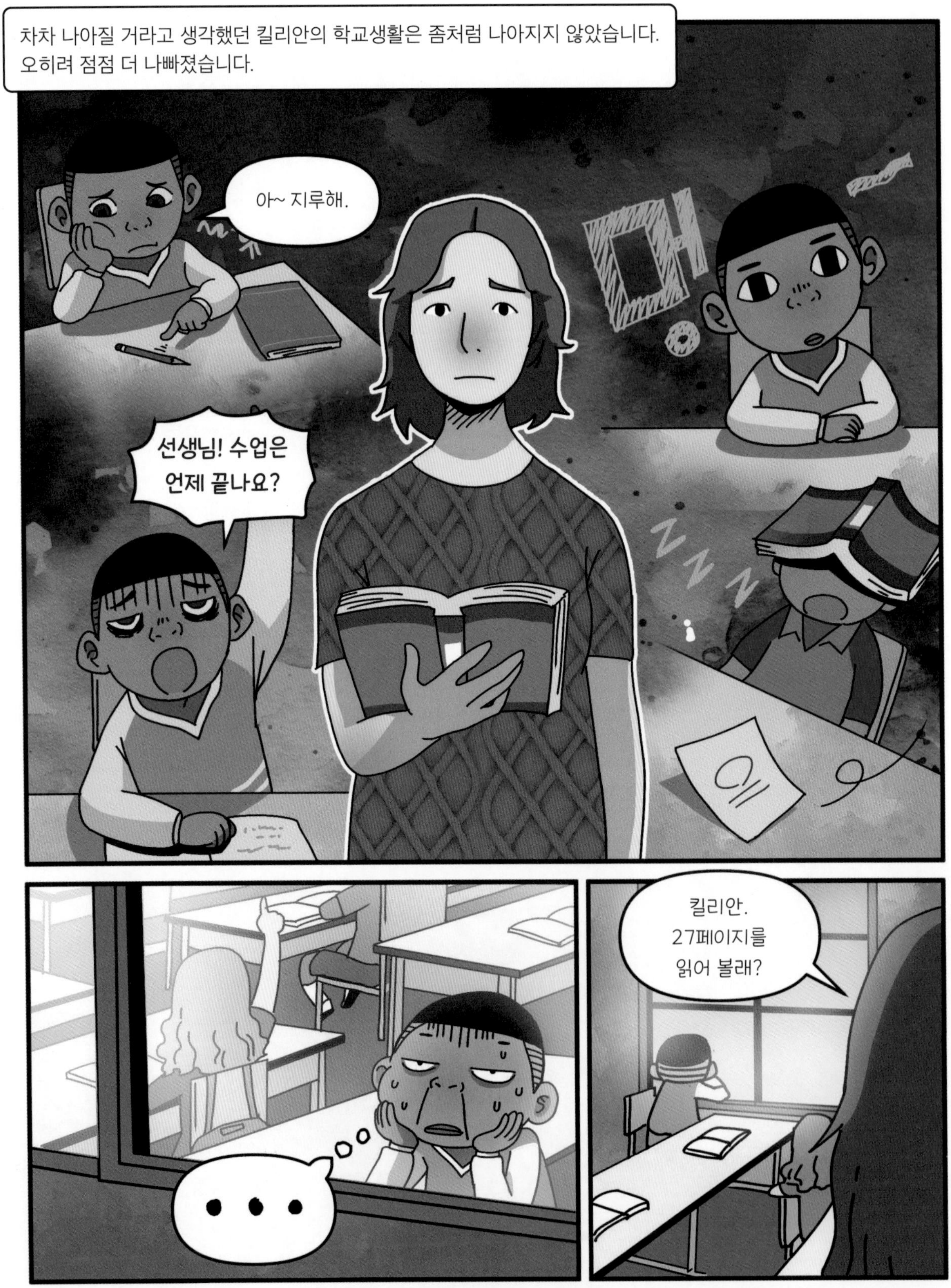
차차 나아질 거라고 생각했던 킬리안의 학교생활은 좀처럼 나아지지 않았습니다. 오히려 점점 더 나빠졌습니다.
아~ 지루해.
선생님! 수업은 언제 끝나요?
...
킬리안. 27페이지를 읽어 볼래?

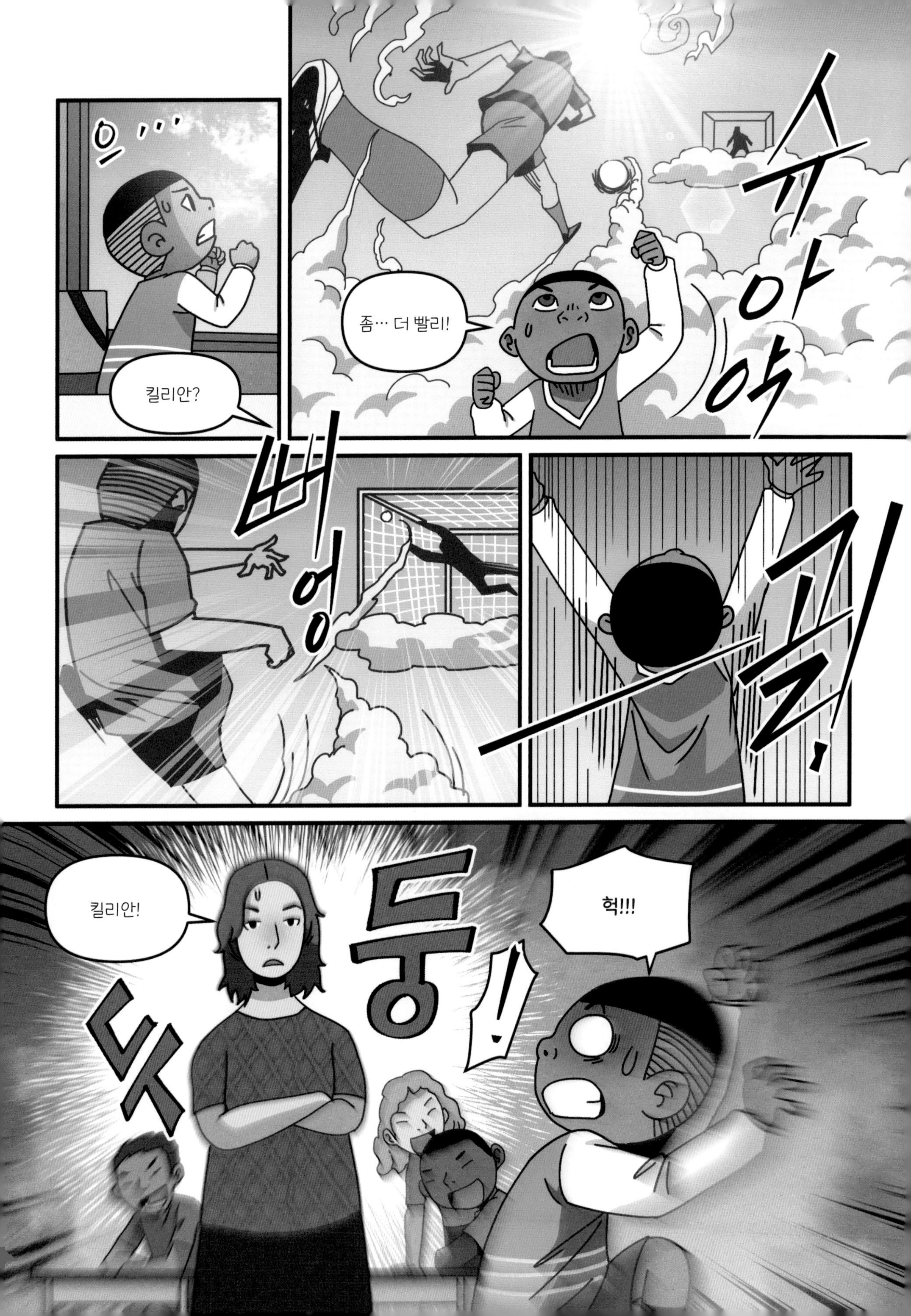

으…
킬리안?
좀… 더 빨리!
슈아악
뻐엉
골!
킬리안!
둥!
헉!!!

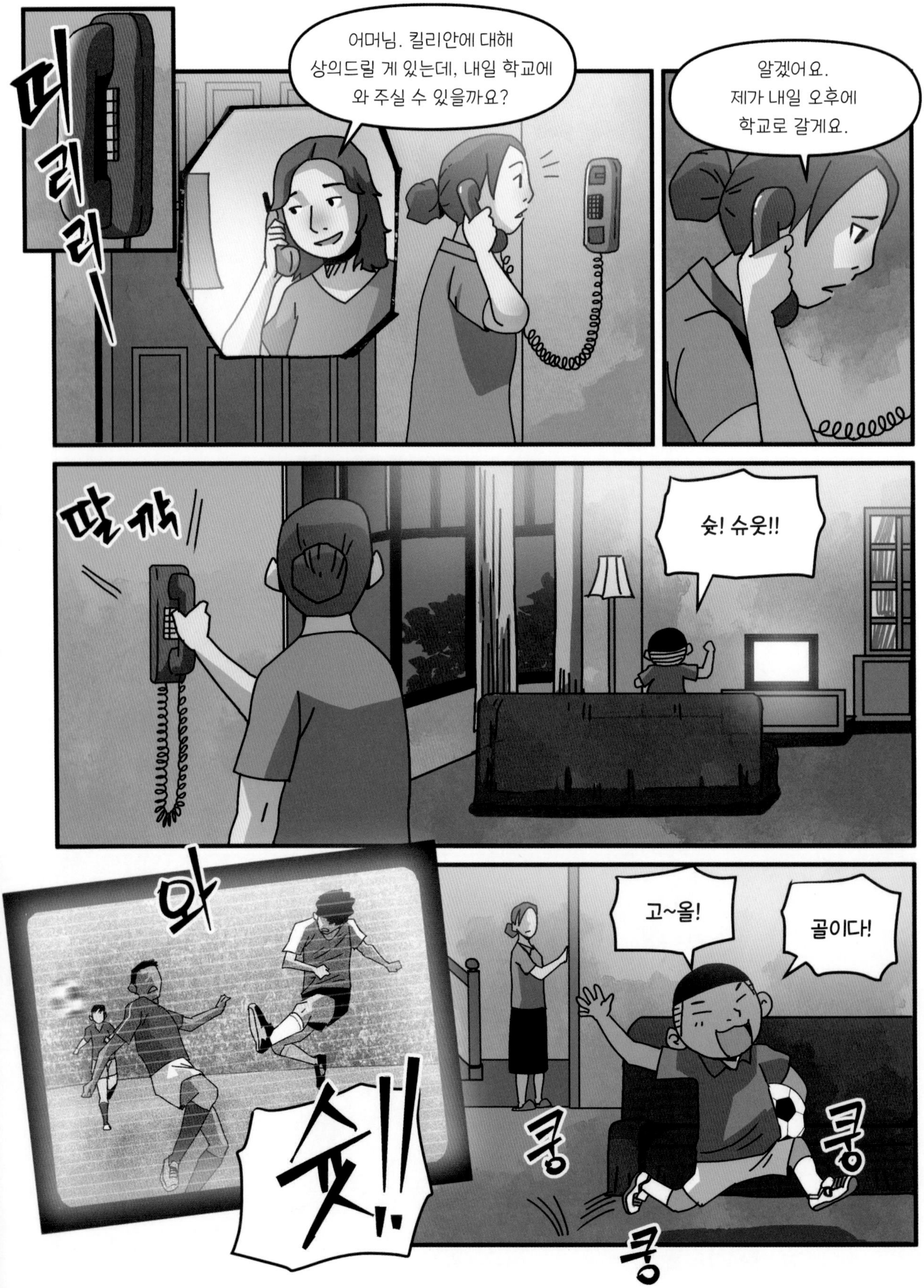

따리리
어머님. 킬리안에 대해
상의드릴 게 있는데, 내일 학교에
와 주실 수 있을까요?
알겠어요.
제가 내일 오후에
학교로 갈게요.
딸깍
슛! 슈웃!!
와
슛!!
고~올!
골이다!
쿵
쿵
쿵

학교 상담실

그런 일이 있었군요.

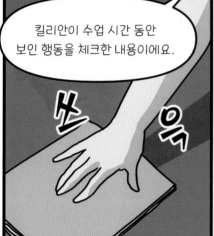

킬리안이 수업 시간 동안
보인 행동을 체크한 내용이에요.

쑤 윽

킬리안은
수업 시간에 쉽게 지루해하고
공상에 빠지기 일쑤예요.
수업을 방해할 때도 있고요.

세상에! 8시간 동안 겨우 8개의
단어만 사용했다는 내용이 있네요.

네. 그렇게 수업에 집중하지 못하면
낙제를 하게 될지도 몰라요.

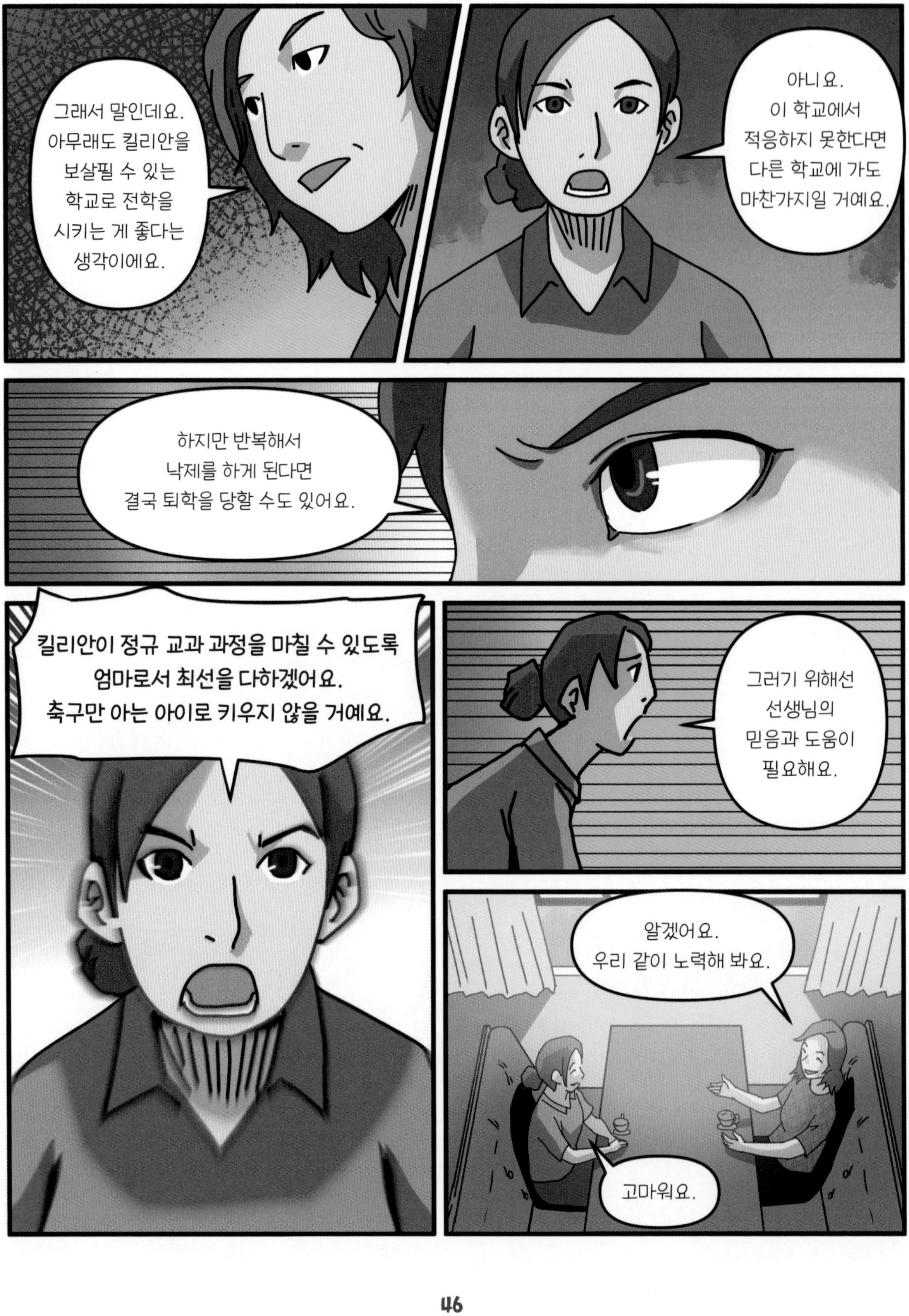
그래서 말인데요. 아무래도 킬리안을 보살필 수 있는 학교로 전학을 시키는 게 좋다는 생각이에요.
아니요. 이 학교에서 적응하지 못한다면 다른 학교에 가도 마찬가지일 거예요.
하지만 반복해서 낙제를 하게 된다면 결국 퇴학을 당할 수도 있어요.
킬리안이 정규 교과 과정을 마칠 수 있도록 엄마로서 최선을 다하겠어요. 축구만 아는 아이로 키우지 않을 거예요.
그러기 위해선 선생님의 믿음과 도움이 필요해요.
알겠어요. 우리 같이 노력해 봐요.
고마워요.

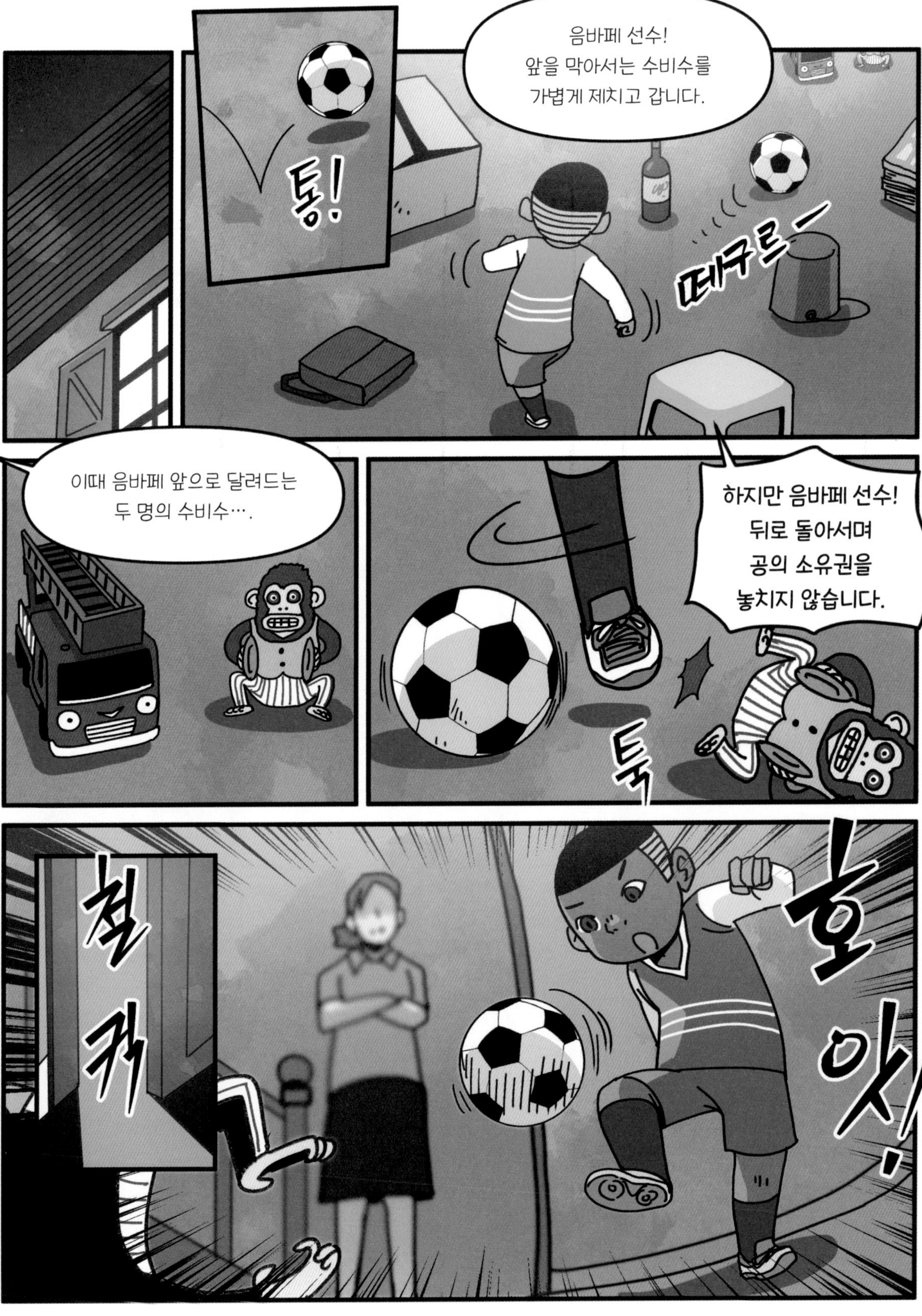
통!
음바페 선수!
앞을 막아서는 수비수를
가볍게 제치고 갑니다.
떼구르ㅡ
이때 음바페 앞으로 달려드는
두 명의 수비수….
하지만 음바페 선수!
뒤로 돌아서며
공의 소유권을
놓치지 않습니다.
툭
철컥
호잇!

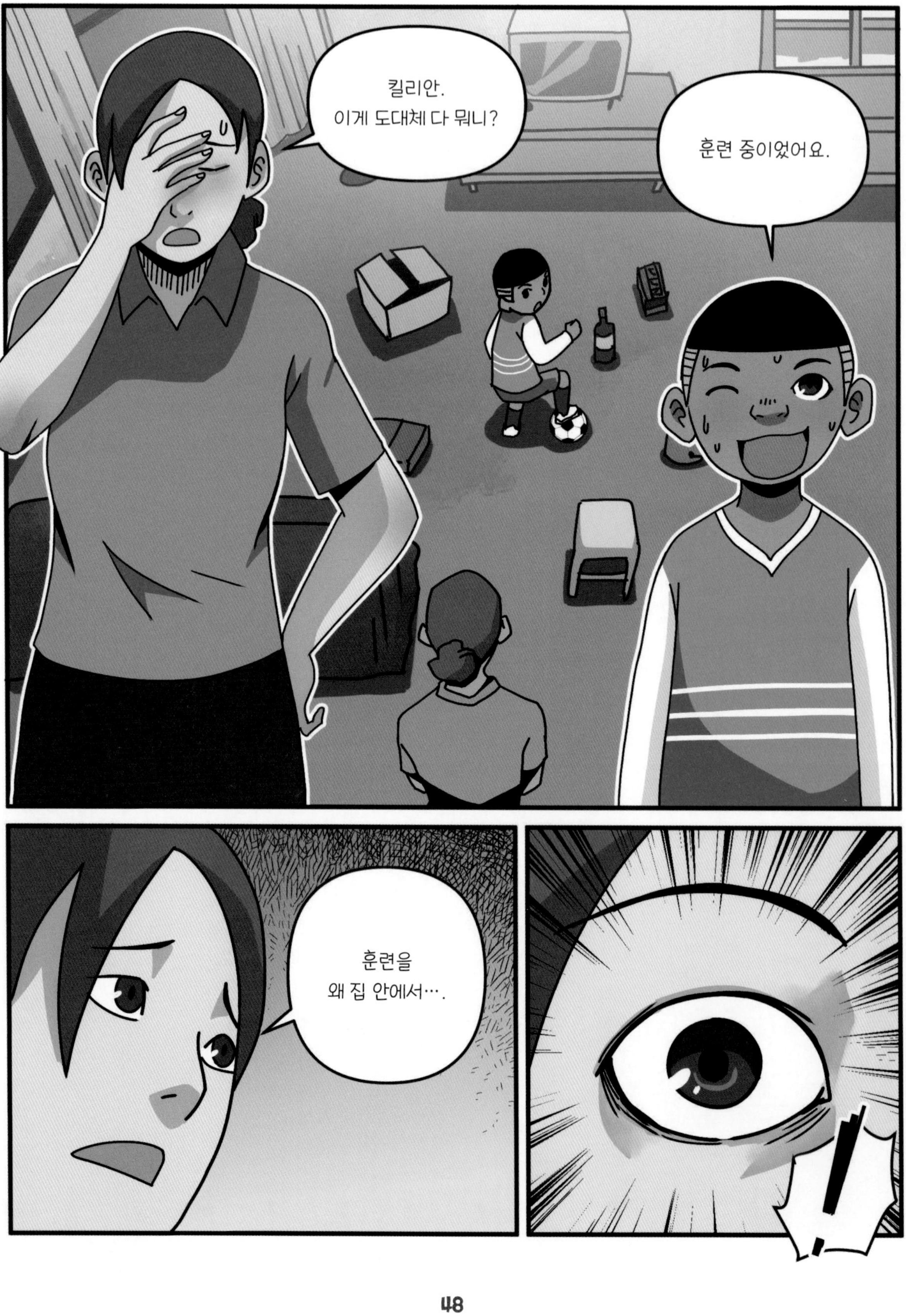
킬리안.
이게 도대체 다 뭐니?
훈련 중이었어요.
훈련을
왜 집 안에서….

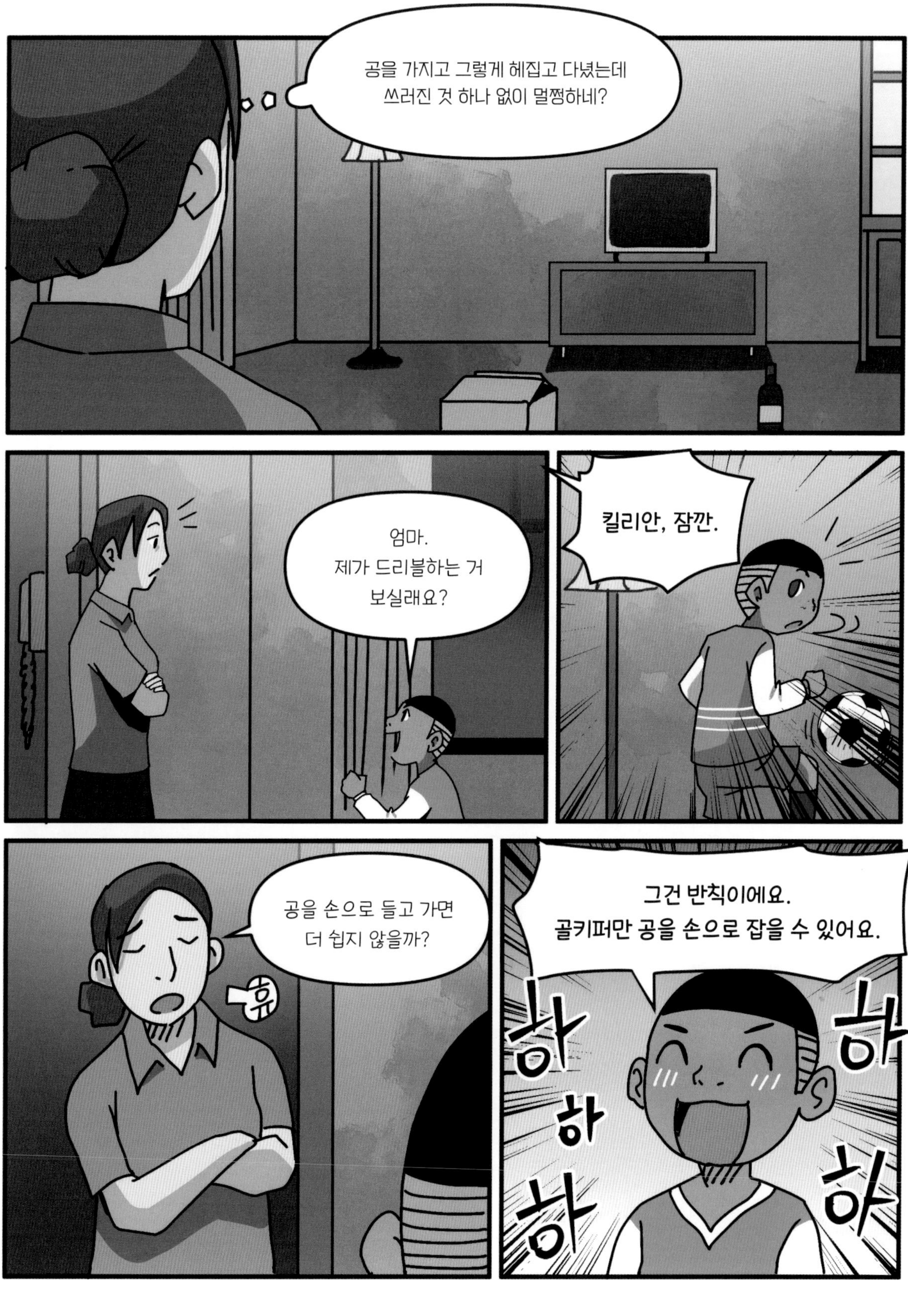
공을 가지고 그렇게 헤집고 다녔는데
쓰러진 것 하나 없이 멀쩡하네?
엄마.
제가 드리블하는 거
보실래요?
킬리안, 잠깐.
공을 손으로 들고 가면
더 쉽지 않을까?
휴
그건 반칙이에요.
골키퍼만 공을 손으로 잡을 수 있어요.
하
하
하
하
하

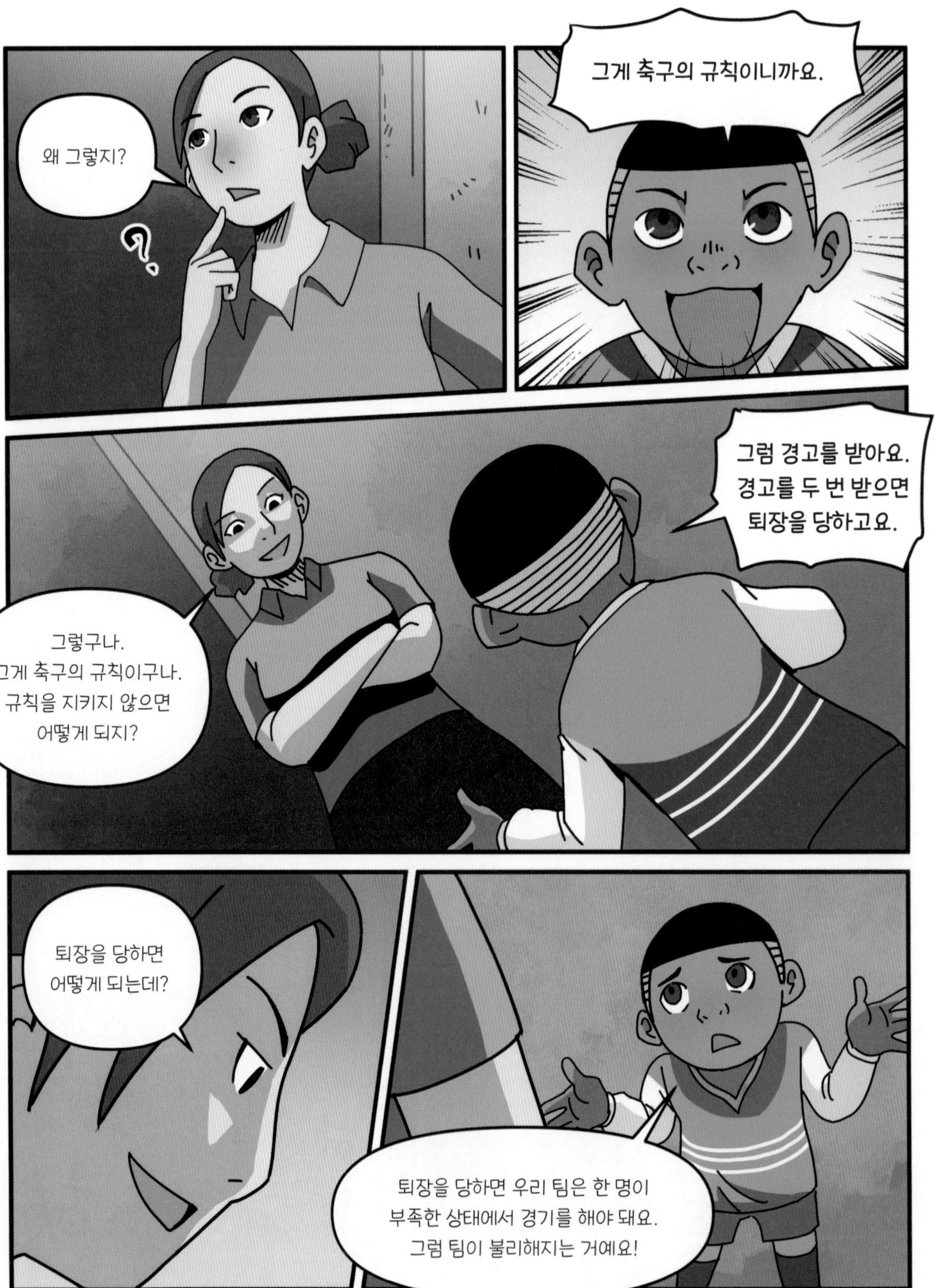
왜 그렇지?
그게 축구의 규칙이니까요.
그럼 경고를 받아요. 경고를 두 번 받으면 퇴장을 당하고요.
그렇구나. 그게 축구의 규칙이구나. 규칙을 지키지 않으면 어떻게 되지?
퇴장을 당하면 어떻게 되는데?
퇴장을 당하면 우리 팀은 한 명이 부족한 상태에서 경기를 해야 돼요. 그럼 팀이 불리해지는 거예요!

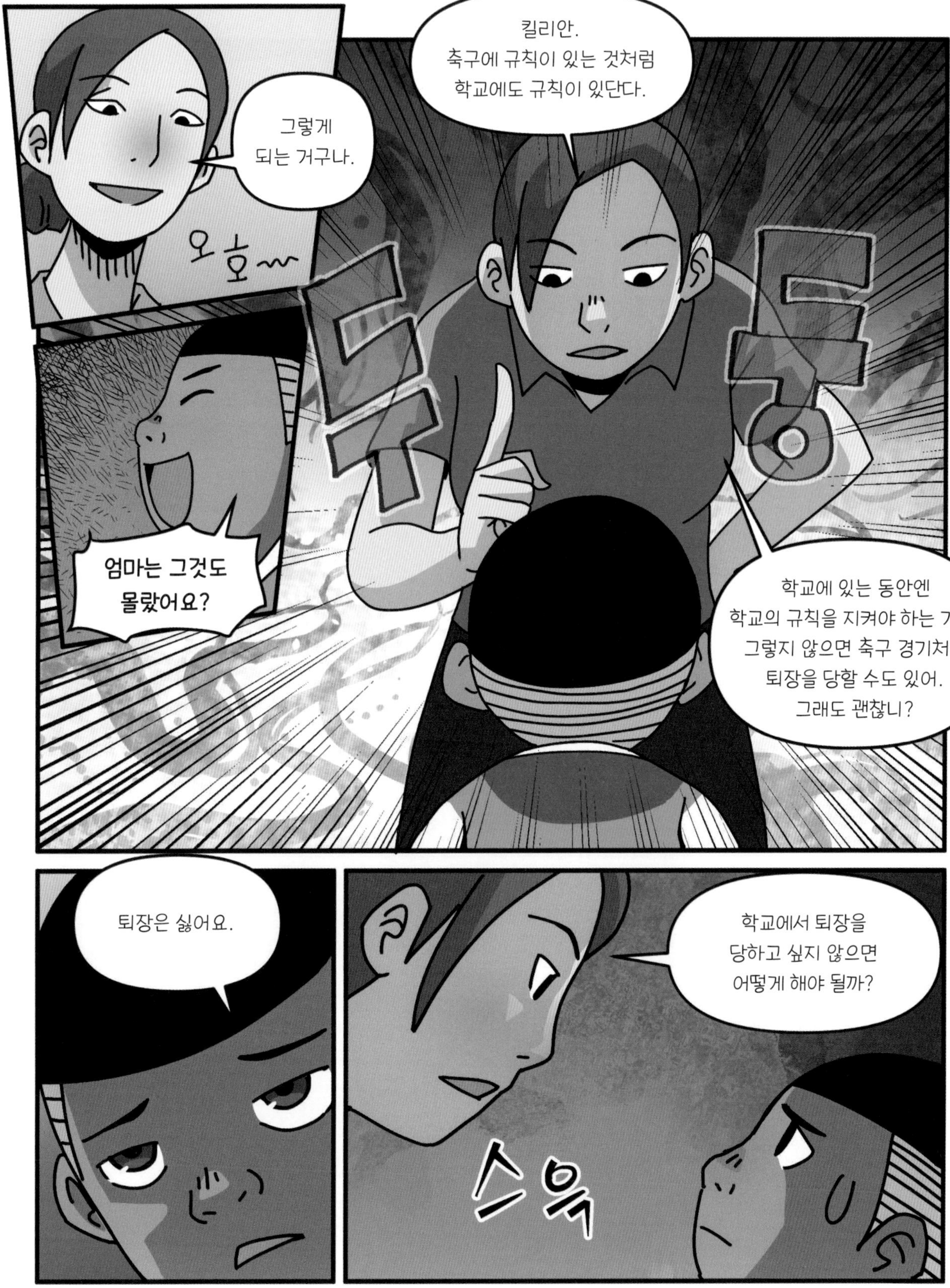

그렇게 되는 거구나.
오호~
킬리안. 축구에 규칙이 있는 것처럼 학교에도 규칙이 있단다.
두둥
엄마는 그것도 몰랐어요?
학교에 있는 동안엔 학교의 규칙을 지켜야 하는 거야. 그렇지 않으면 축구 경기처럼 퇴장을 당할 수도 있어. 그래도 괜찮니?
퇴장은 싫어요.
학교에서 퇴장을 당하고 싶지 않으면 어떻게 해야 될까?
스윽

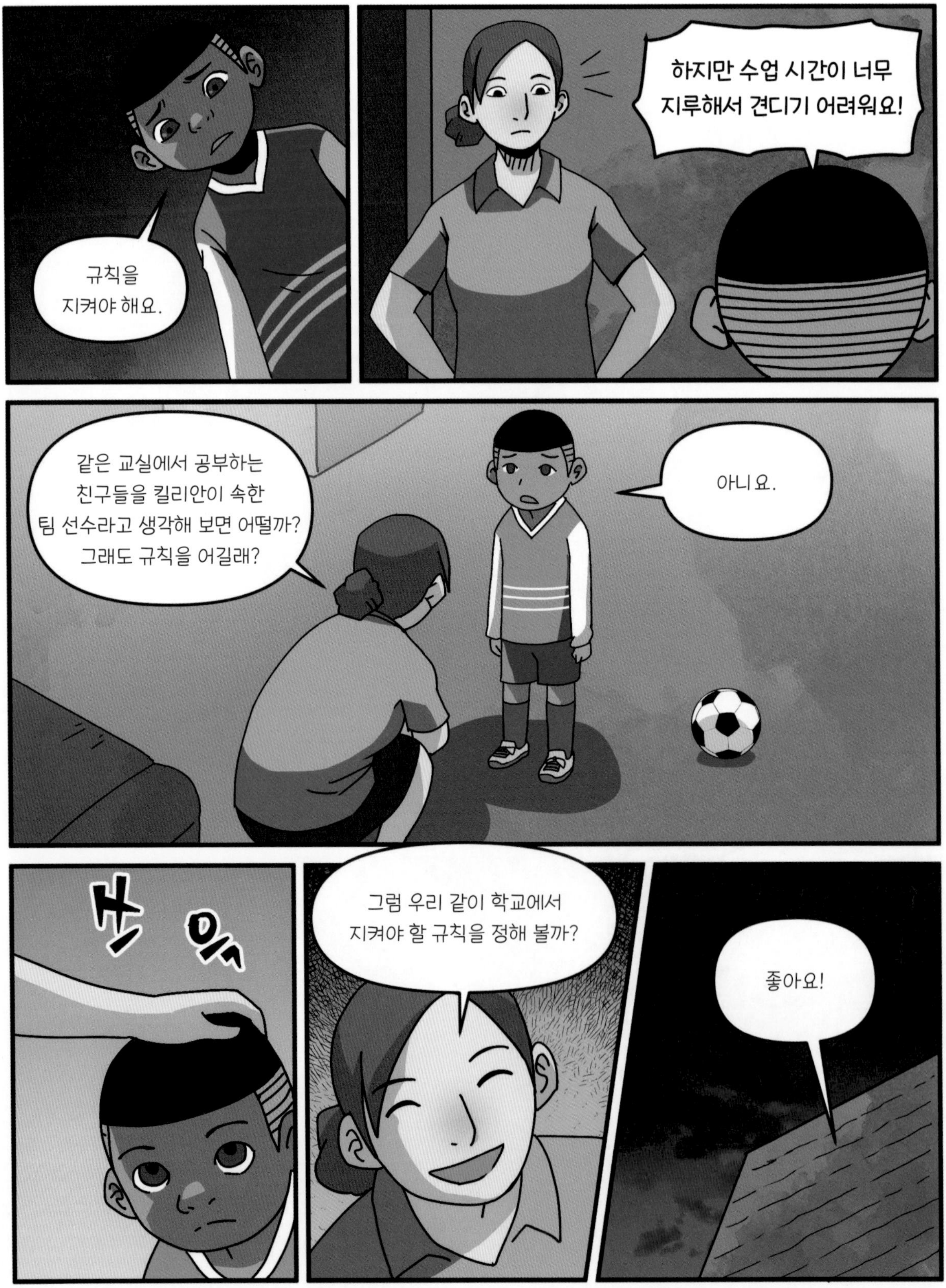
규칙을 지켜야 해요.
하지만 수업 시간이 너무 지루해서 견디기 어려워요!
같은 교실에서 공부하는 친구들을 킬리안이 속한 팀 선수라고 생각해 보면 어떨까? 그래도 규칙을 어길래?
아니요.
쓰윽
그럼 우리 같이 학교에서 지켜야 할 규칙을 정해 볼까?
좋아요!

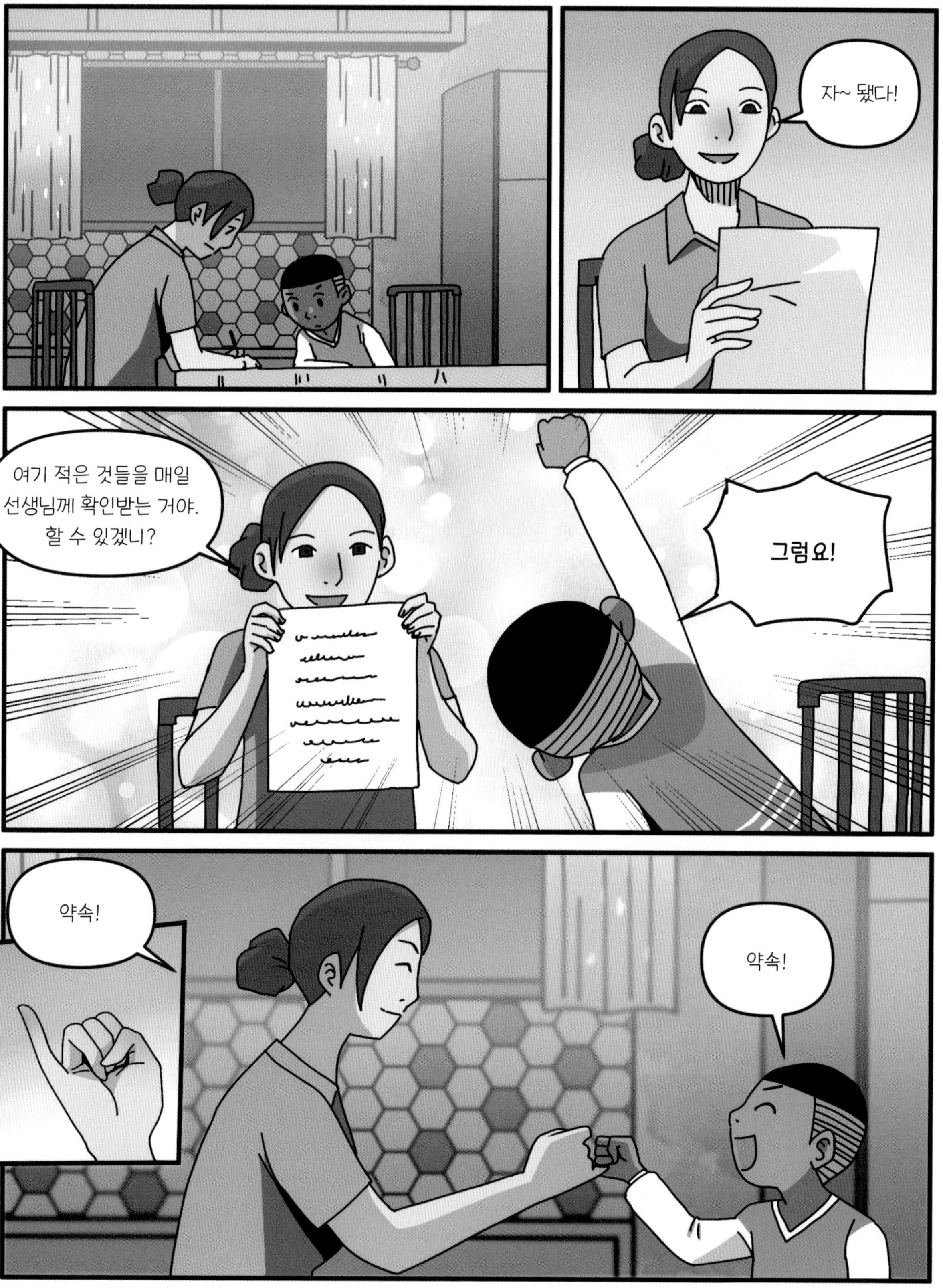
자~ 됐다!
여기 적은 것들을 매일 선생님께 확인받는 거야. 할 수 있겠니?
그럼요!
약속!
약속!

킬리안은 어머니와의 약속을 지키기 위해, 그리고 학교에서의 규칙을 지키기 위해 최선을 다해 노력했습니다.
그런 킬리안을 선생님도 성심성의를 다해 도왔습니다.

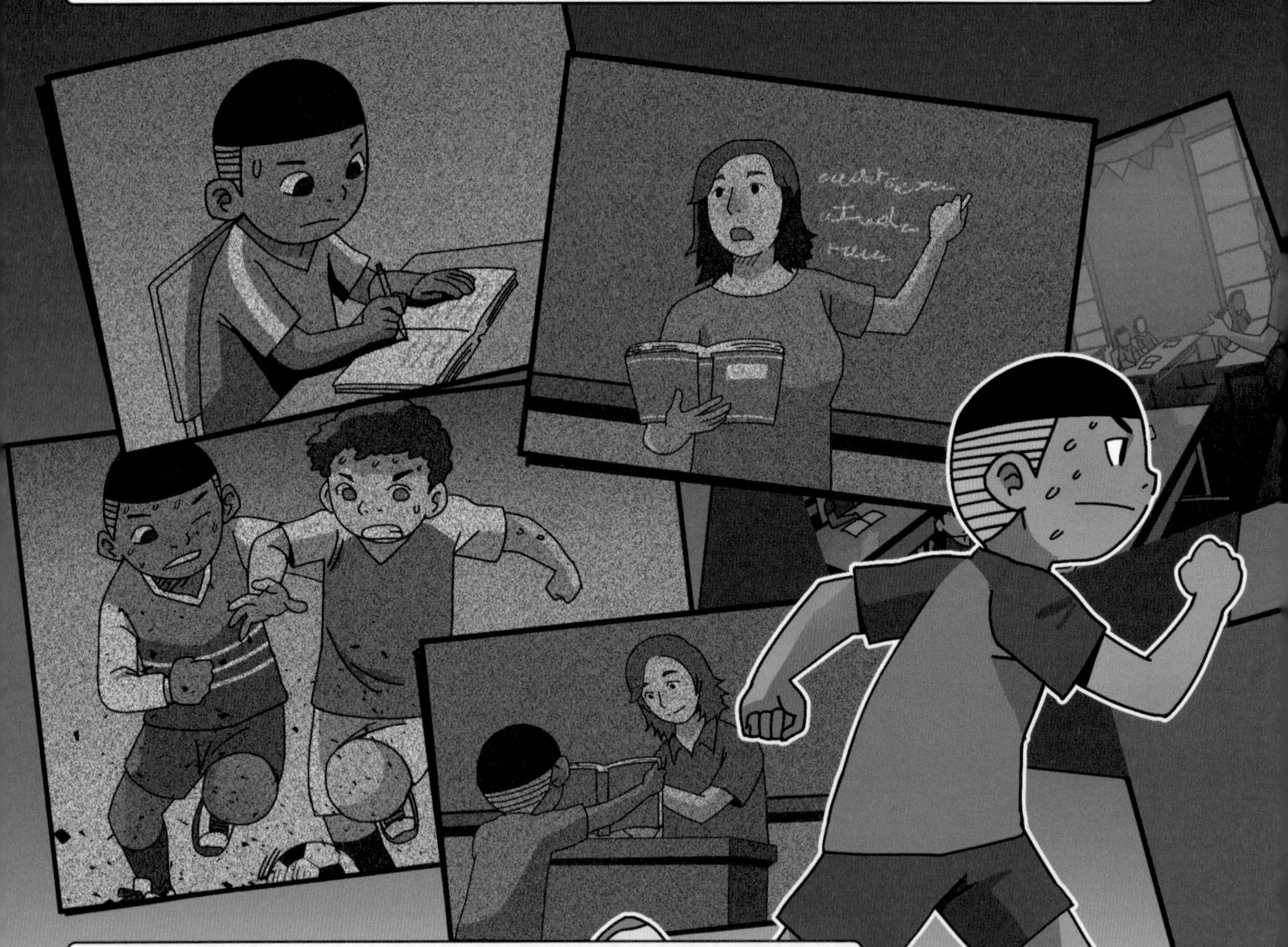

그리고 당당히 프랑스 중등 과정 졸업 시험에 합격해 졸업을 할 수 있었습니다.

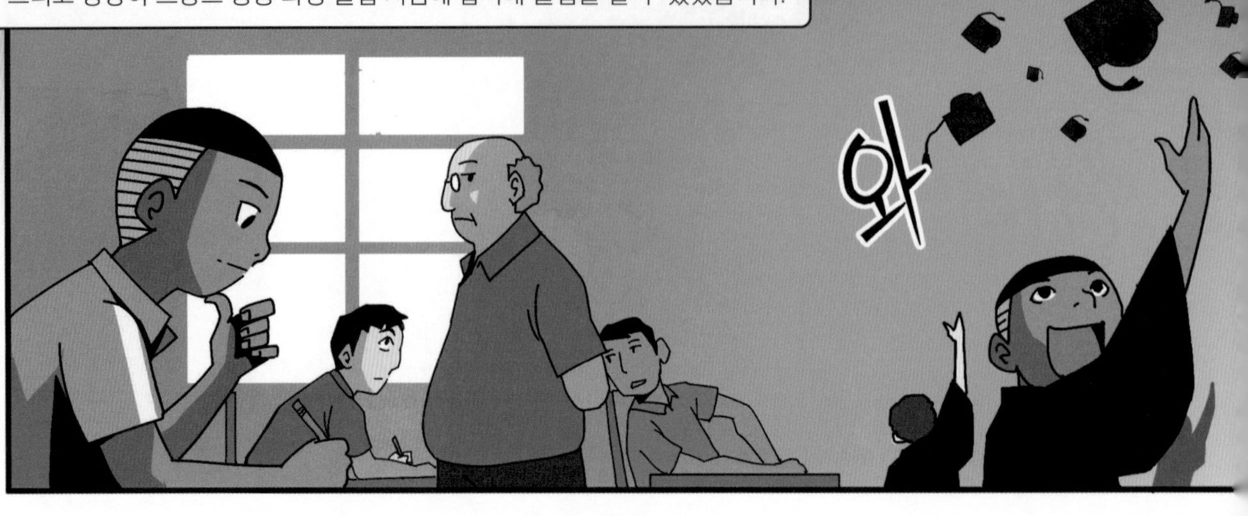
와

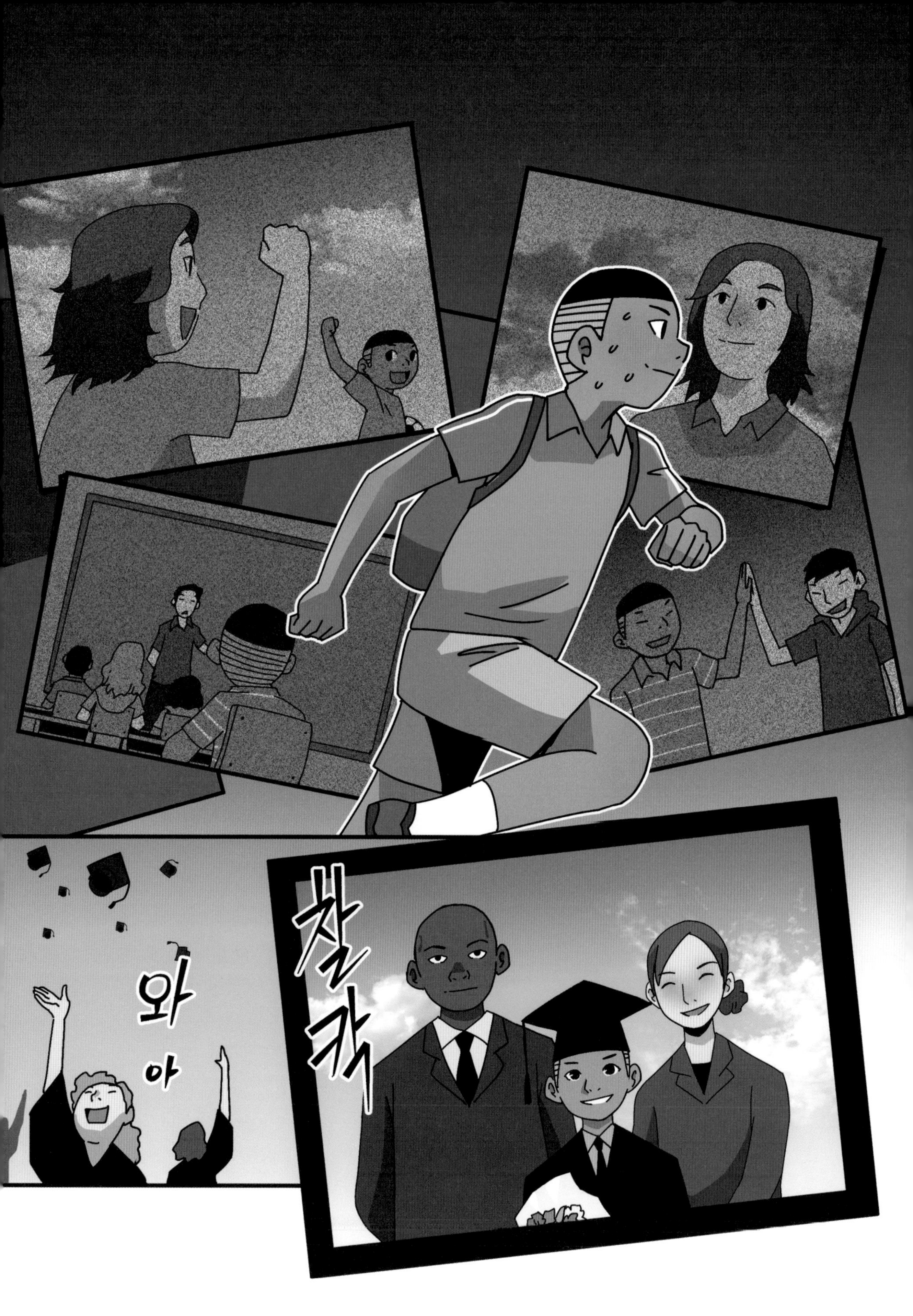
와아
찰칵

프랑스와 이민

프랑스는 이민자 비율이
높은 나라 중 하나로,
이민으로 사회 문제를 해결하기도 했지만,
새로운 사회 문제를 떠안기도 했습니다.

하나 이민자가 많은 프랑스

하나 이민자가 많은 프랑스

다양한 인종으로 구성된 프랑스 국가대표 팀 ⓒ حسن ظنورند

19세기 중반, 프랑스는 출산율 감소로 몸살을 앓고 있었습니다. 이 시기는 산업 혁명이 진행되던 때와 맞물려 있었습니다. 공장은 활발하게 가동되는데 일할 사람이 없었던 프랑스는 이민으로 일자리 문제를 해결하려 했습니다. 폴란드, 벨기에, 포르투갈, 이탈리아 등지에서 수백만 명의 유럽 이민자들이 프랑스에 도착했습니다.

이후 벌어진 제1차 세계 대전은 프랑스에 600만 명이라는 엄청난 사상자를 안겼습니다. 이때 프랑스는 또한 번 대거 이민자를 받아들였고, 1930년경 프랑스의 수도 파리에는 이미 7만여 명의 북아프리카 무슬림 인구가 살고 있었습니다.

이후 제2차 세계 대전까지 치르며 전쟁에 나갈 인력도, 나라를 재건할 인력도 모자랐던 프랑스는 과거 식민지였던 알제리, 튀니지, 모로코에서 많은 이민자를 받아들였습니다. 이뿐만 아니라 유럽, 아프리카, 아시아 등전 세계적으로 이민자를 모집했지요.

이민자들이 프랑스에 자리를 잡으면서 이민자의 자녀들, 즉 이민 2세의 수도 늘어났습니다. 프랑스 국가대표 팀에서는 이민 2세이면서 슈퍼스타가 된 선수들을 심심치 않게 찾아볼 수 있습니다. 프랑스의 유명 축구 선수인 지네딘 지단, 티에리 앙리도 이민 2세입니다. 킬리안 음바페 역시 파리에서 태어났지만 카메룬 국적의 아버지와 알제리 출신의 어머니를 두었죠.

2018년 러시아 월드컵에서 23명 중 21명이 이민 가정 출신으로 이루어진 프랑스 국가대표 팀이 우승을 거두자, "프랑스의 월드컵 우승은 세계 모든 이민자의 승리다."라는 말이 나오기도 했습니다.

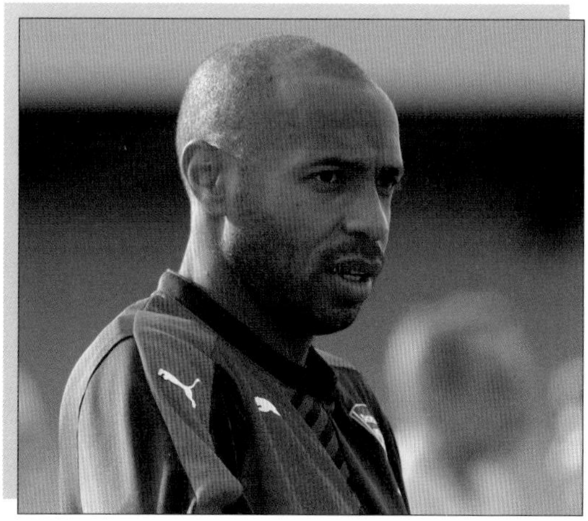

프랑스를 대표하는 공격수 티에리 앙리 ⓒ joshjdss

둘 프랑스의 인종 차별 문제

'톨레랑스'는 프랑스어로 관용을 뜻합니다. 16세기 종교의 차이를 이유로 큰 전쟁이 일어나고 수많은 사람들이 목숨을 잃자, 이를 막기 위해 생겨난 말이죠. 톨레랑스는 나와 상대방이 다르다는 것을 인정하고 너그럽게 받아들이는 것을 말합니다. 이를 국가의 정신으로 받아들인 프랑스는 '관용의 나라'로 널리 알려져 있어요.

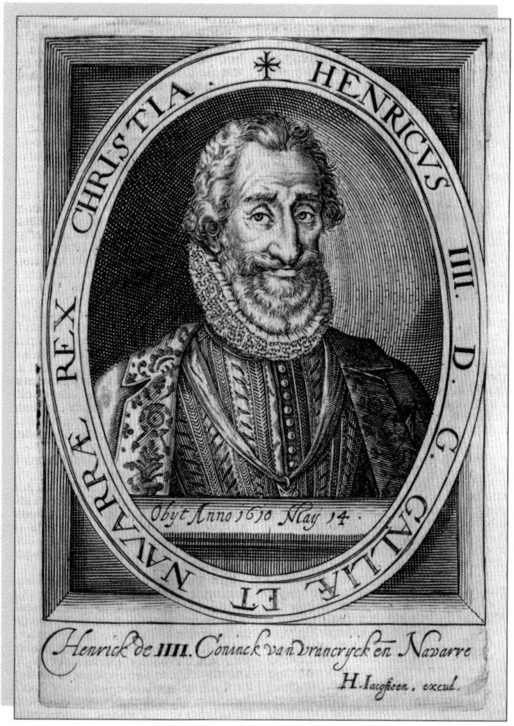
HENRICVS IIII. D. G. GALLIÆ ET NAVARRÆ REX CHRISTIA.
Obyt Anno 1610 May 14.
Henrick de IIII. Coninck van Vrancryck en Navarre
H. Iacobsen, excud.

종교 분쟁을 막기 위해 톨레랑스를 강조한 프랑스의 국왕 앙리 4세

그러나 관용의 나라라는 프랑스도 인종 차별 문제에서는 자유롭지 못합니다. 프랑스 정부는 '이 나라에 인종 차별 문제는 없다.'라는 입장이지만, 인종 차별은 어디선가 계속해서 일어나고 있지요. 차별의 대상은 프랑스로 이민 온 이들입니다.

2021년 프랑스 인구 중 이민자의 비율은 10.3%였습니다. 약 700만 명에 이르는 이민자들 중 대부분이 아프리카의 이슬람권 국가에서 왔죠. 전통적으로 기독교 문화가 발달한 프랑스 사회와 이들 문화와의 간극은 지속적인 충돌을 일으키고 있는 상황입니다.

경제적 불평등도 존재합니다. 프랑스 통계청에 따르면, 2019년 프랑스 이민자의 연간 소득은 비이민자의 78.4% 수준이었습니다. 특히 아프리카계 이민자의 소득은 비이민자의 66.7%밖에 미치지

못했죠. 비이민자가 100만 원을 버는 동안 아프리카계 이민자는 66만 7천 원의 소득으로 생계를 유지해야 했어요.
따라서 아프리카계 이민자들은 점점 빈곤해져 갔고, 이들이 살고 있는 도심 외곽 지역에서는 범죄와 실업률이 증가했습니다. 도심 외곽 지역에서 범죄와 종교 테러가 여러 차례 일어나면서, 빈곤층에 대한 혐오는 점점 심각해지고 있습니다.
프랑스에서 나고 자란 이민 2세, 3세들도 프랑스에 여전히 인종적, 종교적 차별이 만연해 있다고 목소리를 높입니다. 채용을 거부당하거나 승진에서 누락되는 등 불평등한 대우를 받았다고 대답한 이들도 많았습니다.

셋 2005년 프랑스 폭력 시위

2005년 프랑스 폭력 시위는 2005년 10월 27일, 클리시수부아에서 세 명의 10대 이민자 소년이 경찰의 추격을 피하던 중 변전소에 들어갔다가 감전 사고를 당한 사건으로부터 시작되었습니다. 이 사고로 소년 두 명은 목숨을 잃었고 한 명은 크게 다쳤습니다.
살아남은 소년은 운동장에서 축구를 하다 집에 돌아오던 길에 경찰이 순찰을 도는 모습을 목격했다고 증언했습니다. 당시 경찰들이 종종 소년들을 불심 검문하고 신분증을 제시하라고 요구했기 때문에, 경찰을 마주치지 않기 위해 도주했다는 것이죠. 실제로 경찰들이 소년들을 쫓아갔는지에 대해서는 논란이 있습니다. 경찰들은 그 사실을 부인했기 때문입니다.
하지만 클리시수부아 청년들은 소년의 죽음이 경찰들 때문이었다고 보고 크게 분노하였습니다. 더불어 지금까지 자신들을 괴롭혀 온 경찰과 높은 실업률로 인한 좌절감이 폭발하였죠. 그리고 시위가 시작됐습니다.
이 시위로 학교와 공공기관이 불길에 쓰러졌으며 사람들이 다쳤습니다. 폭력 시위가 끝났을 때는 수천 대의 차량이 불에 타고 최소 한 명이 사망한 뒤였습니다.

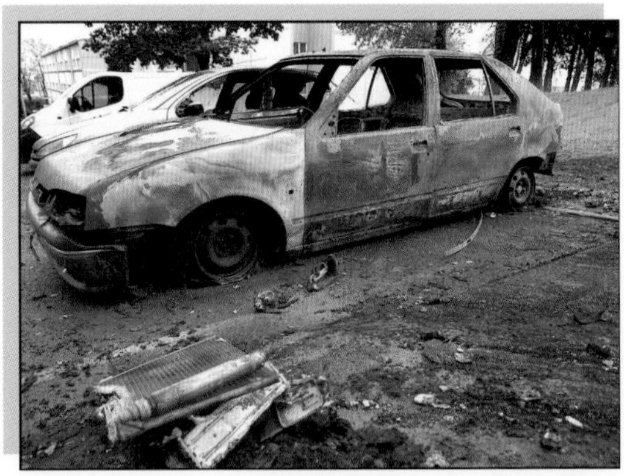
폭력 시위로 까맣게 타 버린 차 © Alain Bachellier

파리 지역에서 시작된 이 시위는 곳곳으로 퍼져 어린 음바페가 살던 '봉디'까지 영향을 미쳤습니다. 어린 음바페에게 폭력과 폭동으로 황폐해진 도시는 무척이나 충격이었을 것입니다. 하지만 이런 상황에서도 음바페는 축구 선수가 되겠다는 꿈을 잃지 않았습니다.

넷 2023년 프랑스 폭력 시위

2023년 6월 27일, 17세 알제리계 청소년인 '나엘'이 버스 차선에서 과속 운전을 했습니다. 차를 세우라는 경찰의 말을 무시하고 차량을 출발시킨 나엘은 결국 경찰의 총에 맞아 사망했습니다.

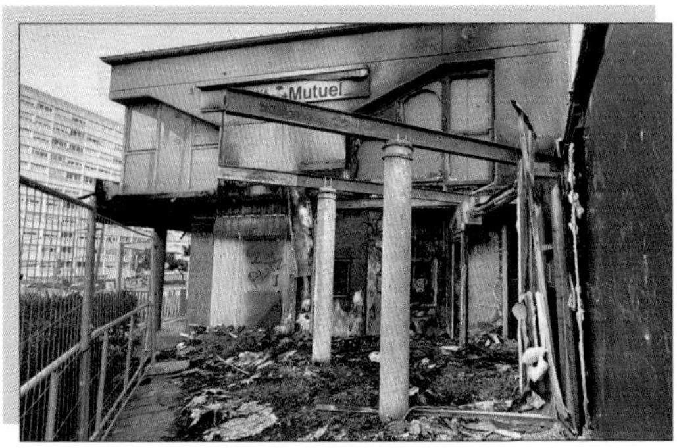
Mutuel
2023년 프랑스 폭력 시위의 흔적 © Toufik-de-Planoise

이 사건으로 2023년 프랑스 폭력 시위가 촉발됐습니다. 2005년 프랑스 폭력 시위가 일어난 지 18년이 지나 이민자들의 분노가 또다시 터져 버리고 만 것입니다.

이 사건은 소년에게 총을 발포하는 영상이 SNS에 퍼지면서 더욱 큰 파장을 일으켰습니다. 경찰은 나엘이 경찰을 향해 차를 몰았기 때문에 총을 발포했다고 주장했으나, 공개된 영상에서 차량 돌진 가능성은 낮았기 때문에 해당 발언은 신뢰를 잃었습니다. 또한 경찰이 나엘의 머리를 향해 총을 조준하고 있는 모습이 찍히면서 경찰의 과잉 진압이라는 비판이 일었습니다.

분노한 시민들은 거리로 쏟아져 나왔습니다. 시위는 점차 격렬해져 차에 불을 지르고 상점을 약탈하고, 경찰과 소방차를 습격하는 폭력 시위로 이어졌습니다. 이 시위로 인해 파리의 대중교통 운행이 중단되고 많은 사람들이 다쳤으며, 이틀간 약 2천 명이 체포됐습니다.

2023년 시위는 프랑스 내 이민자들의 분노가 얼마나 극심한지 보여 줍니다. 그동안 받아 왔던 상처와 절망이 폭력으로 표출된 것이지요. 사태가 심각해지자, 나엘의 할머니는 나엘을 핑계로 약탈하는 일을 멈추라고 호소했습니다. 음바페도 본인의 트위터에 어린 나엘의 죽음이 충격적이라고 말하면서도, "폭력의 시간은 애도와 대화, 재건의 시간으로 바뀌어야 한다."라는 내용의 글을 올렸습니다. 또한 자신을 표현하는 방법에는 폭력 말고도 평화롭고 건설적인 방법이 있다고 덧붙였습니다.

2023년 7월에 이르러 시위의 기세는 한풀 꺾였으나 이민자들의 문제는 여전히 해결되지 않은 상태로 남아 있습니다. 세계는 프랑스가 깊어 가는 인종 갈등과 사회적 불평등을 어떻게 해결할지 주목하고 있습니다.

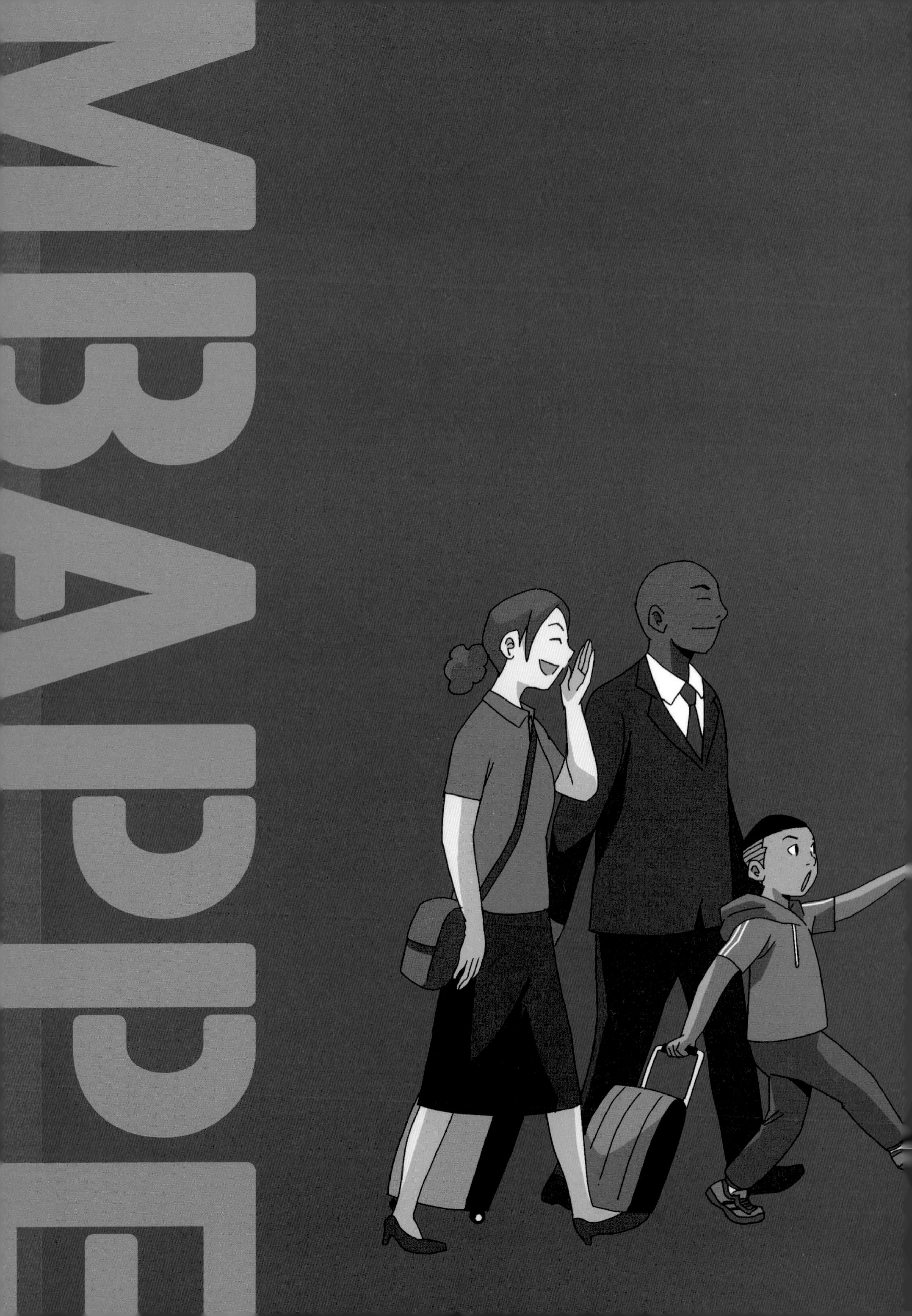

3장

꿈을 향해 한 걸음씩

> "
> 거짓말이야.
> 드로그바같이 세계적인 선수가
> 가난한 봉디 출신의
> 어린애를 만나 줄 리가 없어.
> "

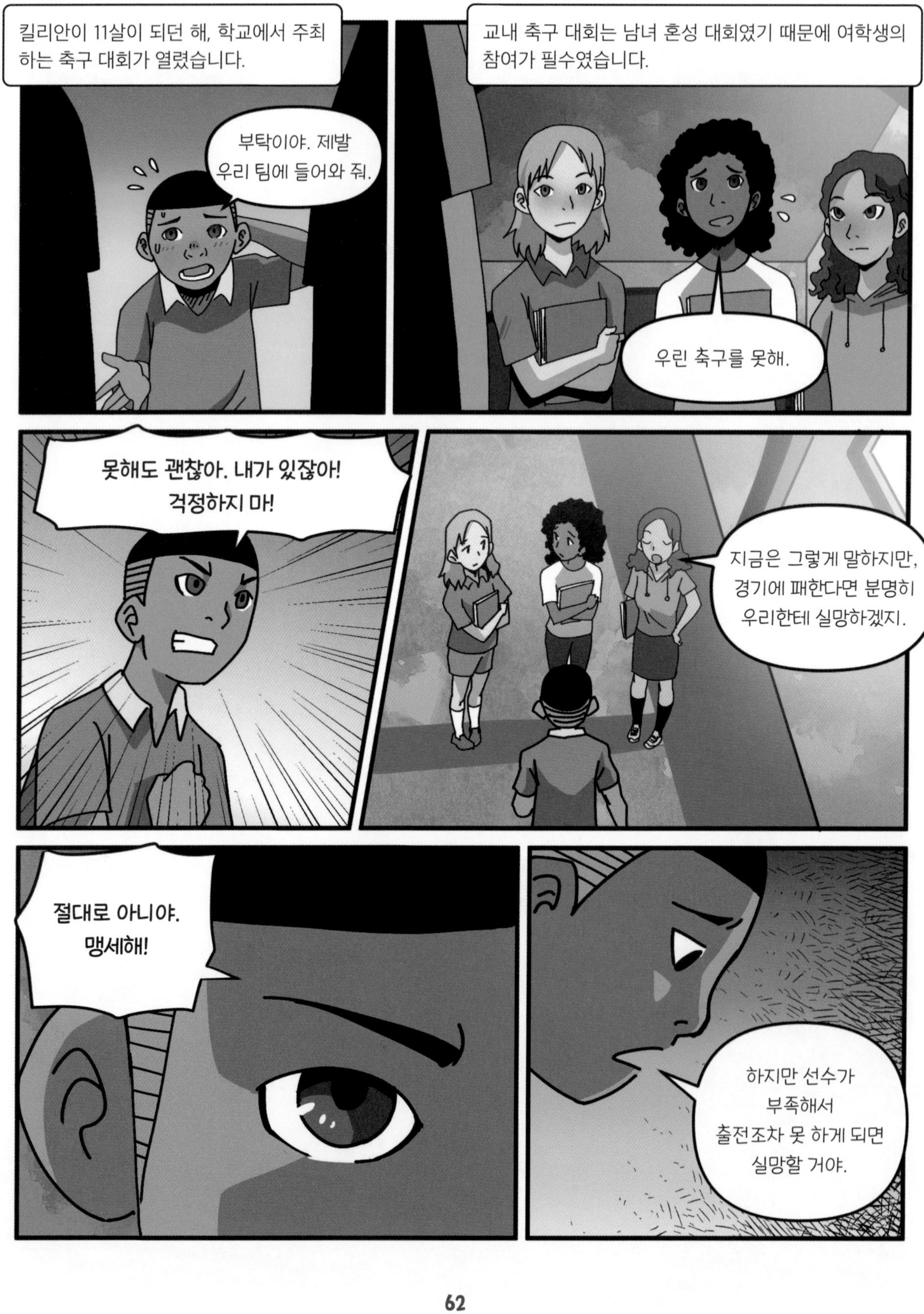
킬리안이 11살이 되던 해, 학교에서 주최하는 축구 대회가 열렸습니다.
부탁이야. 제발 우리 팀에 들어와 줘.
교내 축구 대회는 남녀 혼성 대회였기 때문에 여학생의 참여가 필수였습니다.
우린 축구를 못해.
못해도 괜찮아. 내가 있잖아! 걱정하지 마!
지금은 그렇게 말하지만, 경기에 패한다면 분명히 우리한테 실망하겠지.
절대로 아니야. 맹세해!
하지만 선수가 부족해서 출전조차 못 하게 되면 실망할 거야.

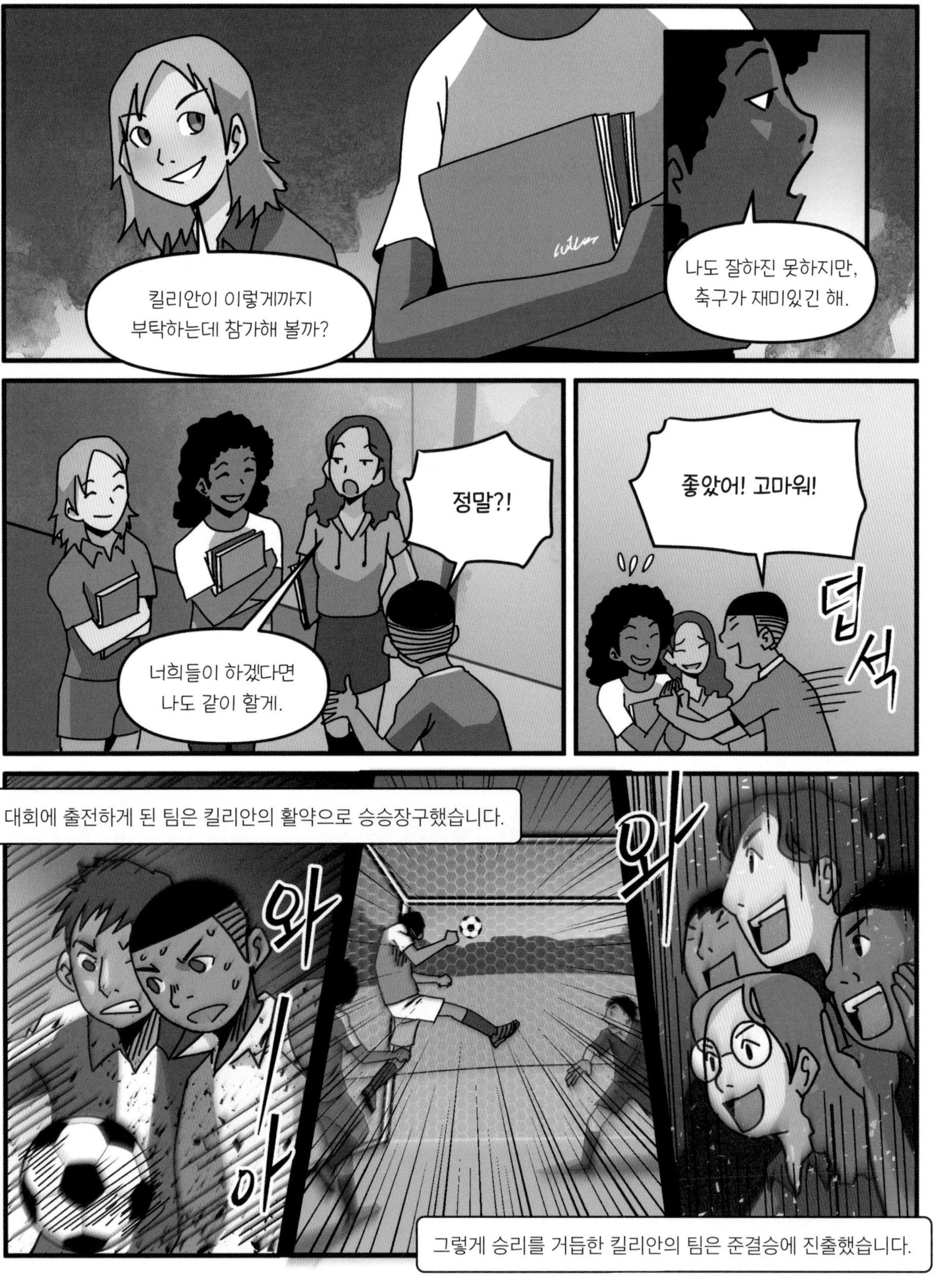
킬리안이 이렇게까지 부탁하는데 참가해 볼까?
나도 잘하진 못하지만, 축구가 재미있긴 해.
너희들이 하겠다면 나도 같이 할게.
정말?!
좋았어! 고마워!
덥석
대회에 출전하게 된 팀은 킬리안의 활약으로 승승장구했습니다.
와
와
아
그렇게 승리를 거듭한 킬리안의 팀은 준결승에 진출했습니다.

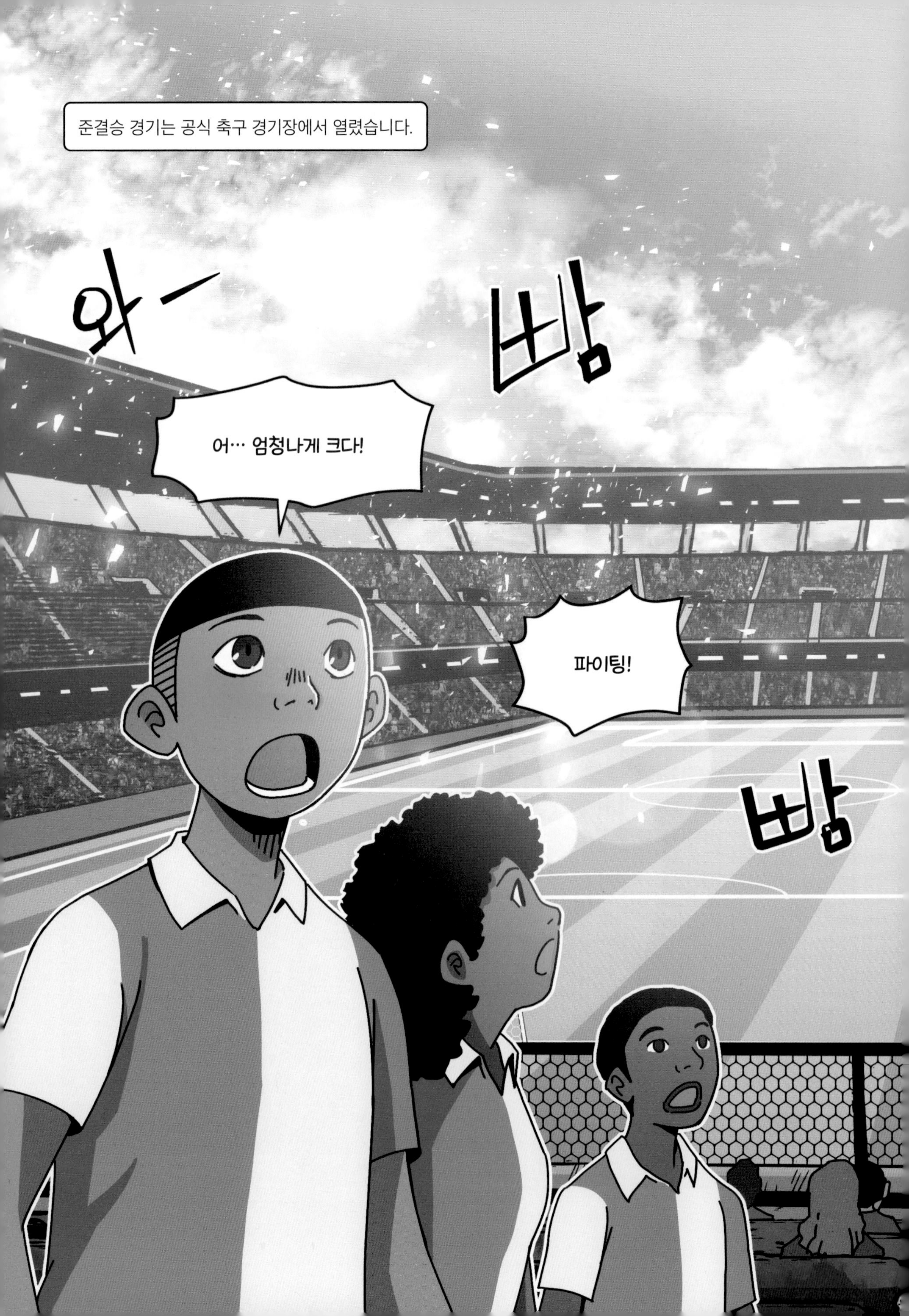

준결승 경기는 공식 축구 경기장에서 열렸습니다.
와-
빵
어… 엄청나게 크다!
파이팅!
빵

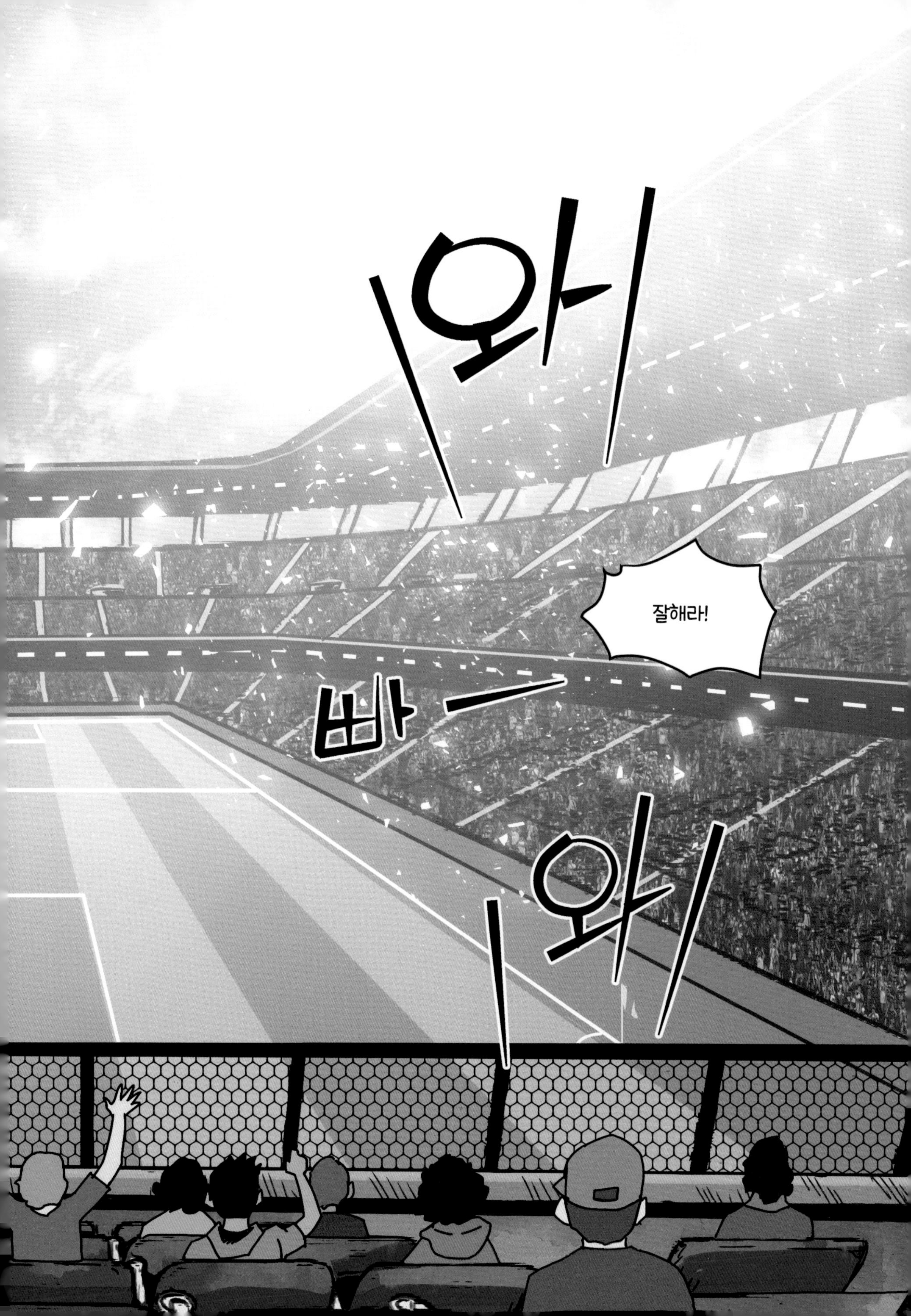
와
잘해라!
빠-
와

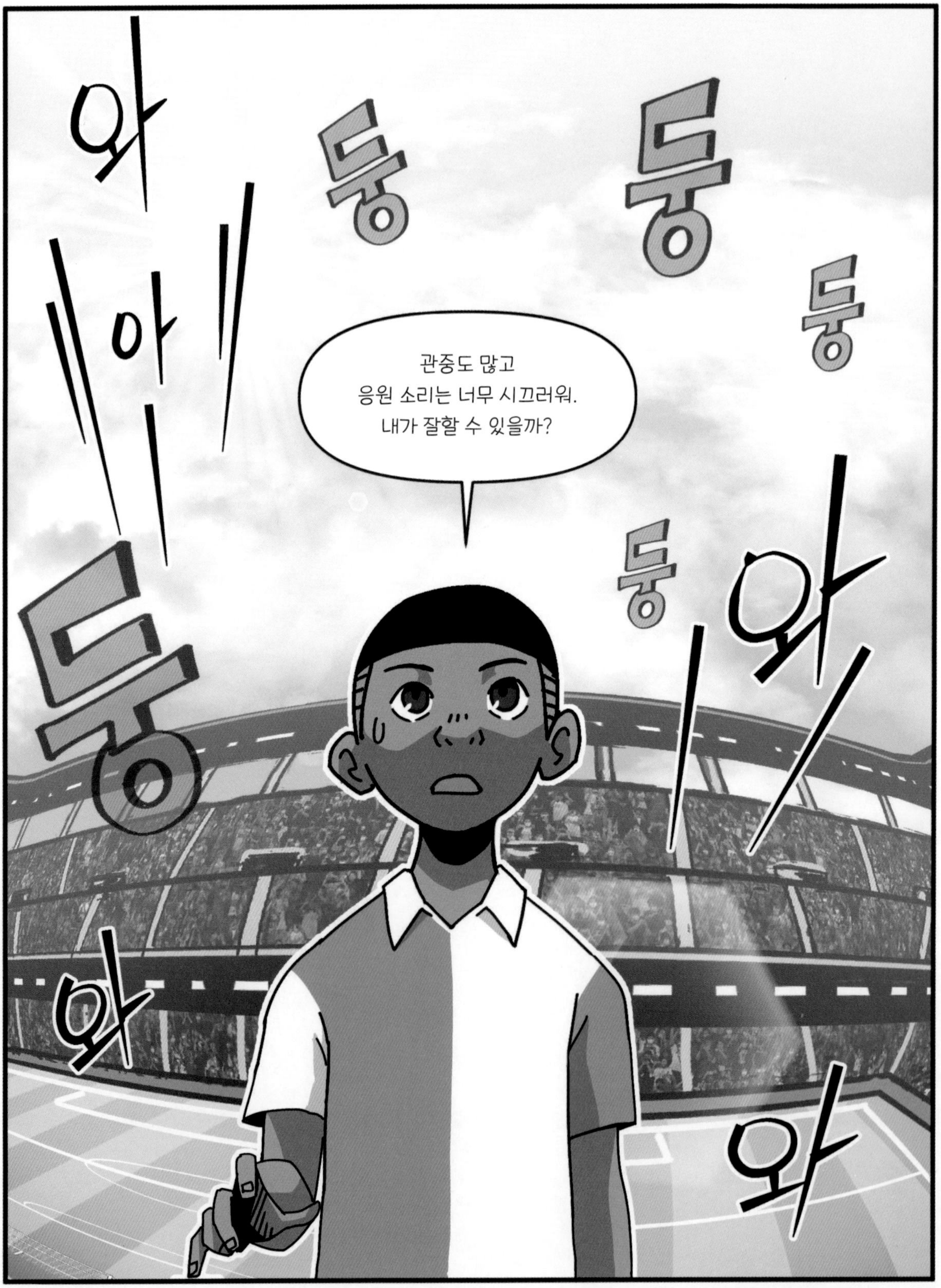
와아아
둥
둥
둥
관중도 많고
응원 소리는 너무 시끄러워.
내가 잘할 수 있을까?
둥
와
둥
와
와

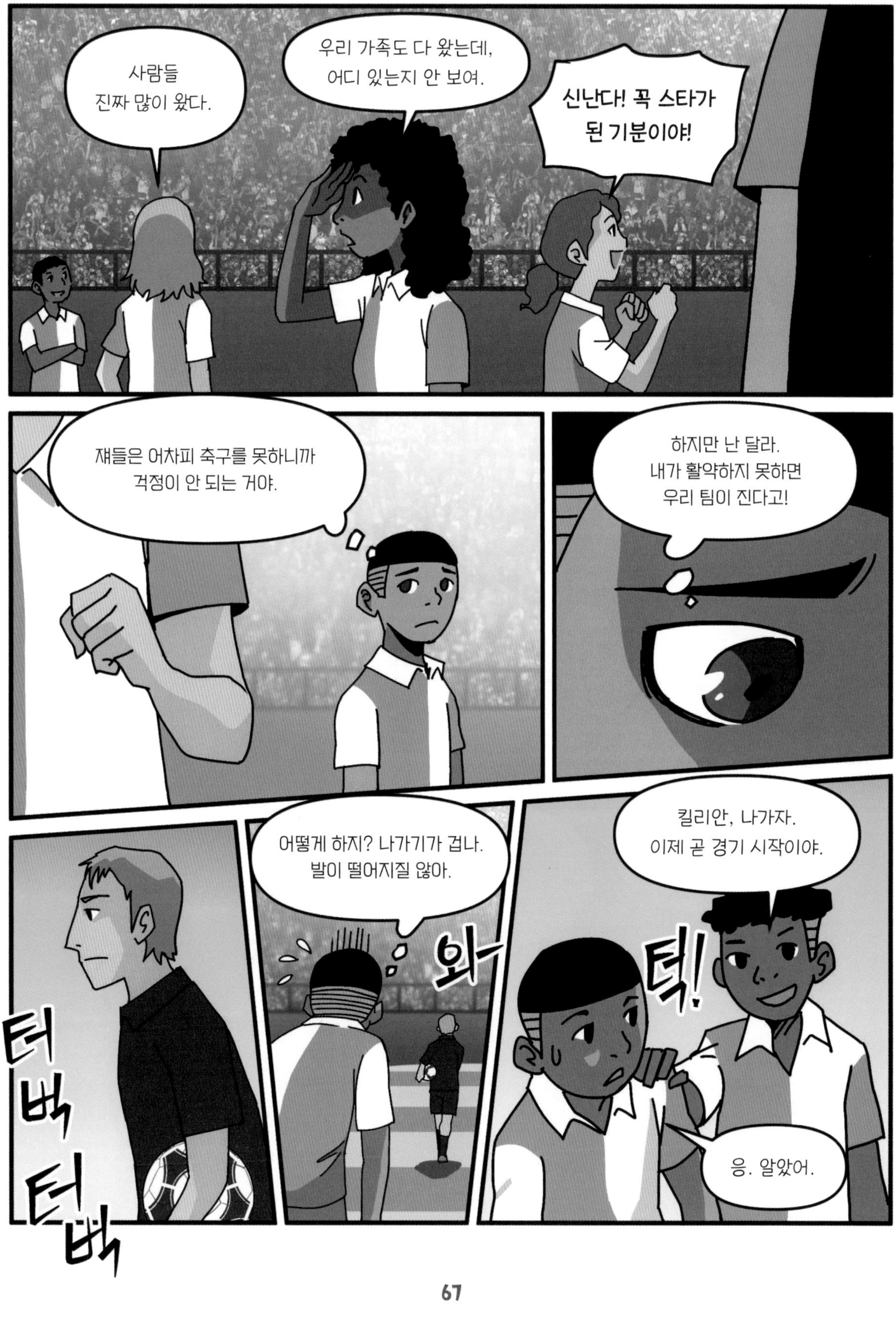

사람들 진짜 많이 왔다.
우리 가족도 다 왔는데, 어디 있는지 안 보여.
신난다! 꼭 스타가 된 기분이야!
쟤들은 어차피 축구를 못하니까 걱정이 안 되는 거야.
하지만 난 달라. 내가 활약하지 못하면 우리 팀이 진다고!
터벅 터벅
어떻게 하지? 나가기가 겁나. 발이 떨어지질 않아.
와~
킬리안, 나가자. 이제 곧 경기 시작이야.
턱!
응. 알았어.

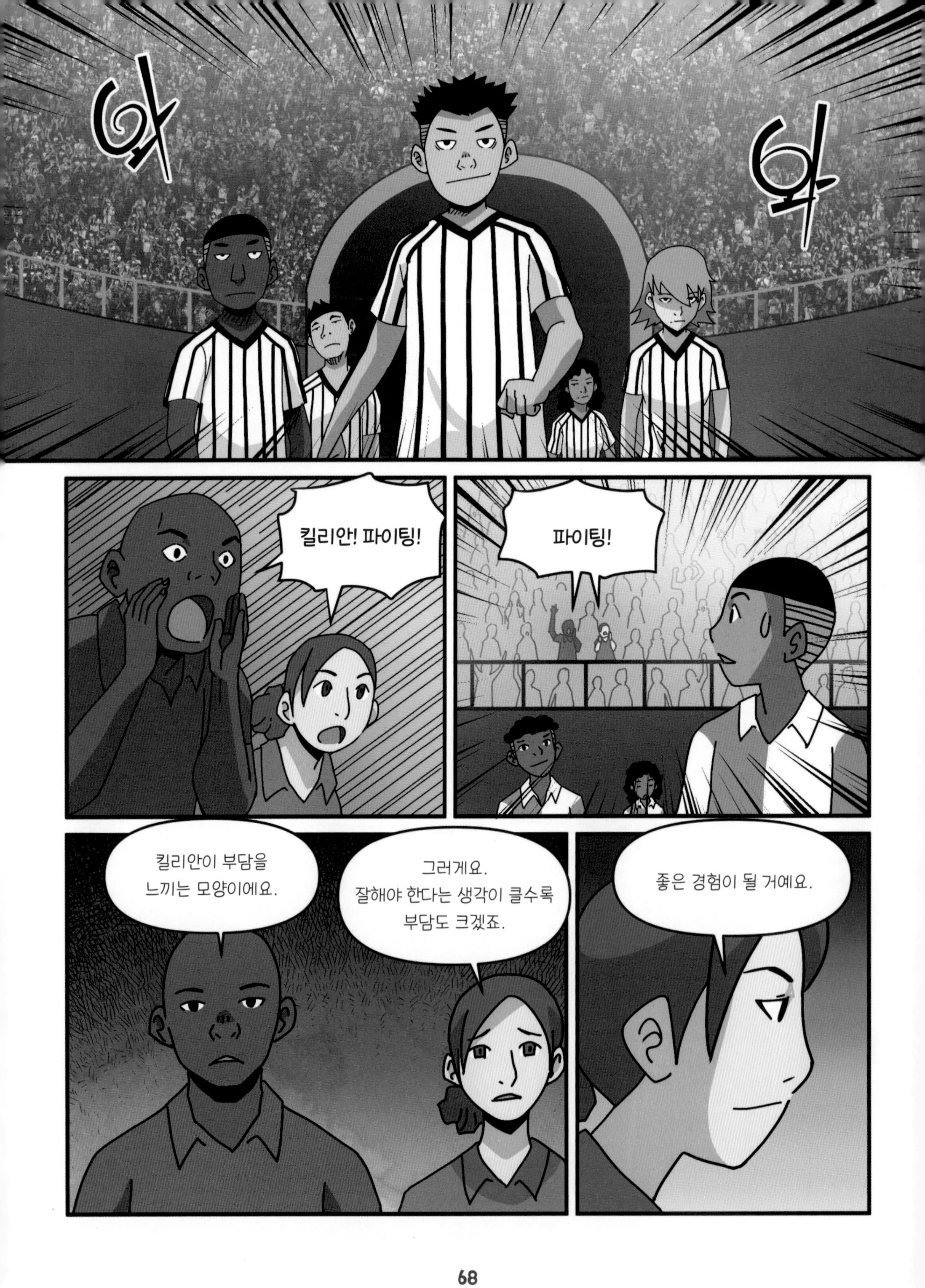
와
와
킬리안! 파이팅!
파이팅!
킬리안이 부담을 느끼는 모양이에요.
그러게요. 잘해야 한다는 생각이 클수록 부담도 크겠죠.
좋은 경험이 될 거예요.

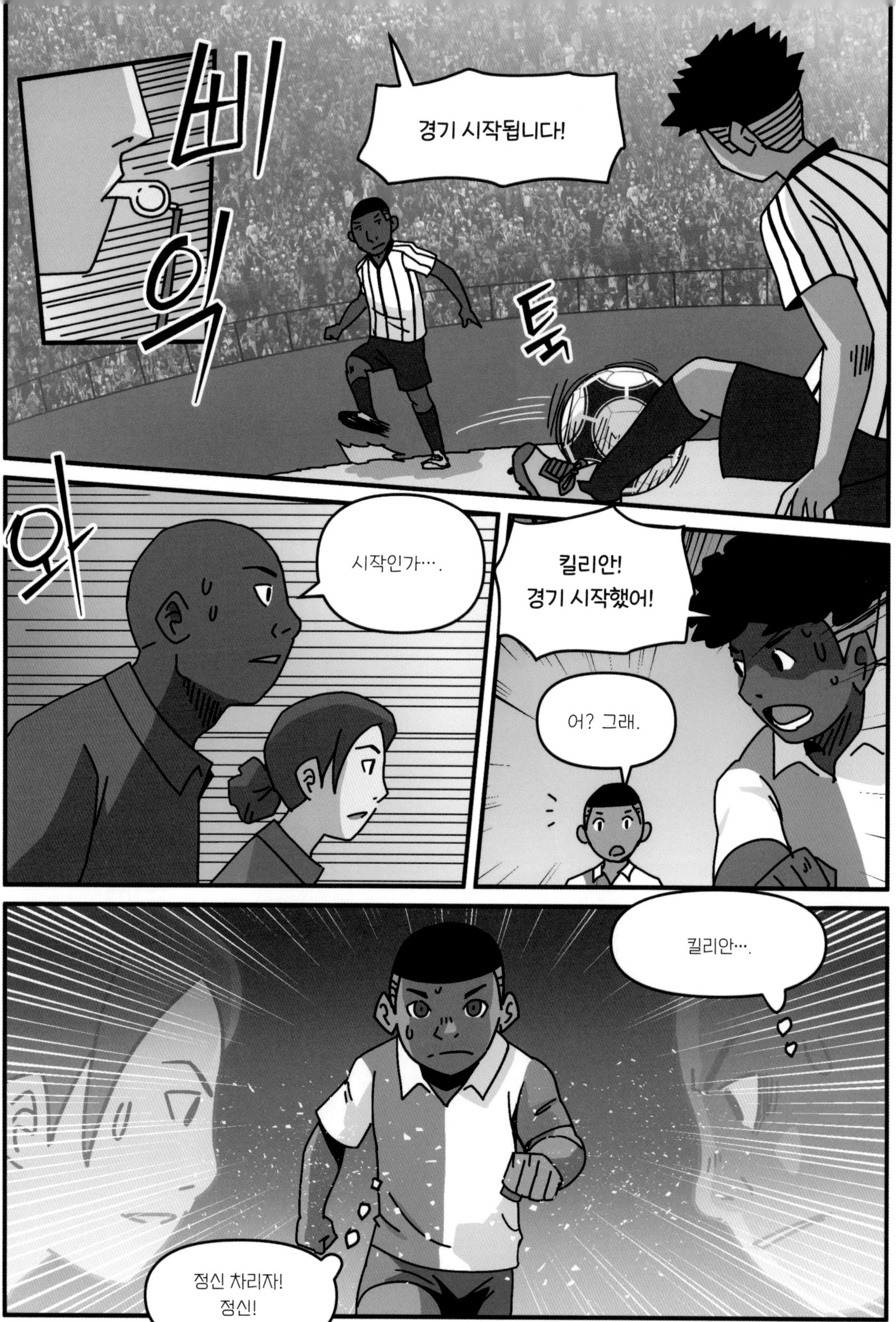
베익
경기 시작됩니다!
툭
와
시작인가….
킬리안!
경기 시작했어!
어? 그래.
킬리안….
정신 차리자!
정신!

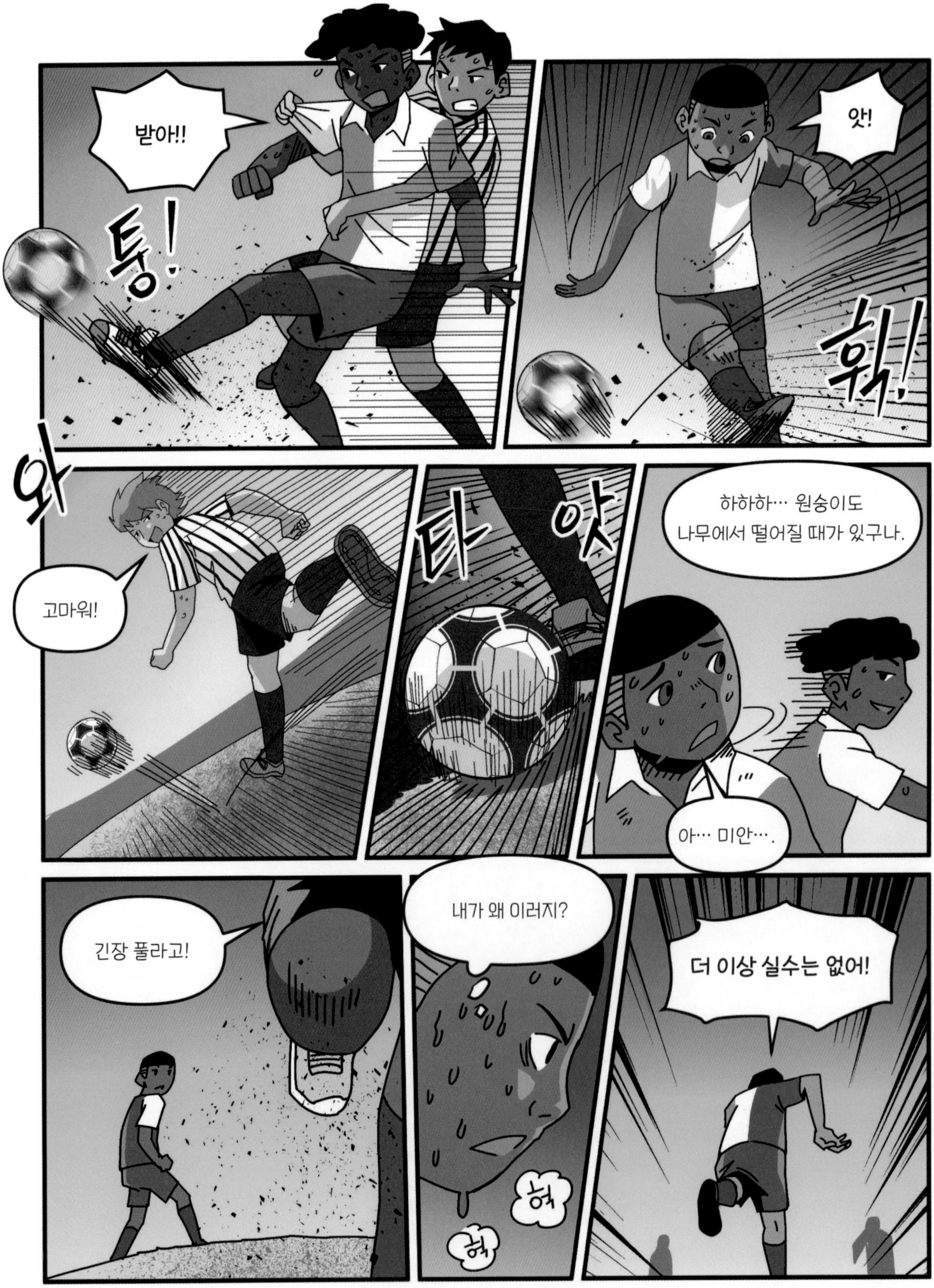
받아!!
퉁!
앗!
휙!
와
고마워!
타앗
하하하… 원숭이도
나무에서 떨어질 때가 있구나.
아… 미안….
긴장 풀라고!
내가 왜 이러지?
헉
헉
더 이상 실수는 없어!

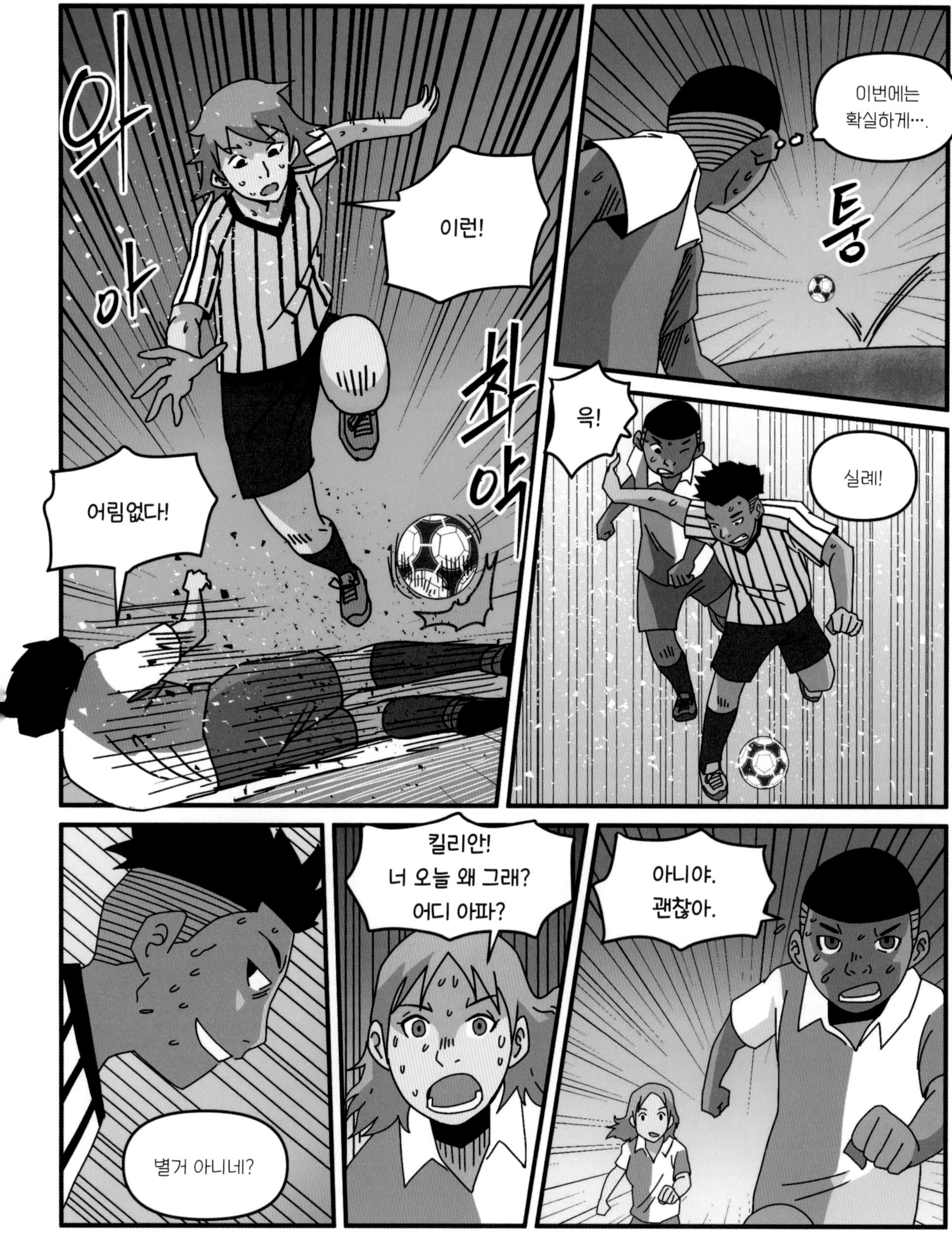

와아
이런!
촤악
어림없다!
이번에는
확실하게….
퉁
윽!
실례!
별거 아니네?
킬리안!
너 오늘 왜 그래?
어디 아파?
아니야.
괜찮아.

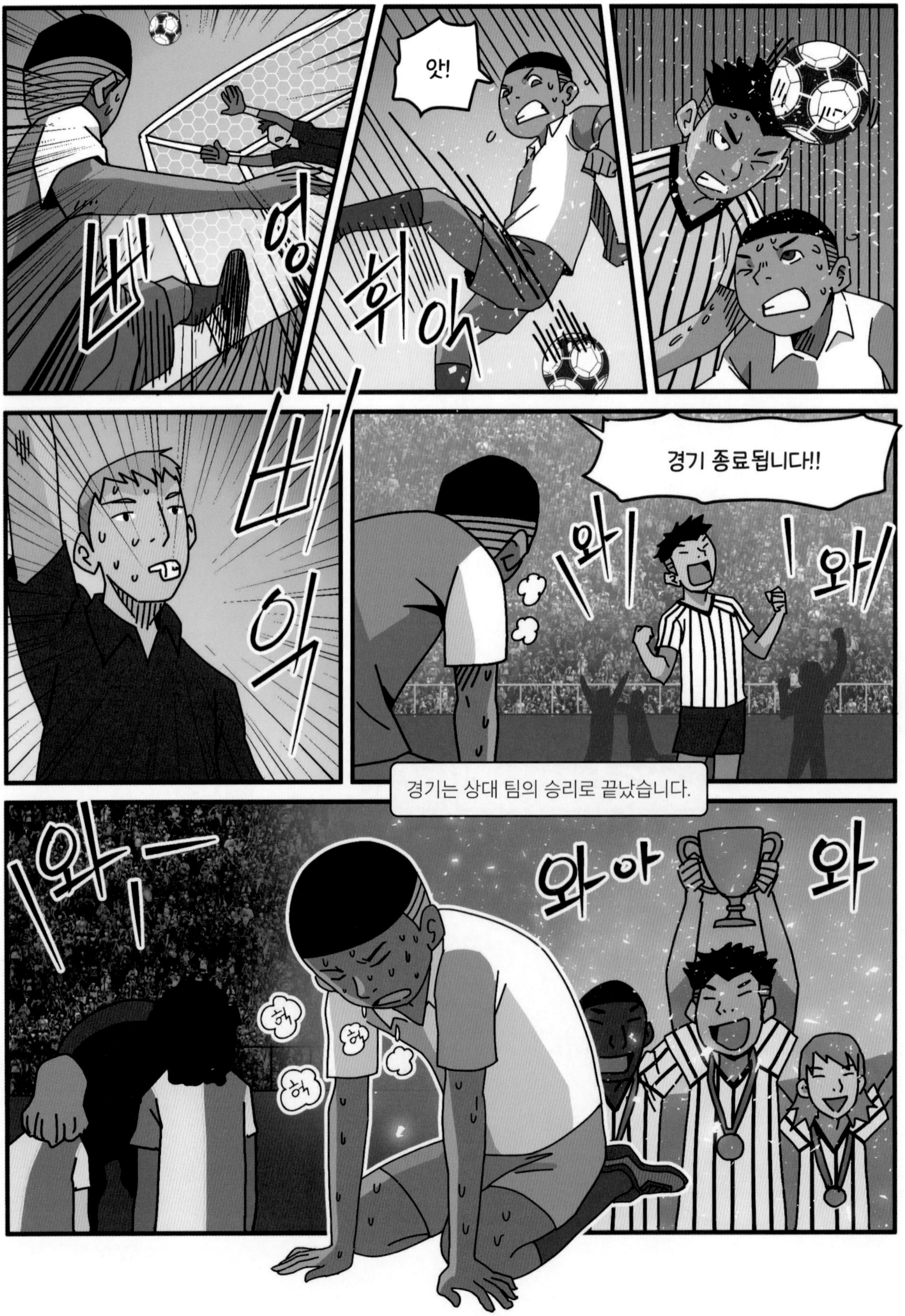

뻐엉
앗!
휘익
뻐억
경기 종료됩니다!!
와
와
경기는 상대 팀의 승리로 끝났습니다.
와—
와아 와
헉
헉
헉

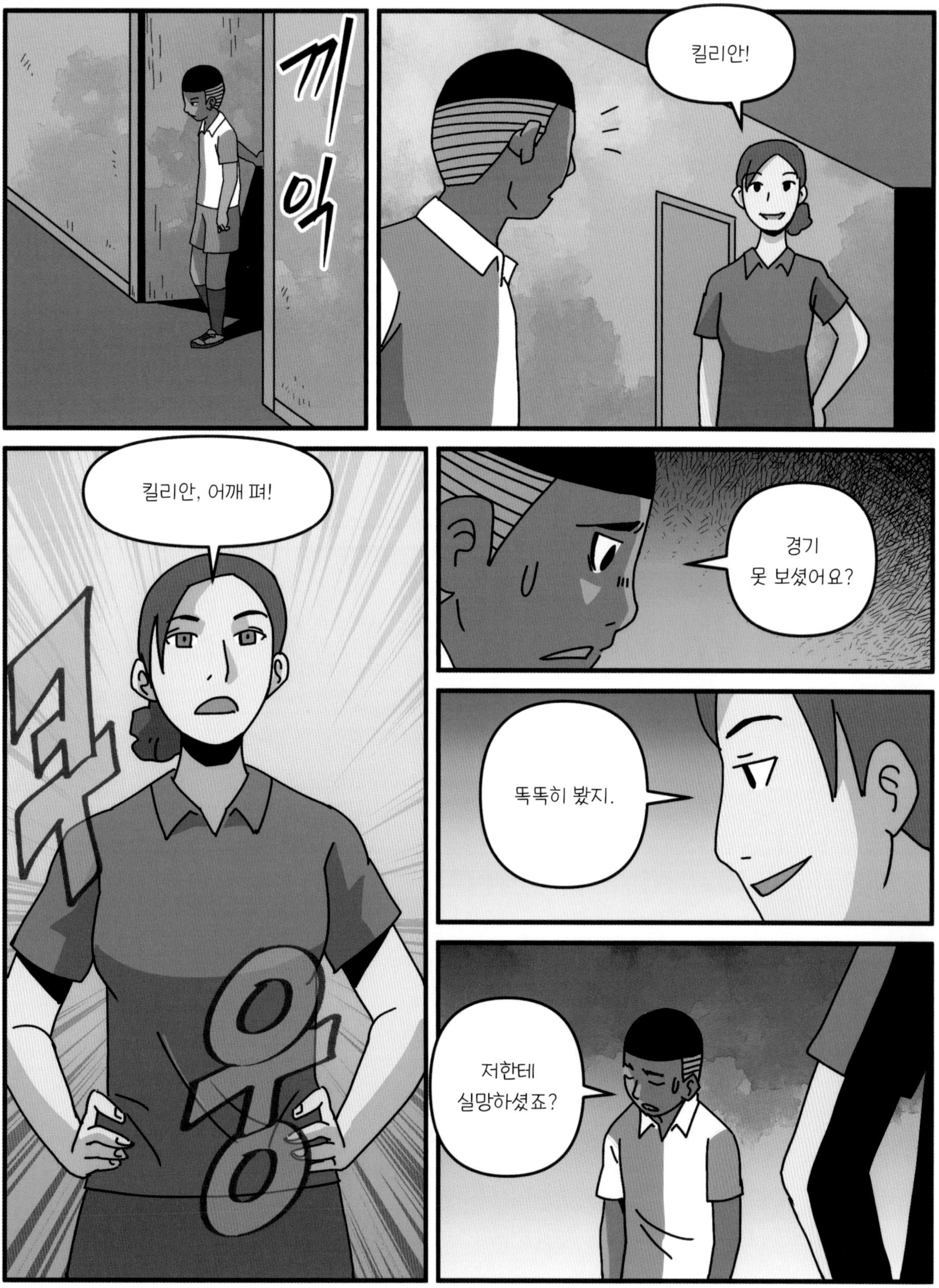
끼익
킬리안!
킬리안, 어깨 펴!
부웅
경기 못 보셨어요?
똑똑히 봤지.
저한테 실망하셨죠?

그래!
그런데 경기장에서의
네 모습 때문이 아니야.

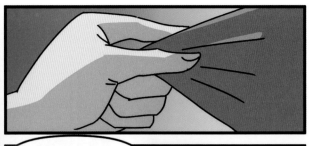

지금 네 모습 때문에
실망한 거야.

아~ 아파요.

넌 평생 오늘을 기억하게 될 거야.
자기 자신을 믿지 못한
유일한 날로 말이야.

그걸 어떻게
알아요?

잊었니?
우리는 너보다 먼저
이런 날을 경험한
사람이라는 걸.

엄마 아빠도
저랑 같은 경험을 했어요?

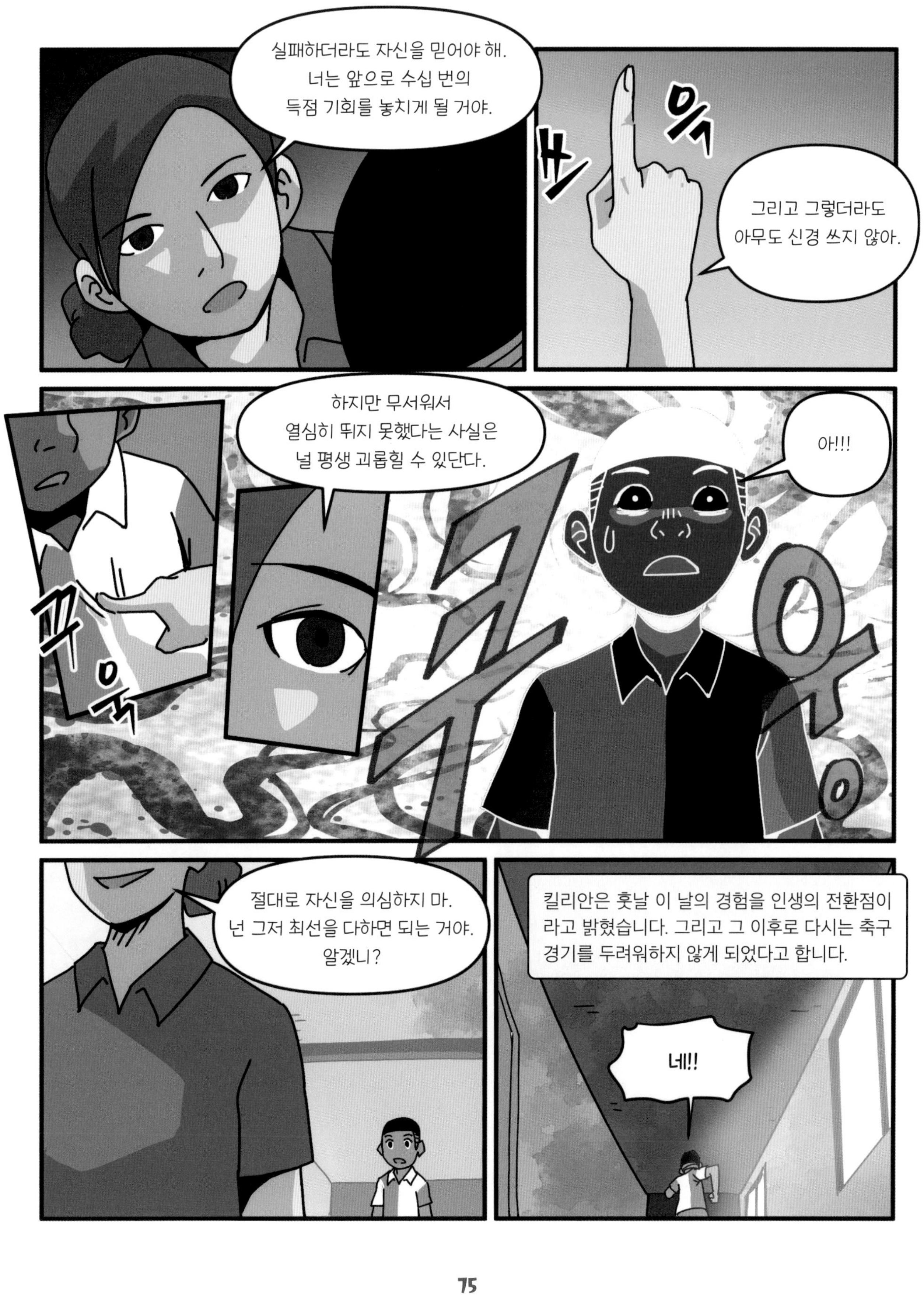
실패하더라도 자신을 믿어야 해. 너는 앞으로 수십 번의 득점 기회를 놓치게 될 거야.
그리고 그렇더라도 아무도 신경 쓰지 않아.
하지만 무서워서 열심히 뛰지 못했다는 사실은 널 평생 괴롭힐 수 있단다.
꾸욱
아!!!
절대로 자신을 의심하지 마. 넌 그저 최선을 다하면 되는 거야. 알겠니?
킬리안은 훗날 이 날의 경험을 인생의 전환점이라고 밝혔습니다. 그리고 그 이후로 다시는 축구 경기를 두려워하지 않게 되었다고 합니다.
네!!

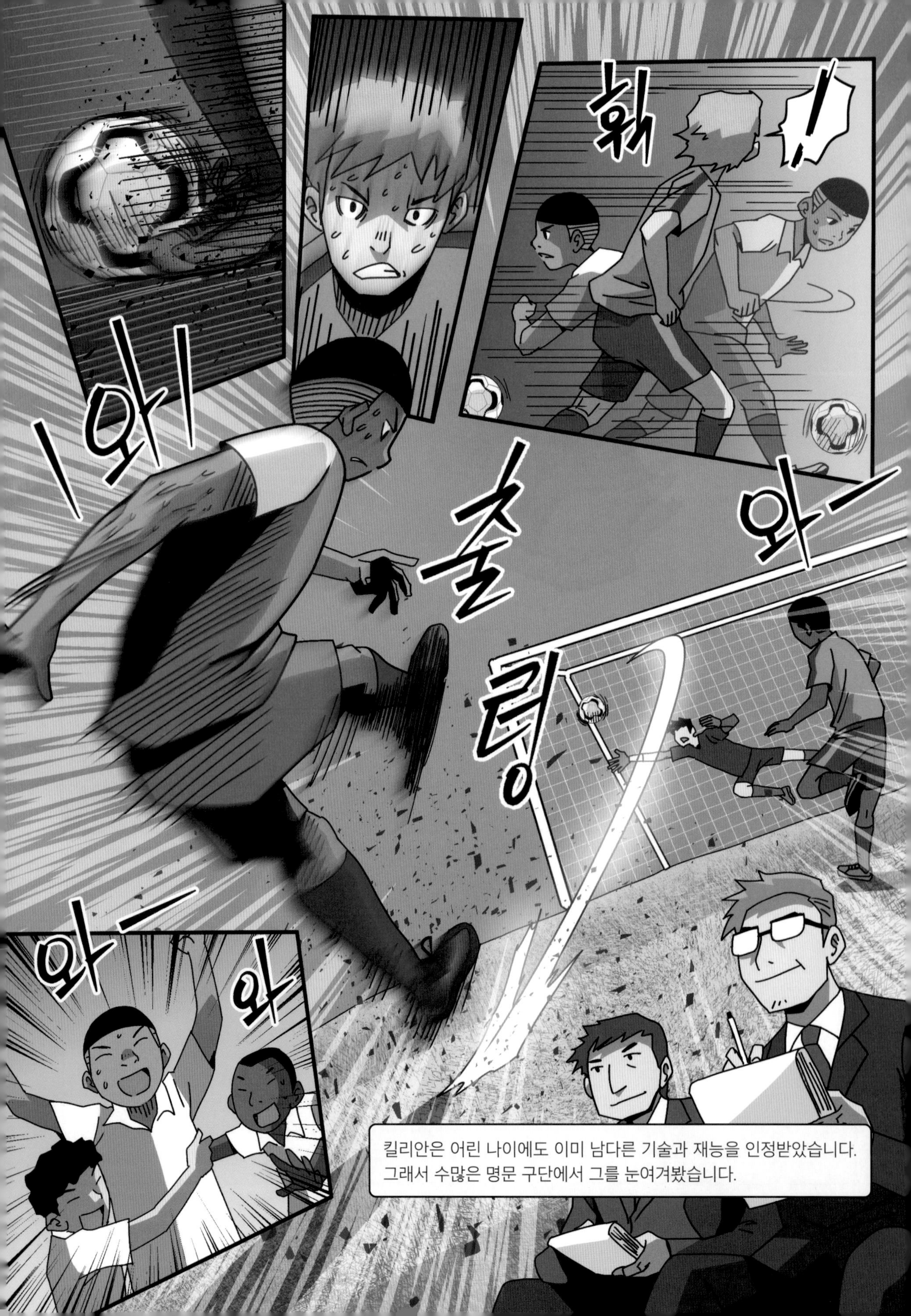

휙!
와!
출렁
와—
와—
와
킬리안은 어린 나이에도 이미 남다른 기술과 재능을 인정받았습니다.
그래서 수많은 명문 구단에서 그를 눈여겨봤습니다.

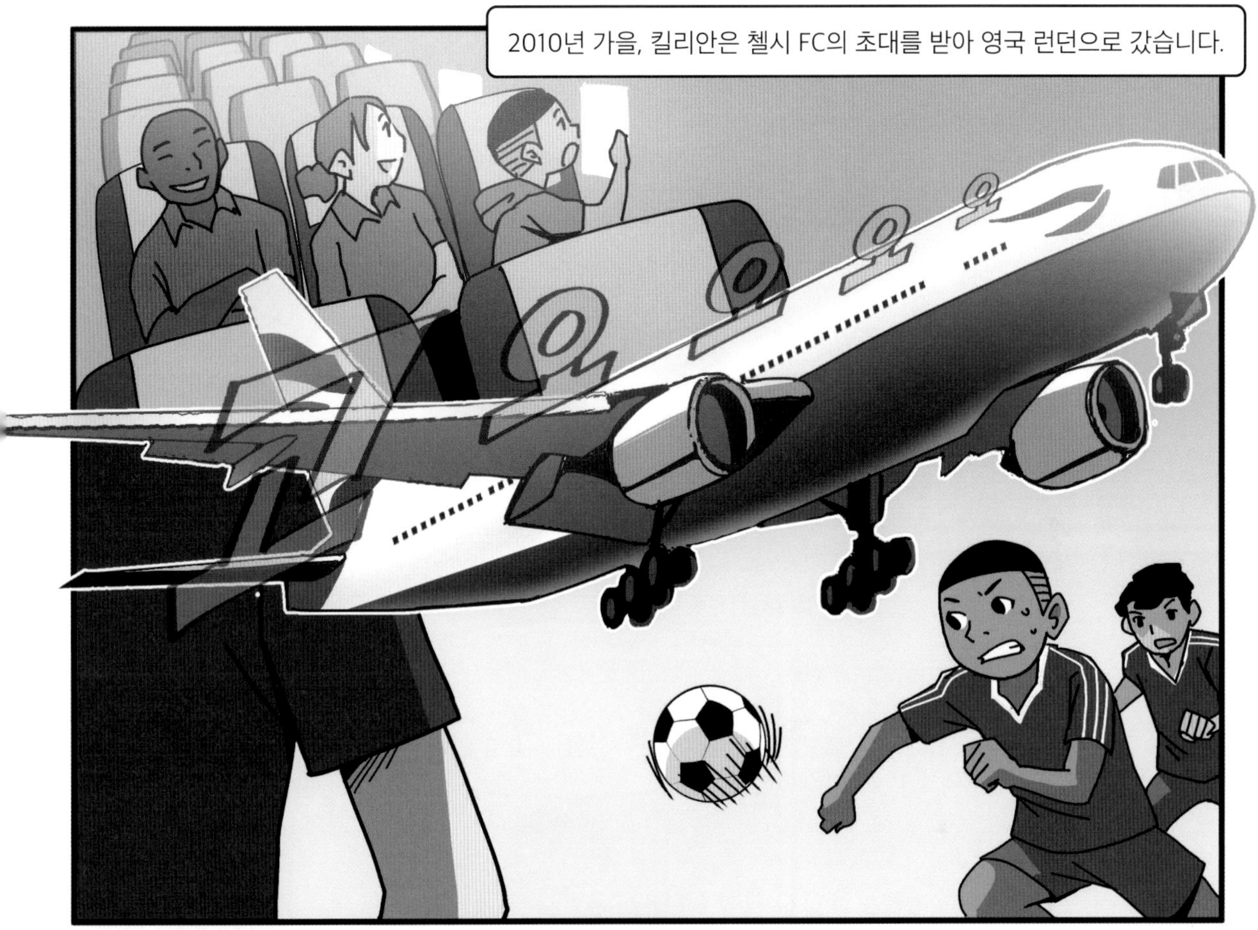
2010년 가을, 킬리안은 첼시 FC의 초대를 받아 영국 런던으로 갔습니다.
오오오오오

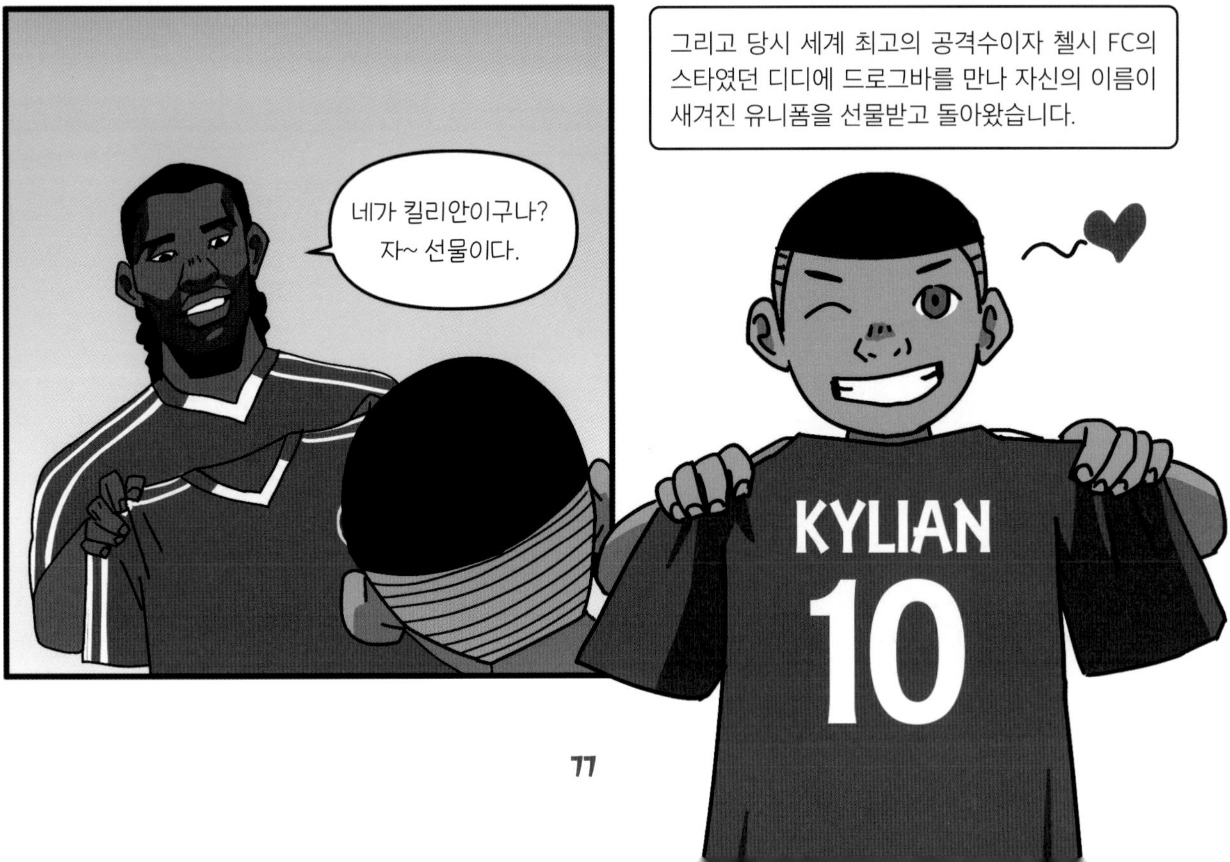
그리고 당시 세계 최고의 공격수이자 첼시 FC의 스타였던 디디에 드로그바를 만나 자신의 이름이 새겨진 유니폼을 선물받고 돌아왔습니다.
네가 킬리안이구나? 자~ 선물이다.
KYLIAN 10

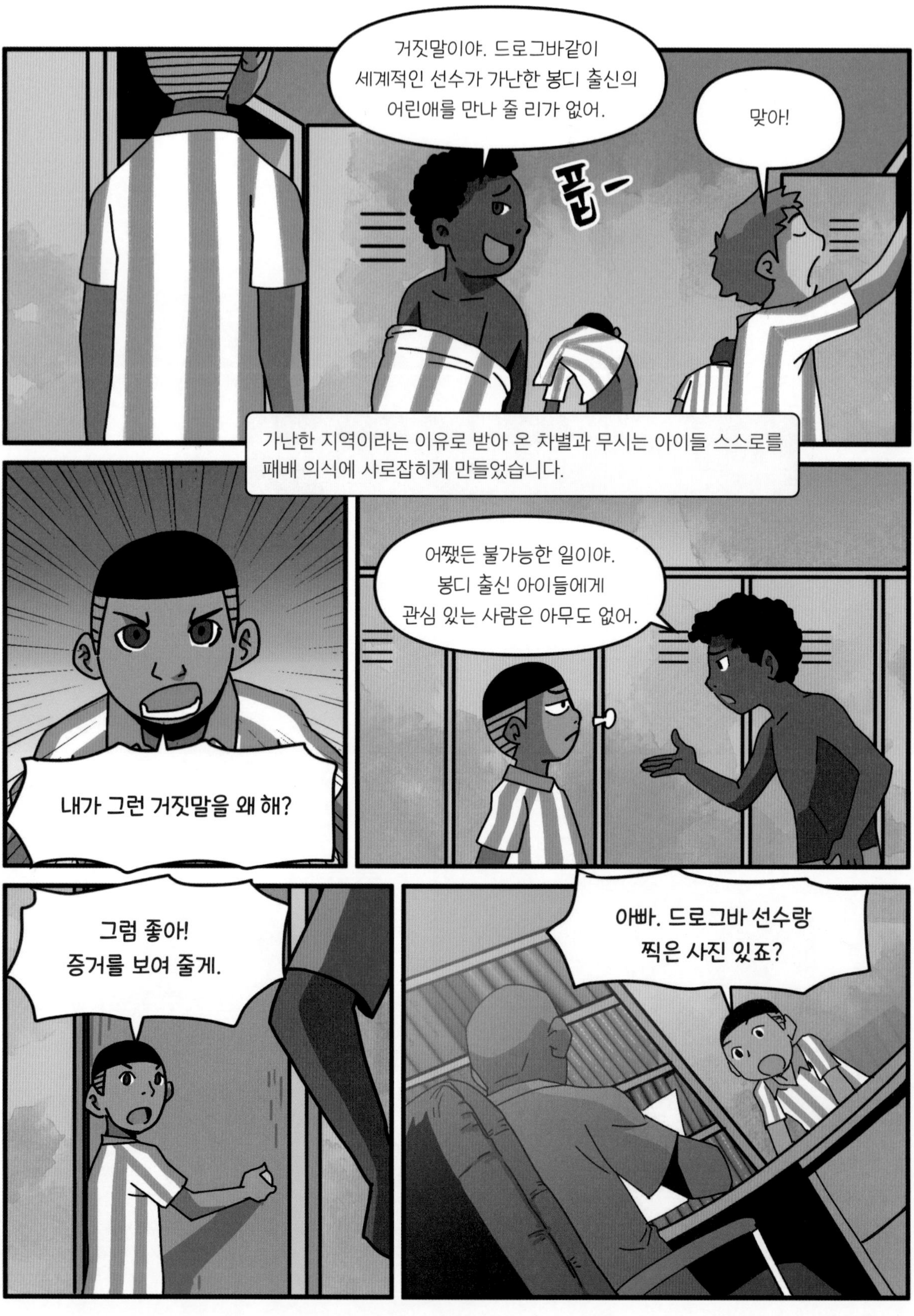
거짓말이야. 드로그바같이 세계적인 선수가 가난한 봉디 출신의 어린애를 만나 줄 리가 없어.
푸ㅂ-
맞아!
가난한 지역이라는 이유로 받아 온 차별과 무시는 아이들 스스로를 패배 의식에 사로잡히게 만들었습니다.
내가 그런 거짓말을 왜 해?
어쨌든 불가능한 일이야. 봉디 출신 아이들에게 관심 있는 사람은 아무도 없어.
그럼 좋아! 증거를 보여 줄게.
아빠. 드로그바 선수랑 찍은 사진 있죠?

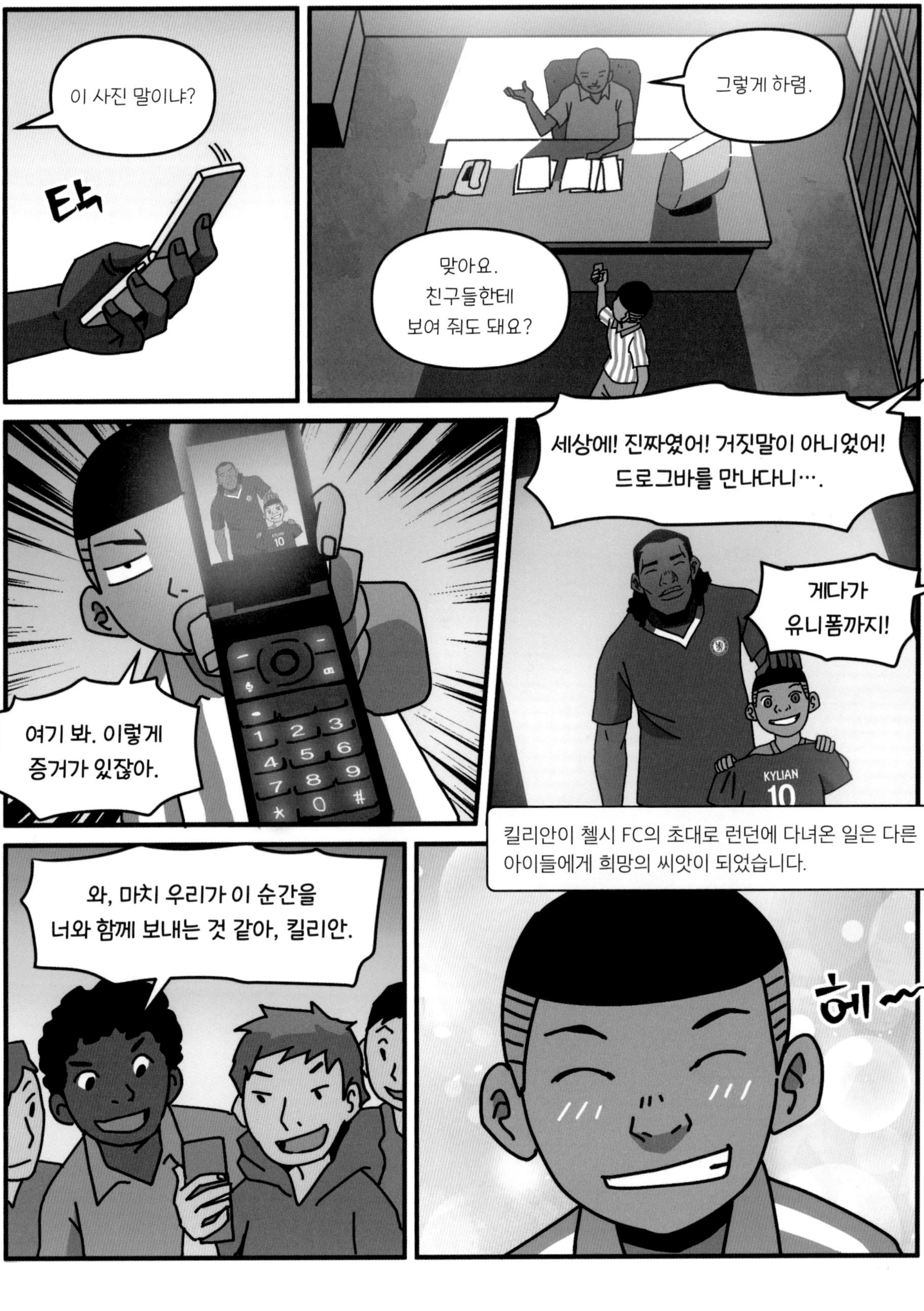
이 사진 말이냐?
탁
그렇게 하렴.
맞아요.
친구들한테
보여 줘도 돼요?
세상에! 진짜였어! 거짓말이 아니었어!
드로그바를 만나다니….
여기 봐. 이렇게
증거가 있잖아.
게다가
유니폼까지!
KYLIAN
10
킬리안이 첼시 FC의 초대로 런던에 다녀온 일은 다른
아이들에게 희망의 씨앗이 되었습니다.
와, 마치 우리가 이 순간을
너와 함께 보내는 것 같아, 킬리안.
헤~

통합지식 플러스③

축구에 필요한 **준비물**

축구는 볼 때도 재미있지만 직접 뛸 때 또 다른 매력을 느낄 수 있습니다. 축구에 필요한 준비물을 챙겨 운동장으로 나가 봅시다.

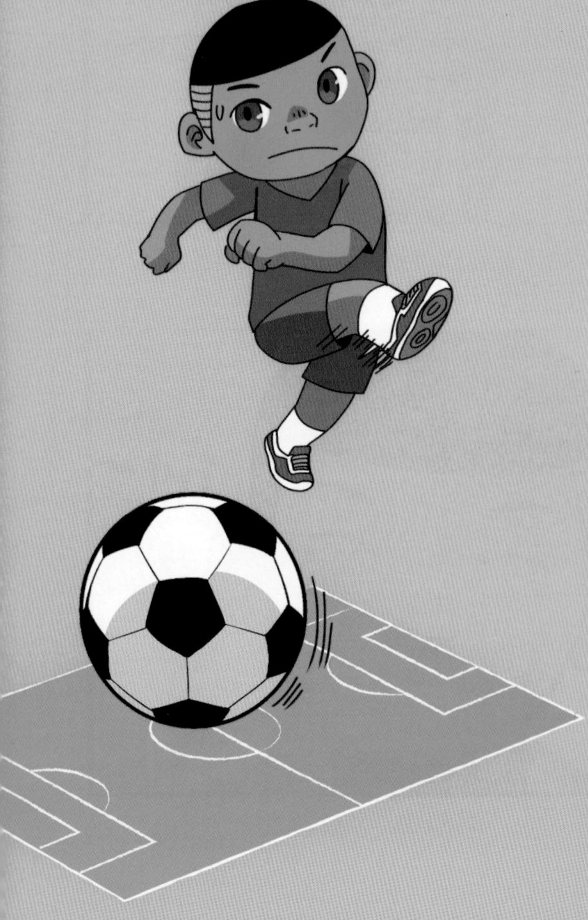

하나 축구공

축구의 필수품인 축구공! 축구공만 있어도 축구를 즐길 수 있습니다. 배구공이나 농구공 역시 축구공과 마찬가지로 동그란 모양이지만, 축구공은 공의 크기와 모양, 재질 모두 오직 축구를 위해서 만들어진 특별한 공이랍니다.

우리에게 가장 익숙한 축구공은 '텔스타'일 것입니다. 축구의 상징과도 같은 이 공은 1970년 멕시코 월드컵 공인구였습니다. 검정색 오각형 12개와 흰색 육각형 20개, 총 32개의 조각이 사용된 축구공입니다. 이때는 공을 손수 바느질해서 만들었어요.

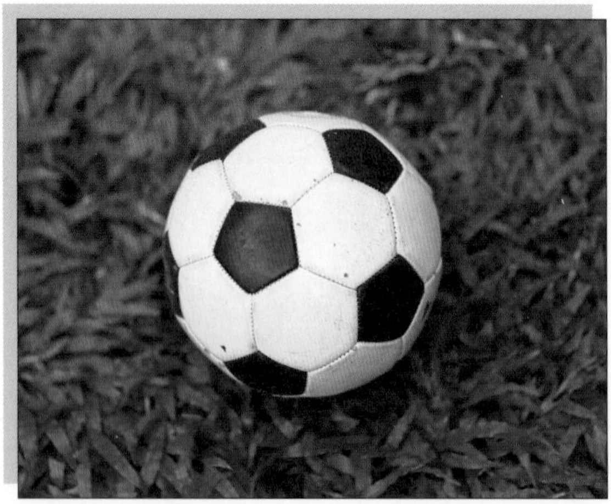

가장 유명한 축구공, 텔스타 © Wutthichai Charoenburi

지금은 '본딩'이라는 기술로 조각을 붙이는 방법을 사용합니다. 더불어 축구공을 이루는 가죽 조각의 개수도 점점 적어지고 있죠.

이렇게 하는 이유는 축구공을 최대한 완벽한 구에 가깝게 만들기 위해서입니다. 공이 완벽한 구에 가까울수록 외부 충격에 일정하게 반응하여 더욱 정교한 패스와 슈팅, 드리블을 할 수 있기 때문이죠.

2022년 카타르 월드컵 공인구인 '알 리흘라'는 공 안

2022년 카타르 월드컵 공인구, 알 리흘라 © HyperionLEO

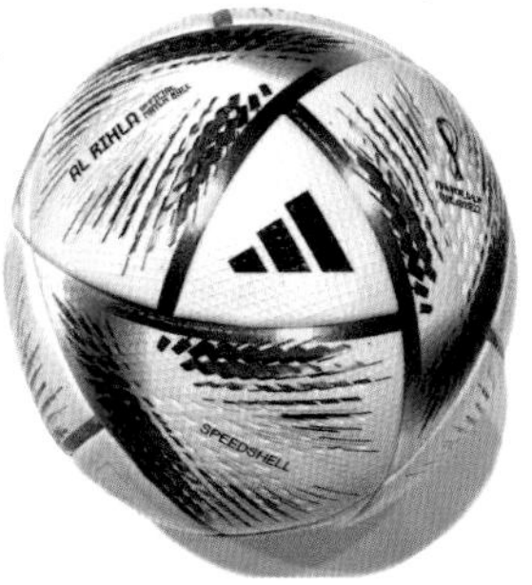

에 모션 센서를 내장시키는 새로운 기술을 적용했는데요. 매 순간 슛 스피드와 초당 회전 수, 오프사이드 유무까지 알려 주어 관계자들의 호평을 받았습니다.

지금도 최적의 축구공을 찾기 위한 스포츠 기업들의 시도는 계속되고 있습니다. 축구공에 들어간 특별한 기술이 궁금하다면 월드컵 공인구를 살펴보세요.

둘 축구화

축구화는 일반적인 신발과 달리 밑창에 뾰족한 스터드가 달려 있는 것이 특징입니다. 스터드는 신발 바닥에서 돌출된 딱딱한 징을 말해요. 선수들이 미끄러지지 않도록 해 주고, 빠르게 방향을 전환하고 스피드를 높이도록 도와주는 장치죠.

스터드의 높이와 재질, 개수에 따라 신발의 용도가 달라지기 때문에 선수들은 신중하게 축구화를 선택합니다.

수비수는 공격수의 움직임에 맞춘 순간적인 방향 전환이 중요합니다. 따라서 몸의 중심이 흔들리지 않도록 단단한 지지력이 필요하기 때문에 스터드 개수가 10~14개 정도로 많은 것을 선호합니다.

반면 공격수는 빠른 스피드와 순발력, 정교한 발놀림이 중요하기 때문에 8개 정도의 스터드를 선호합니다. 스터드의 개수가 적을수록 마찰력이 강하기 때문입니다.

그 외에 천연 잔디, 인조 잔디, 마른 잔디, 젖은 잔디, 단단한 잔디 등 경기장의 상황에 맞춰 다른 축구화를 사용합니다.

선수들은 90분이 넘는 시간 동안 뛰어다녀야 합니다. 또한 스터드가 박혀 있는 신발을 신기 때문에 발이 금세 피로해지지 않는 축구화를 만드는 것이 중요하죠. 따라서 축구화를 만들 때는 밑창에 많은 신경을 씁니다.

페백스는 가벼우면서 강한 내구성을 가진 소재입니다. 탄소 섬유는 가벼우면서도 강도와 탄성이 매우 좋아 '강철보다 강한 꿈의 섬유'라고 불리는 소재이지요. 이 두 소재 모두 축구화에 사용되고 있습니다.

페백스와 탄소 섬유로 만든 마라톤용 운동화를 신은 선수들이 연이어 마라톤 기록을 경신하는 일도 있었습니다.

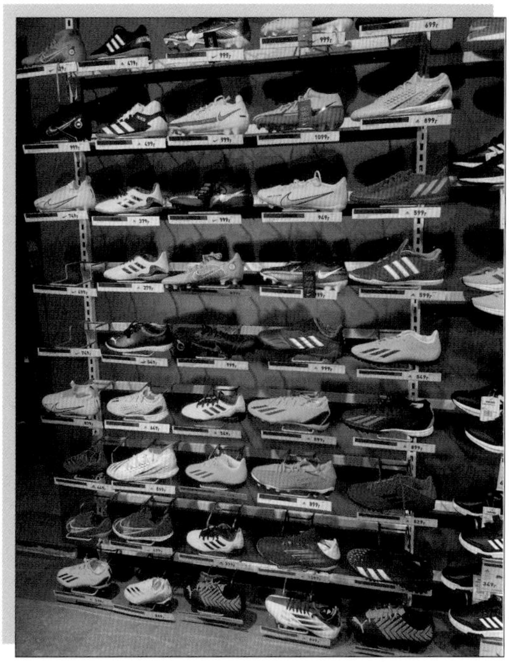

색깔과 모양이 다양한 축구화 © Ssu

이것 말고도 튼튼하지만 바람이 잘 통할 수 있게 도와주는 메쉬 소재, 공을 찰 때 필요한 곳에만 전략적으로 배치된 보강재, 발에 있는 작은 뼈들이 부서지지 않도록 도와주는 소재 등 다양한 기술이 축구화에 적용됩니다.

셋 축구 유니폼

유니폼은 팀에 속해 있다는 소속감을 느끼게 하고 다른 팀과 차별되는 우리 팀만의 특색을 드러내 주는 옷입니다. 동시에 90분이 넘는 시간 동안 선수들이 쾌적한 환경에서 뛸 수 있도록 도와주는 옷이기도 하지요.

그렇다면 축구 유니폼을 만들 때는 어떤 점을 고려해야 할까요? 우선 가벼워야 합니다. 선수들이 옷의 무게에 짓눌리는 일이 없어야겠죠. 또 비가 오거나 날씨가 더운 상황을 고려하여 만들어야 합니다. 선수들이 넘어지거나 거친 플레이를 할 때 쉽게 찢어져서도 안 됩니다.

이 조건을 만족시키는 재료가 바로 '폴리머'라는 소재입니다. 폴리머 소재 중 하나인 폴리에스테르는 내구성이 뛰어나고 가벼우며, 구김에 강한 소재입니다. 또 수분을 잘 흡수하지 않기 때문에 비가 오는 날 입기에 적합하지요.

피부에서 땀을 흘리면 다른 섬유들은 그 땀을 흡수합니다. 하지만 폴리에스테르는 수분을 흡수하지 않고 바로 원단 표면에서 땀을 수증기 형태로 발산합니다. 따라서 섬유가 젖지 않고 항상 건조해 산뜻한 착용감을 줍니다. 또한 빨래를 했을 때 건조 속도도 매우 빠르다는 장점이 있습니다.

유니폼에 주머니가 달려 있는 경우도 있습니다. 심

비가 와도 수분을 흡수하지 않는 폴리머 유니폼 ⓒ Biser Todorov

장 박동 모니터나 위치 추적기를 넣기 위함이지요. 이러한 장치를 통해 선수들의 전반적인 경기력을 측정하고 부상 위험을 줄일 수 있습니다.

넷 골키퍼 장갑

골키퍼 장갑은 골키퍼가 축구공을 잘 잡을 수 있도록 설계됩니다. 거미줄이라도 붙은 것처럼 손에 축구공이 감기는 것은 모두 '라텍스'라는 소재 덕분인데요.

라텍스가 처음부터 골키퍼 장갑에 사용된 건 아니었습니다. 최초의 골키퍼 장갑은 가죽과 고무로 만들어졌어요. 이후 1940년대에 들어와 면으로 장갑을 만들기 시작했습니다. 하지만 부드럽고 물을 잘 흡수하는 면은 공을 쳐 내거나 잡는 데 적합한 소재가 아니었어요.

아프지 않도록 충격을 흡수해 주지요.

또한 경기 도중 공을 막는 골키퍼의 손가락뼈가 부서질 위험을 방지하기 위해서, 손가락 부분에는 잘 구부러지는 소재로 이루어진 손가락 보호 장비가 부착되어 있습니다.

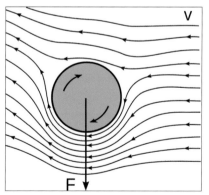

장갑을 적극적으로 착용한 최초의 골키퍼인 아마데오 카리소

이후 1970년대에는 라텍스 고무 소재가 등장했습니다. 텔레비전에서 종종 등장하는 의사들의 하얀색 의료용 장갑도 라텍스로 만들어져요. 이 소재는 곧 골키퍼 장갑의 주요한 재료가 되었지요.

라텍스는 충격을 잘 흡수하면서도 마찰력이 커 공이 잘 미끄러지지 않게 만들어 줍니다. 그래서 골키퍼가 축구공을 잘 잡을 수 있도록 장갑의 표면에 코팅합니다.

라텍스 코팅 아래에는 '폴리우레탄 폼'이 들어 있습니다. 이 소재는 딱딱한 축구공에 부딪혀도 손이

왜 감아 차면 공이 휘어질까?

축구공 오른쪽을 감아서 차면 공이 휘어져 날아갑니다. 이는 '마그누스 효과' 때문입니다. 마그누스 효과는 회전하는 물체의 모양이나 방향에 따라서 물체 주위의 압력과 힘이 변화하면서 경로가 휘어지는 현상을 말해요. 축구공의 오른쪽을 차면 공이 반시계 방향으로 빠르게 회전하며 공기에 압력 차이가 생깁니다. 이때 기압이 낮은 왼쪽으로 공의 경로가 휘어집니다. 멋진 궤적을 그리며 휘어지는 슛은 모두 마그누스 효과 때문에 만들어지는 것이죠.

마그누스 효과 때문에 기압이 낮은 쪽으로 공이 빨려 들어가며 휘게 된다.

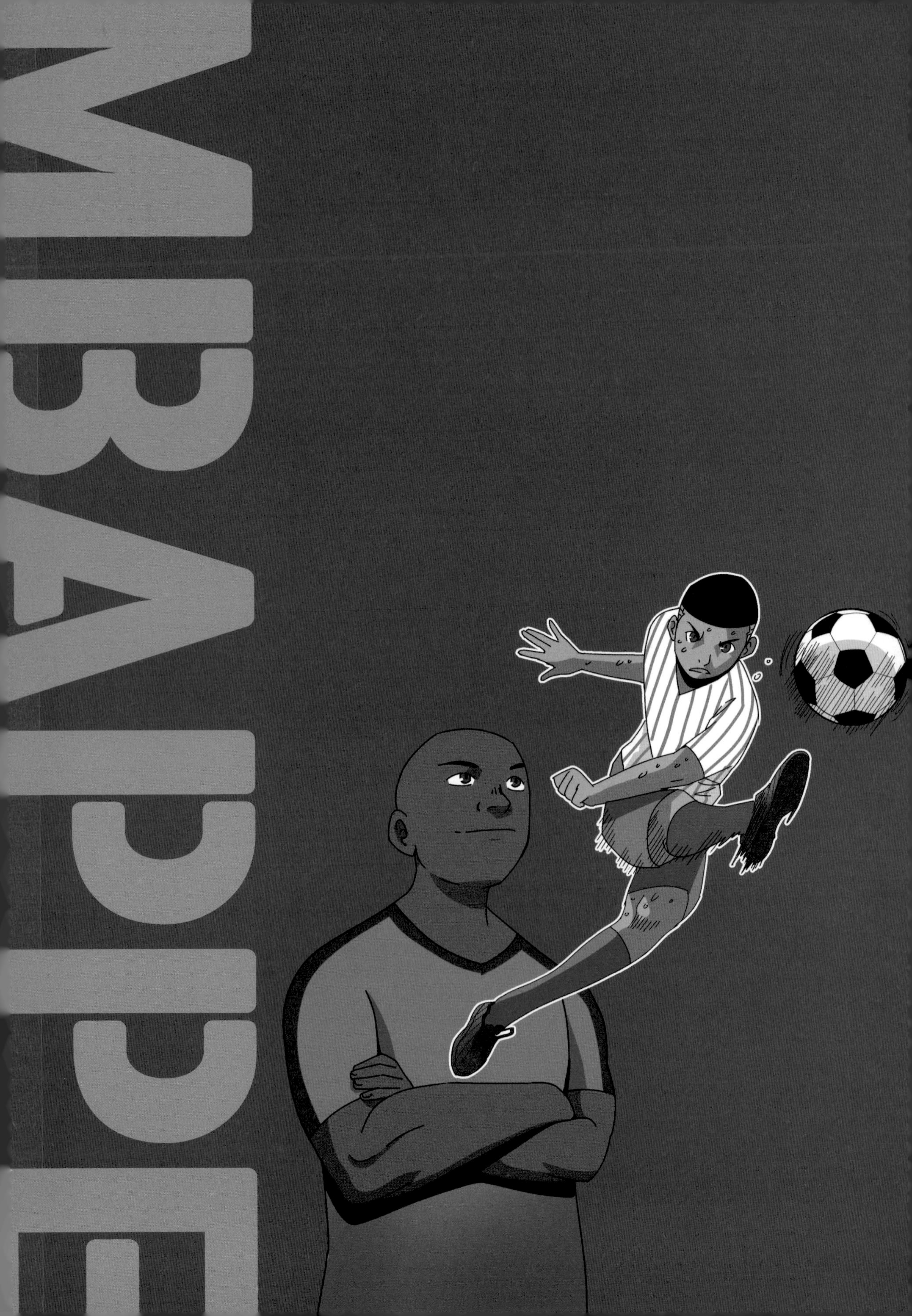

4장

실수와 실패는 성장의 밑거름

> 축구는 팀 스포츠다!
> 너와 함께 뛰는 동료들은
> 네 연습을 위한
> 들러리가 아니야!

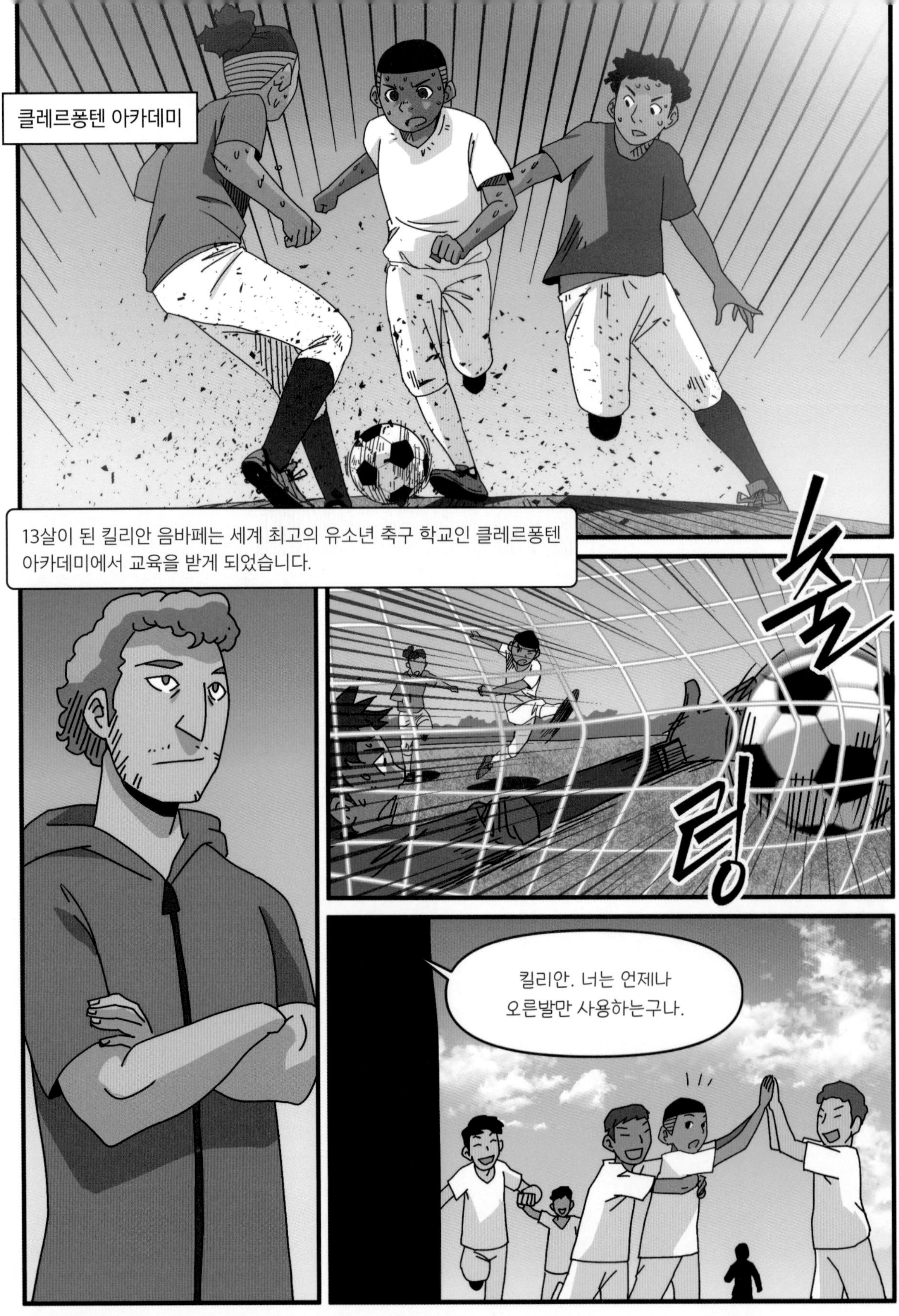

클레르퐁텐 아카데미
13살이 된 킬리안 음바페는 세계 최고의 유소년 축구 학교인 클레르퐁텐 아카데미에서 교육을 받게 되었습니다.
출렁
킬리안. 너는 언제나 오른발만 사용하는구나.

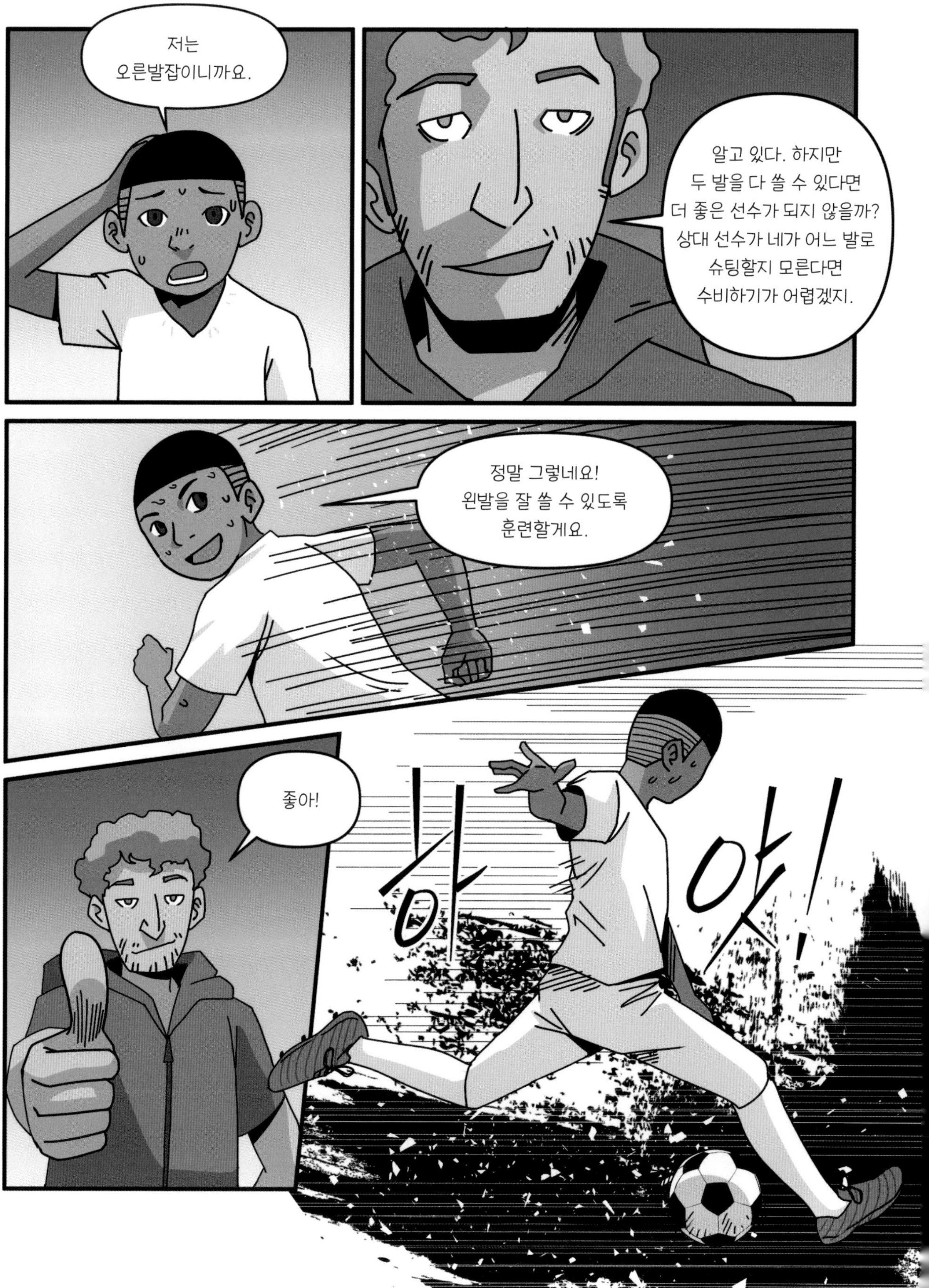
저는
오른발잡이니까요.
알고 있다. 하지만
두 발을 다 쓸 수 있다면
더 좋은 선수가 되지 않을까?
상대 선수가 네가 어느 발로
슈팅할지 모른다면
수비하기가 어렵겠지.
정말 그렇네요!
왼발을 잘 쓸 수 있도록
훈련할게요.
좋아!
하얍!

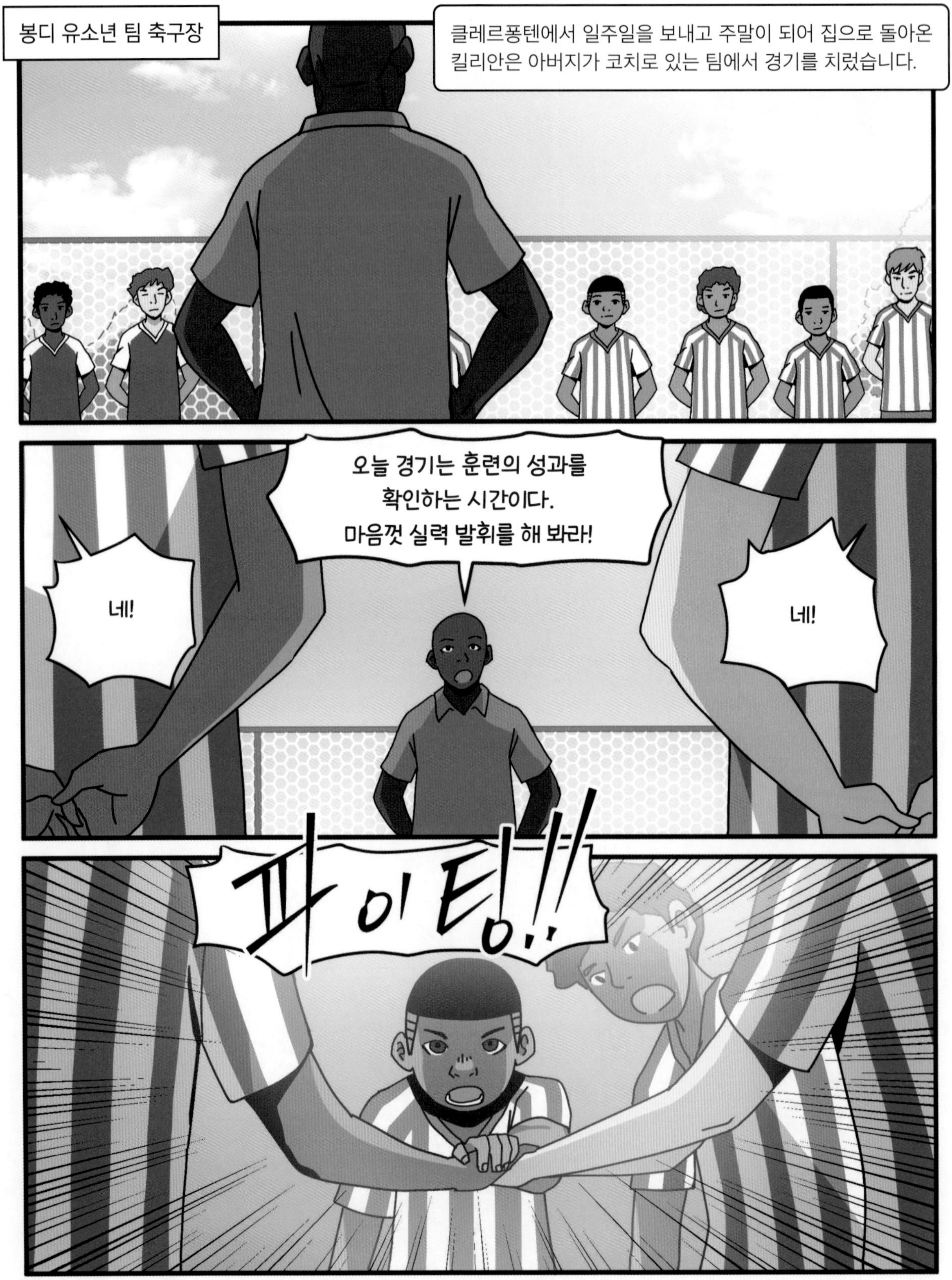

봉디 유소년 팀 축구장
클레르퐁텐에서 일주일을 보내고 주말이 되어 집으로 돌아온 킬리안은 아버지가 코치로 있는 팀에서 경기를 치렀습니다.
오늘 경기는 훈련의 성과를 확인하는 시간이다. 마음껏 실력 발휘를 해 봐라!
네!
네!
파이팅!!

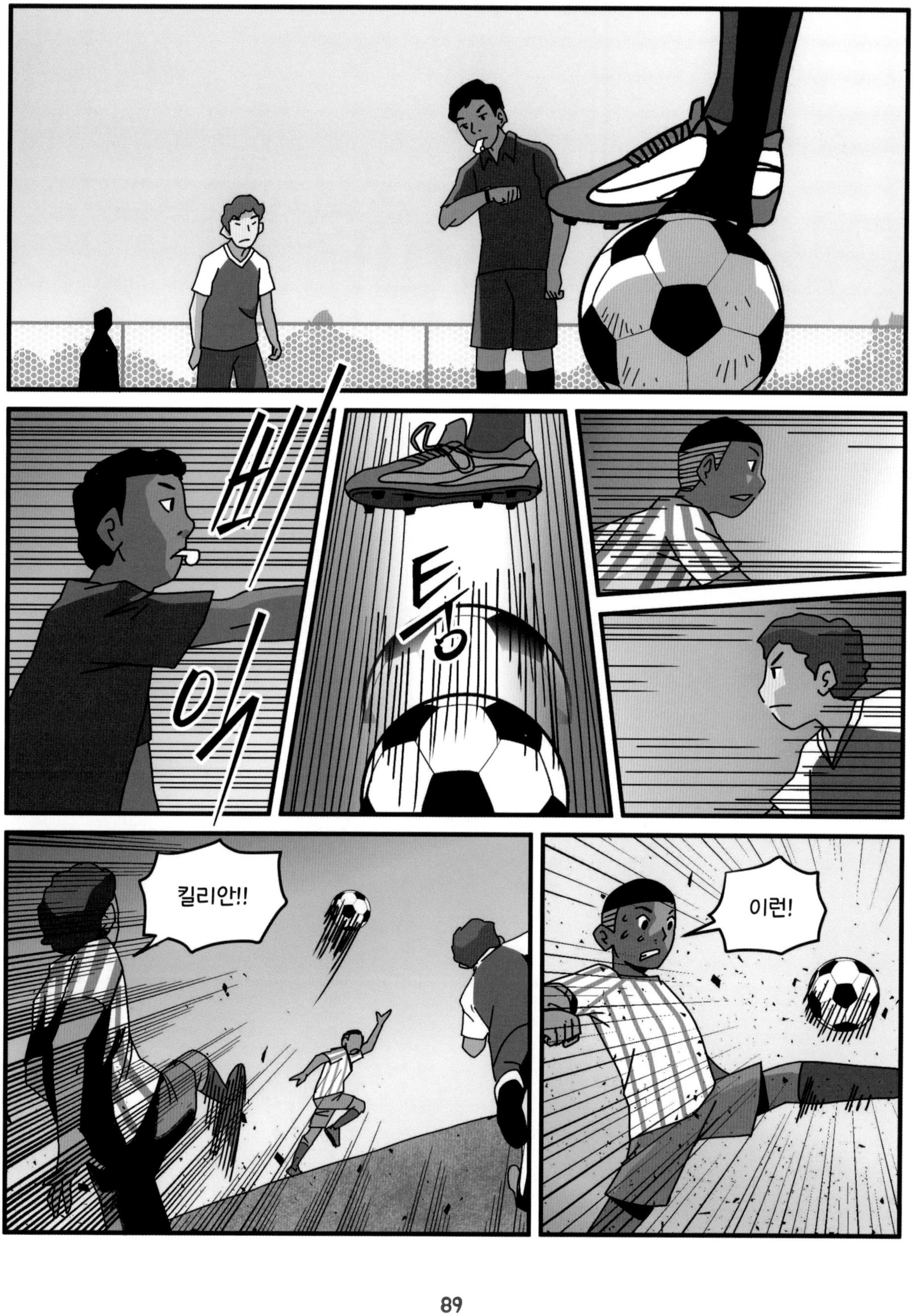
삐-익
툭
킬리안!!
이런!

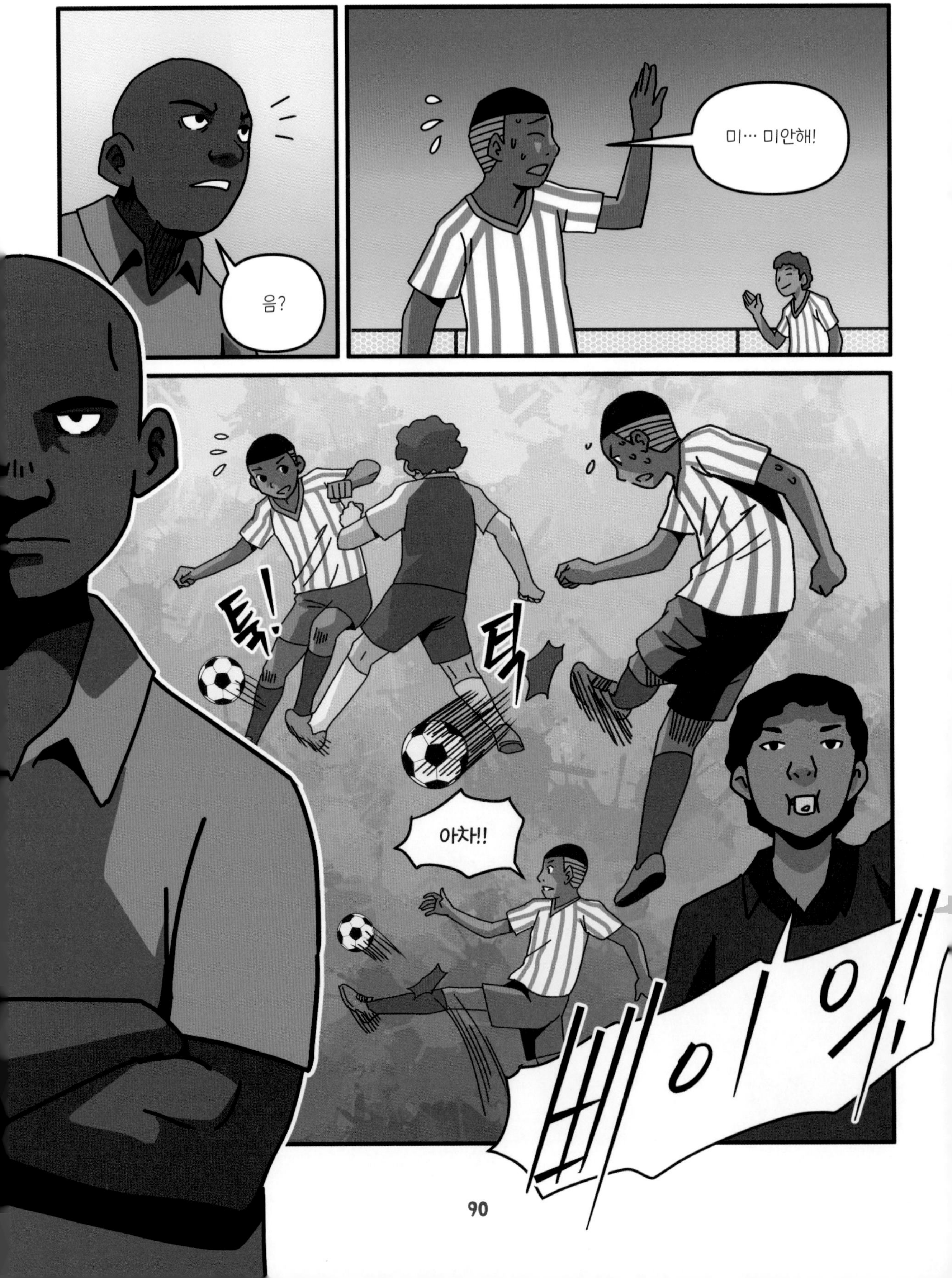
음?
미… 미안해!
툭!
턱
아차!!
삐이익!

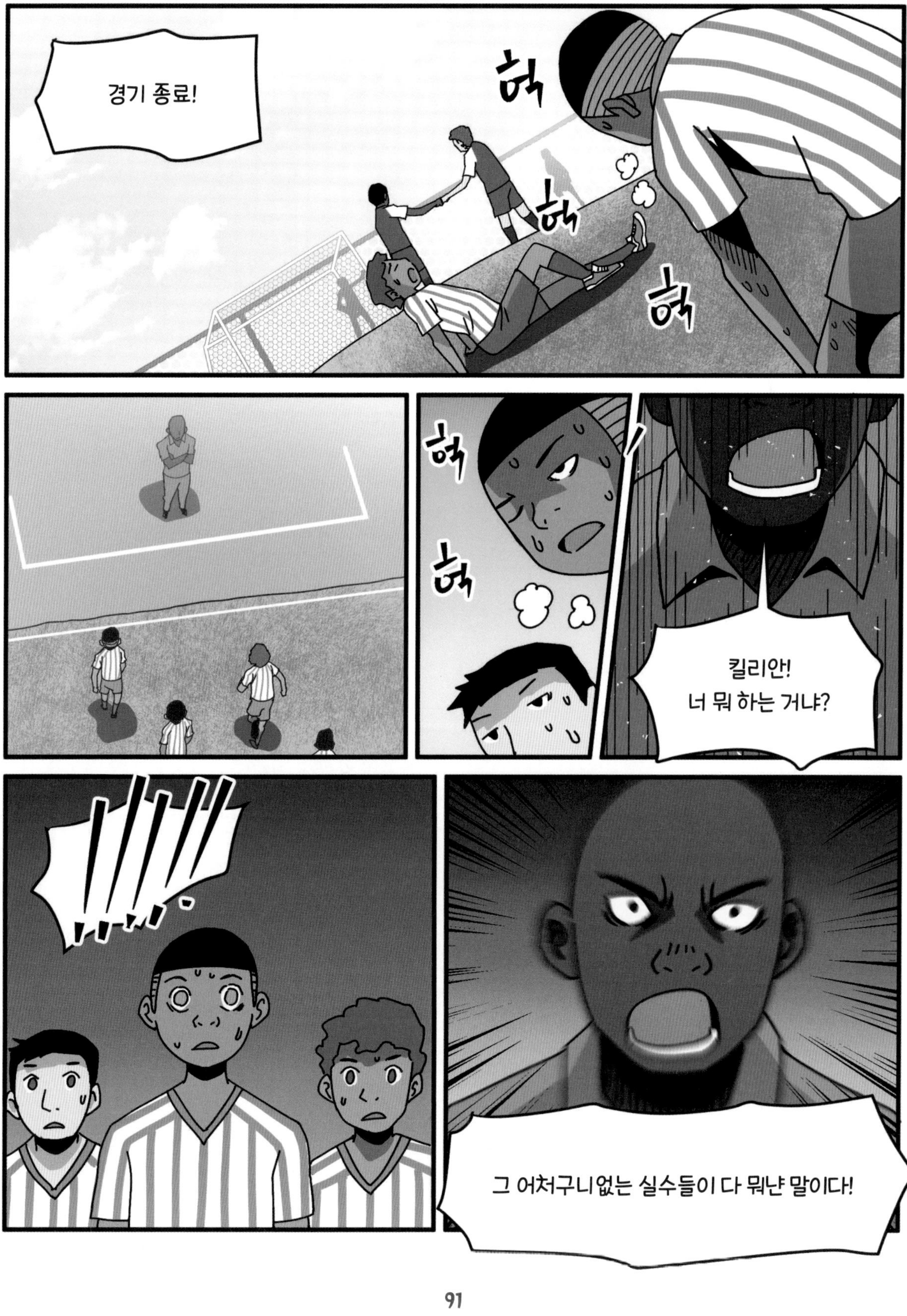
경기 종료!
헉
헉
헉
헉
헉
킬리안!
너 뭐 하는 거냐?
그 어처구니없는 실수들이 다 뭐냔 말이다!

그게….

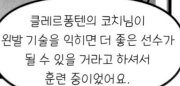

클레르퐁텐의 코치님이
왼발 기술을 익히면 더 좋은 선수가
될 수 있을 거라고 하셔서
훈련 중이었어요.

경기가 장난이냐?
왜 훈련을 경기 중에 하는 거지?

하지만 이건
연습 경기잖아요.

연습 경기는 기술을
연습하기 위한 경기가 아니야!
지금까지 갈고닦은 실력을
확인하는 경기지!

너와 함께 뛰는 동료들은
네 연습을 돕는 들러리가 아니야!

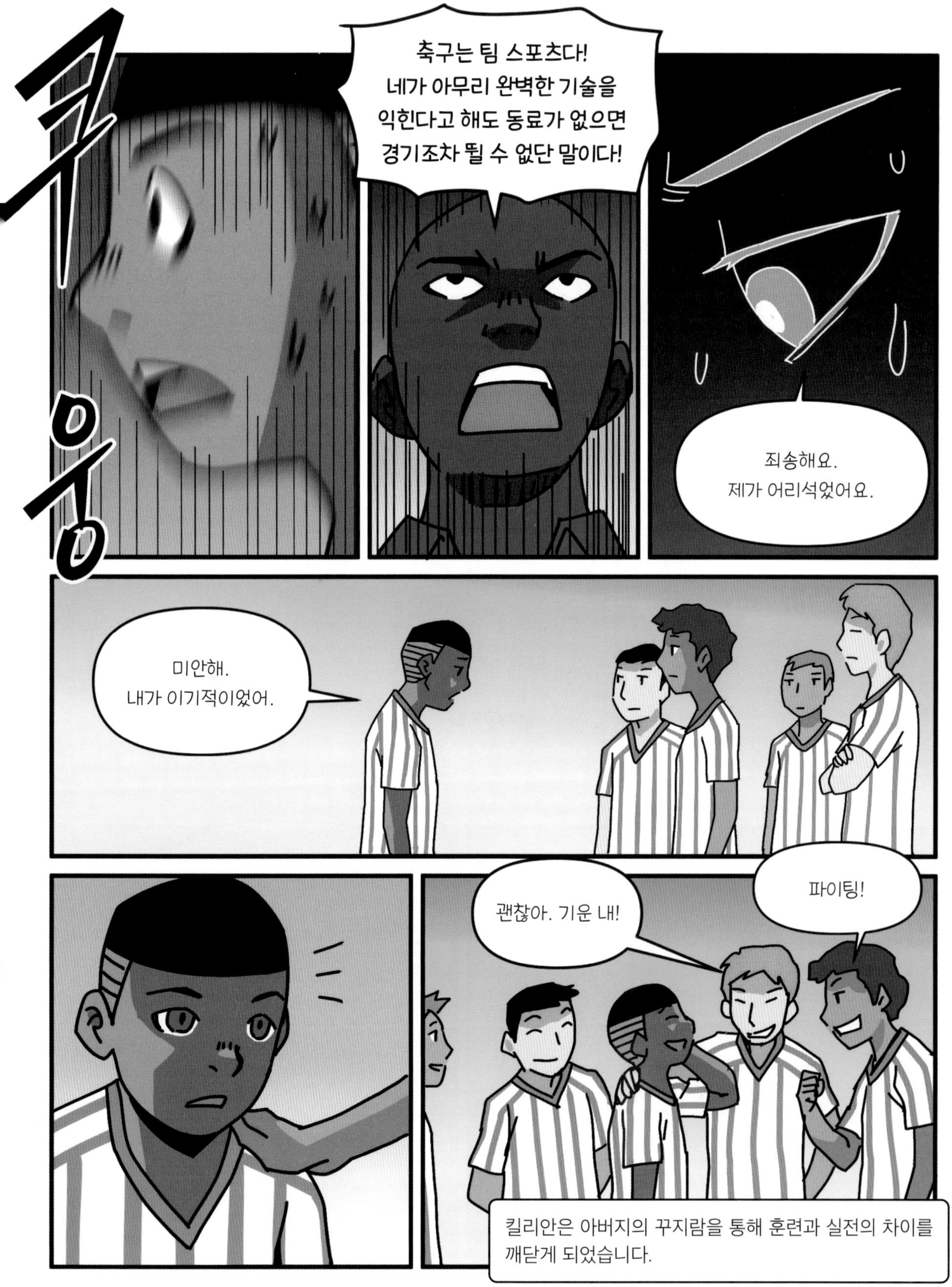
쿠웅
축구는 팀 스포츠다! 네가 아무리 완벽한 기술을 익힌다고 해도 동료가 없으면 경기조차 될 수 없단 말이다!
죄송해요. 제가 어리석었어요.
미안해. 내가 이기적이었어.
괜찮아. 기운 내!
파이팅!
킬리안은 아버지의 꾸지람을 통해 훈련과 실전의 차이를 깨닫게 되었습니다.

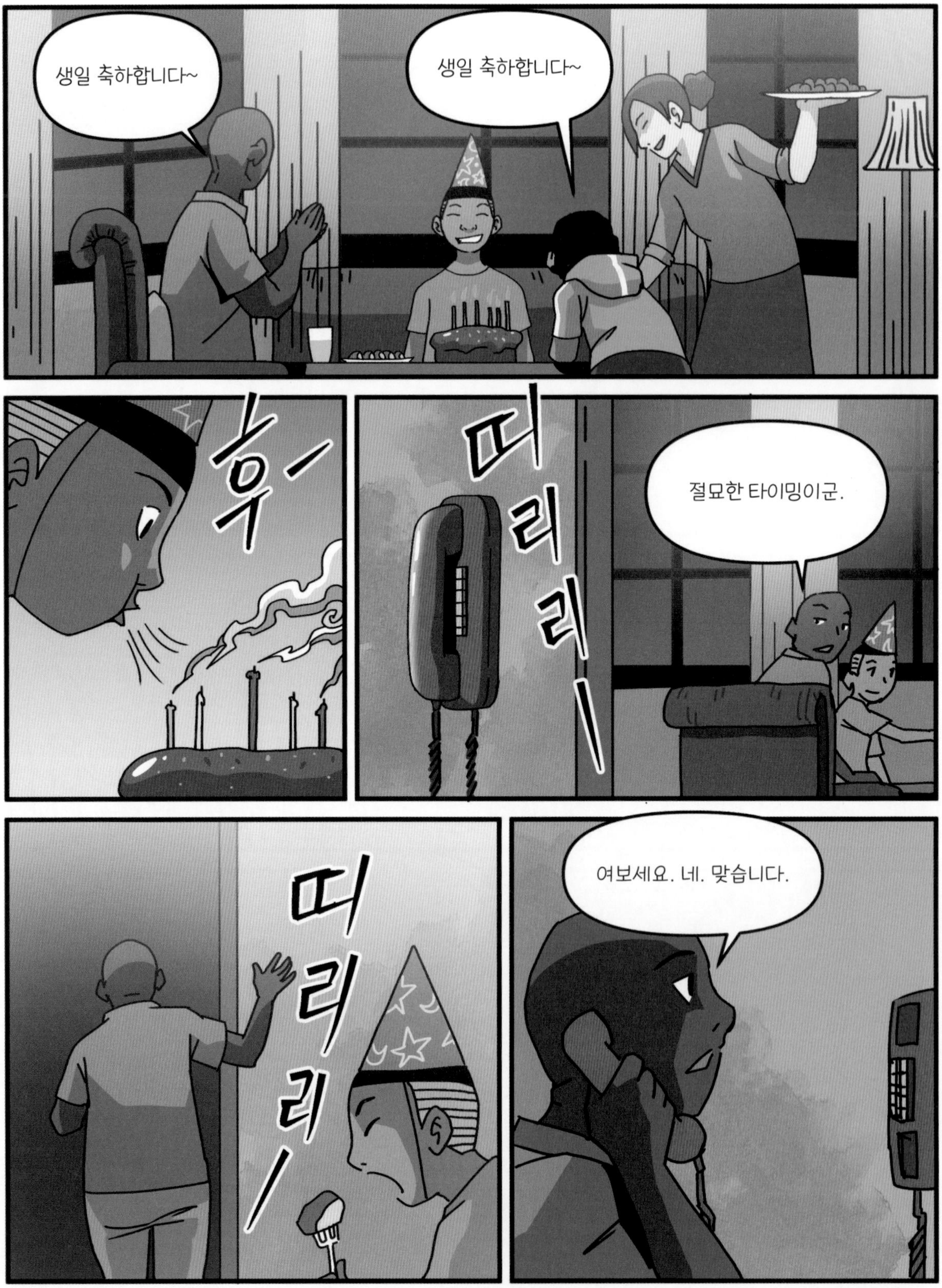
생일 축하합니다~
생일 축하합니다~
후-
따리리리-
절묘한 타이밍이군.
따리리리-
여보세요. 네. 맞습니다.

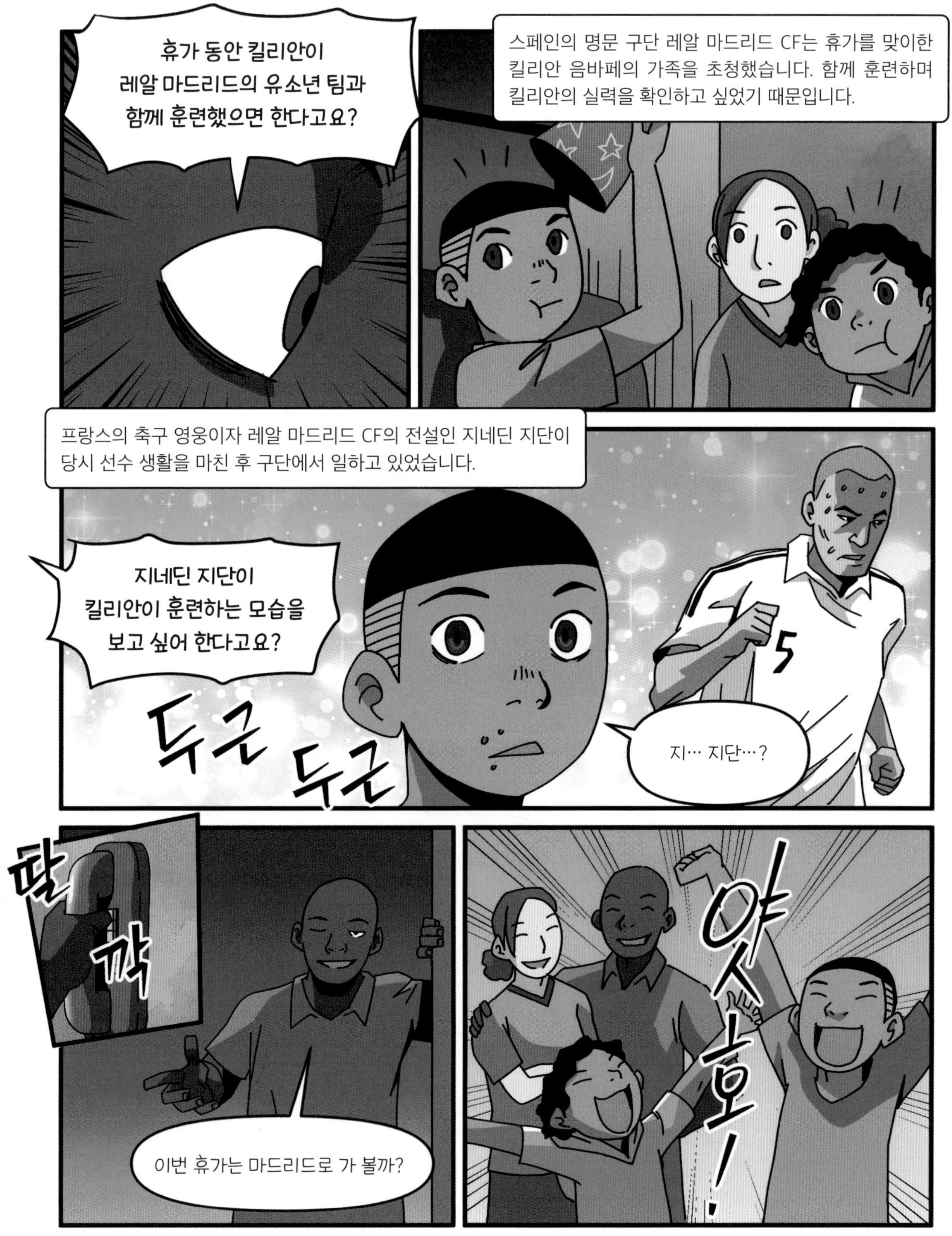

휴가 동안 킬리안이 레알 마드리드의 유소년 팀과 함께 훈련했으면 한다고요?
스페인의 명문 구단 레알 마드리드 CF는 휴가를 맞이한 킬리안 음바페의 가족을 초청했습니다. 함께 훈련하며 킬리안의 실력을 확인하고 싶었기 때문입니다.
프랑스의 축구 영웅이자 레알 마드리드 CF의 전설인 지네딘 지단이 당시 선수 생활을 마친 후 구단에서 일하고 있었습니다.
지네딘 지단이 킬리안이 훈련하는 모습을 보고 싶어 한다고요?
두근 두근
지… 지단…?
딸깍
이번 휴가는 마드리드로 가 볼까?
야호!

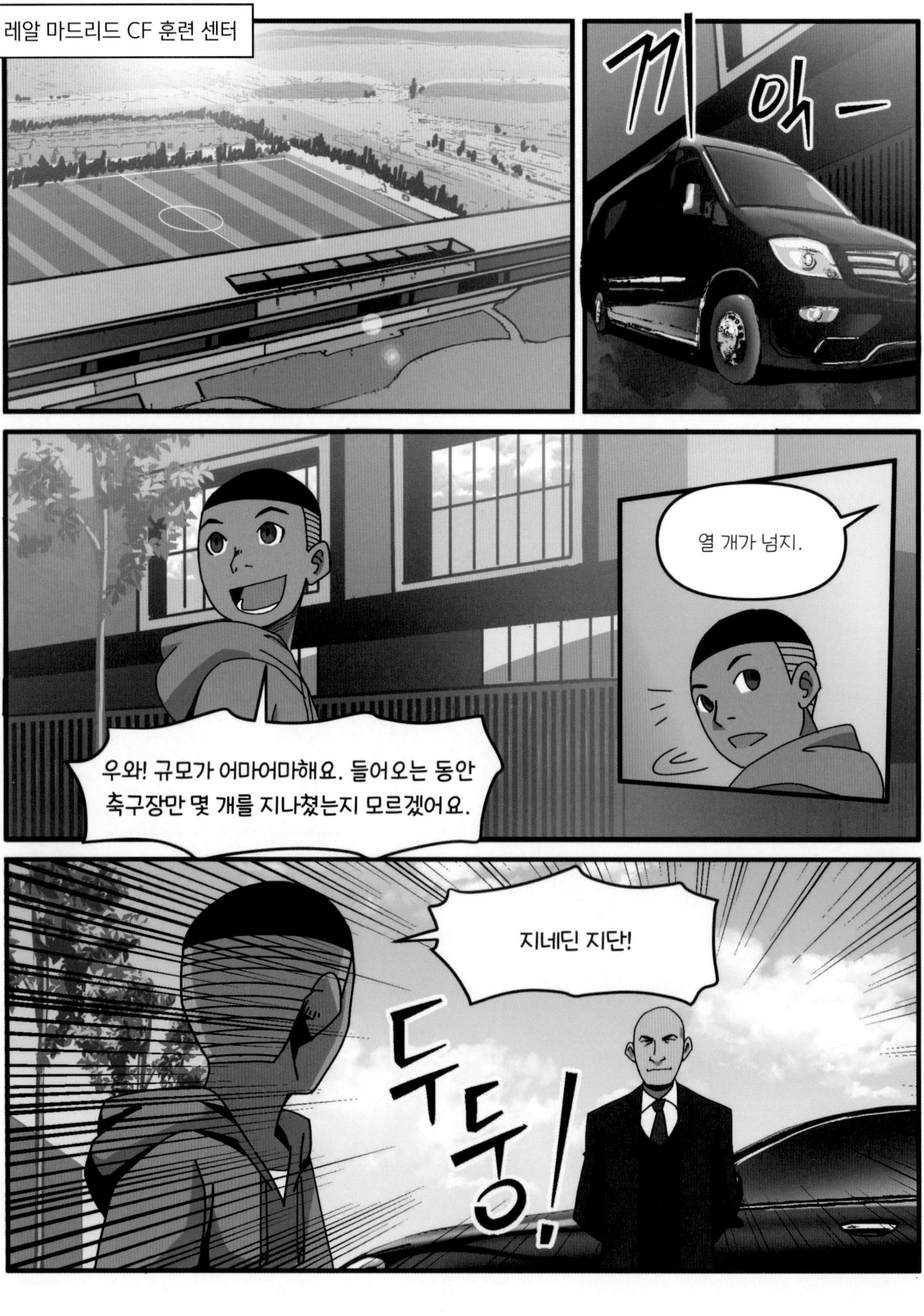
레알 마드리드 CF 훈련 센터
끼익-
우와! 규모가 어마어마해요. 들어오는 동안 축구장만 몇 개를 지나쳤는지 모르겠어요.
열 개가 넘지.
지네딘 지단!
두둥!

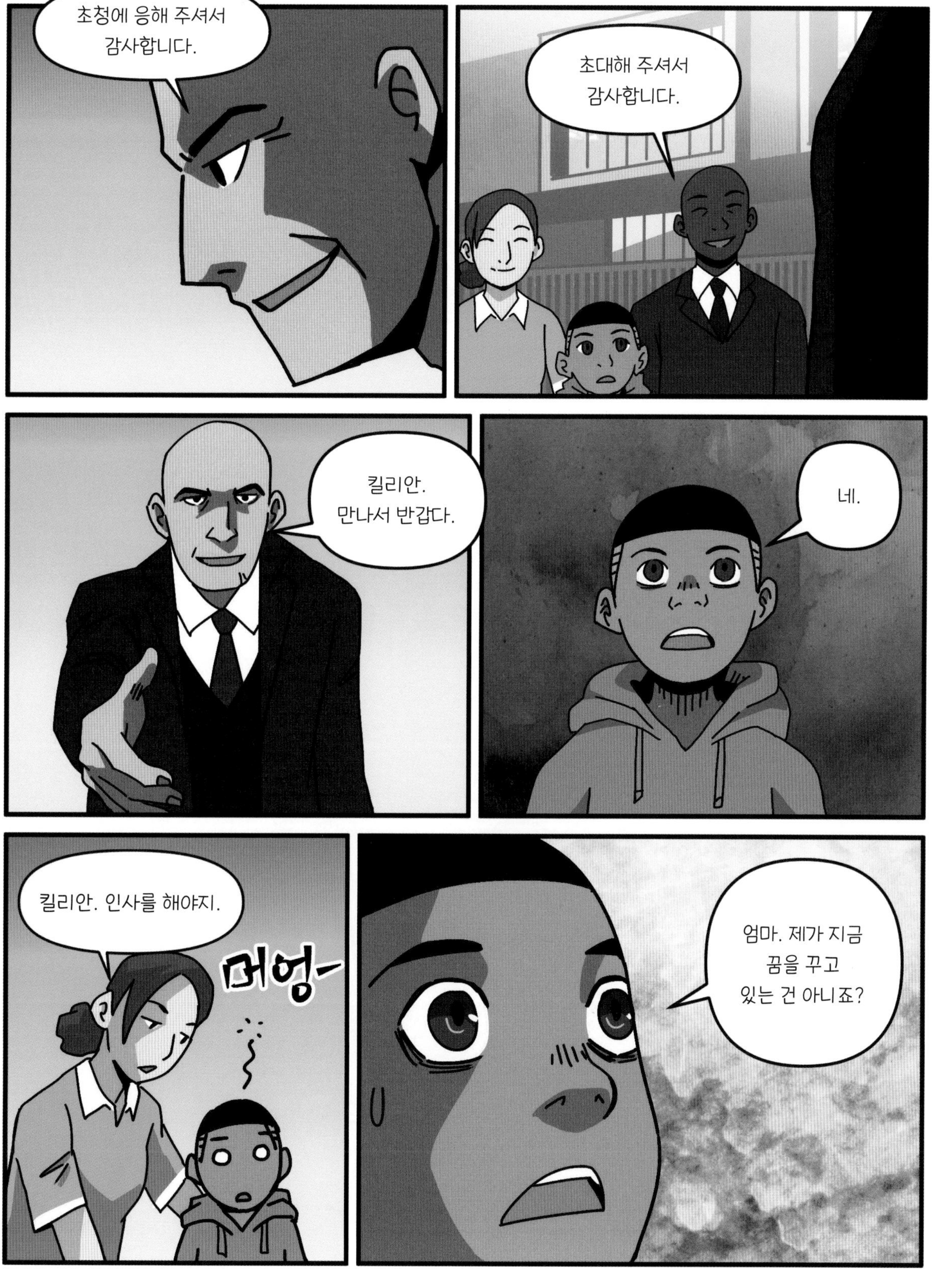
초청에 응해 주셔서 감사합니다.
초대해 주셔서 감사합니다.
킬리안. 만나서 반갑다.
네.
킬리안. 인사를 해야지.
머엉-
엄마. 제가 지금 꿈을 꾸고 있는 건 아니죠?

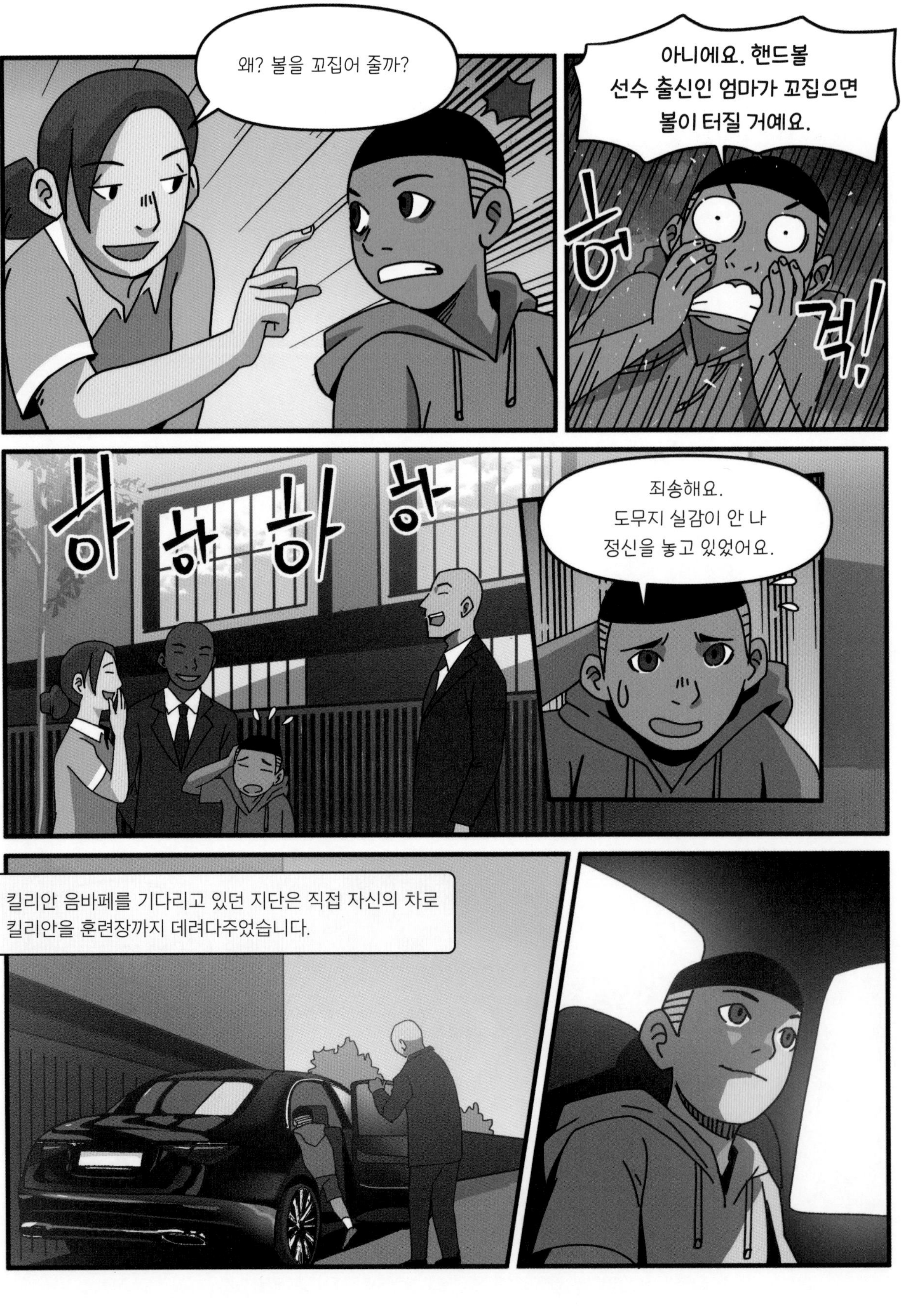

왜? 볼을 꼬집어 줄까?
아니에요. 핸드볼 선수 출신인 엄마가 꼬집으면 볼이 터질 거예요.
헉!
하하하하
죄송해요. 도무지 실감이 안 나 정신을 놓고 있었어요.
킬리안 음바페를 기다리고 있던 지단은 직접 자신의 차로 킬리안을 훈련장까지 데려다주었습니다.

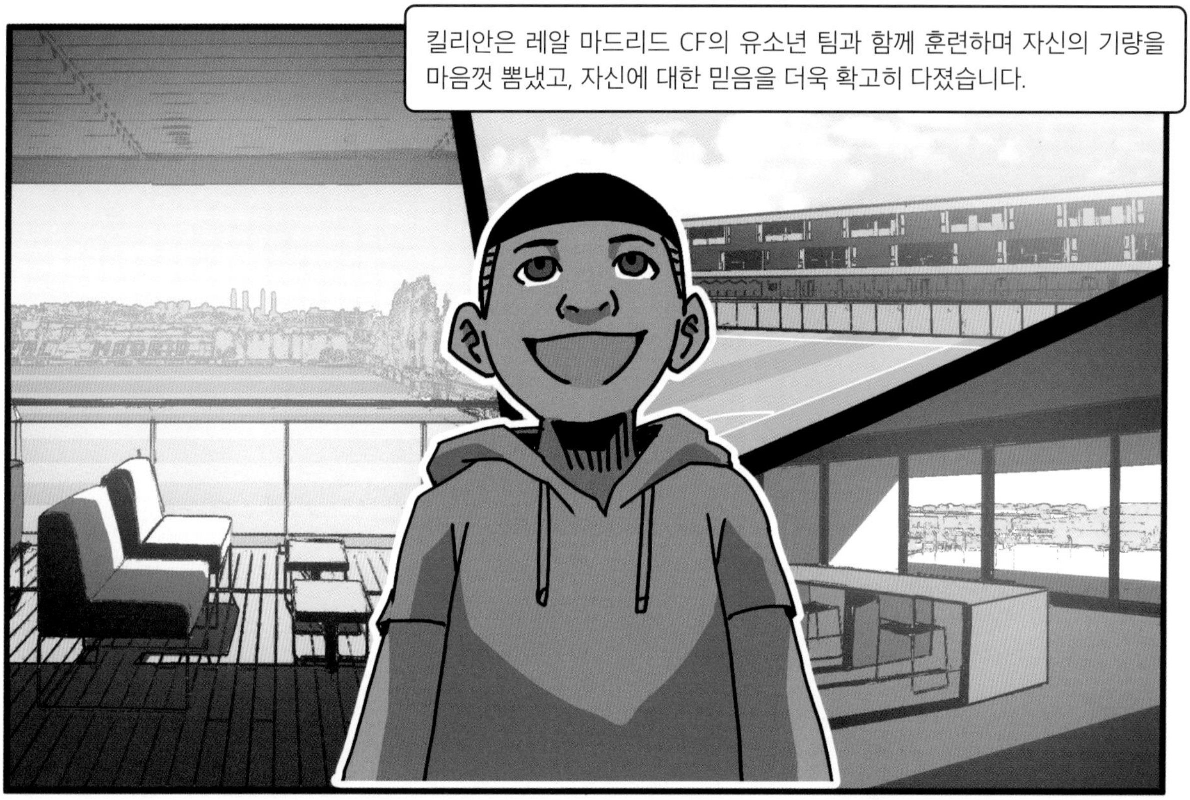
킬리안은 레알 마드리드 CF의 유소년 팀과 함께 훈련하며 자신의 기량을 마음껏 뽐냈고, 자신에 대한 믿음을 더욱 확고히 다졌습니다.

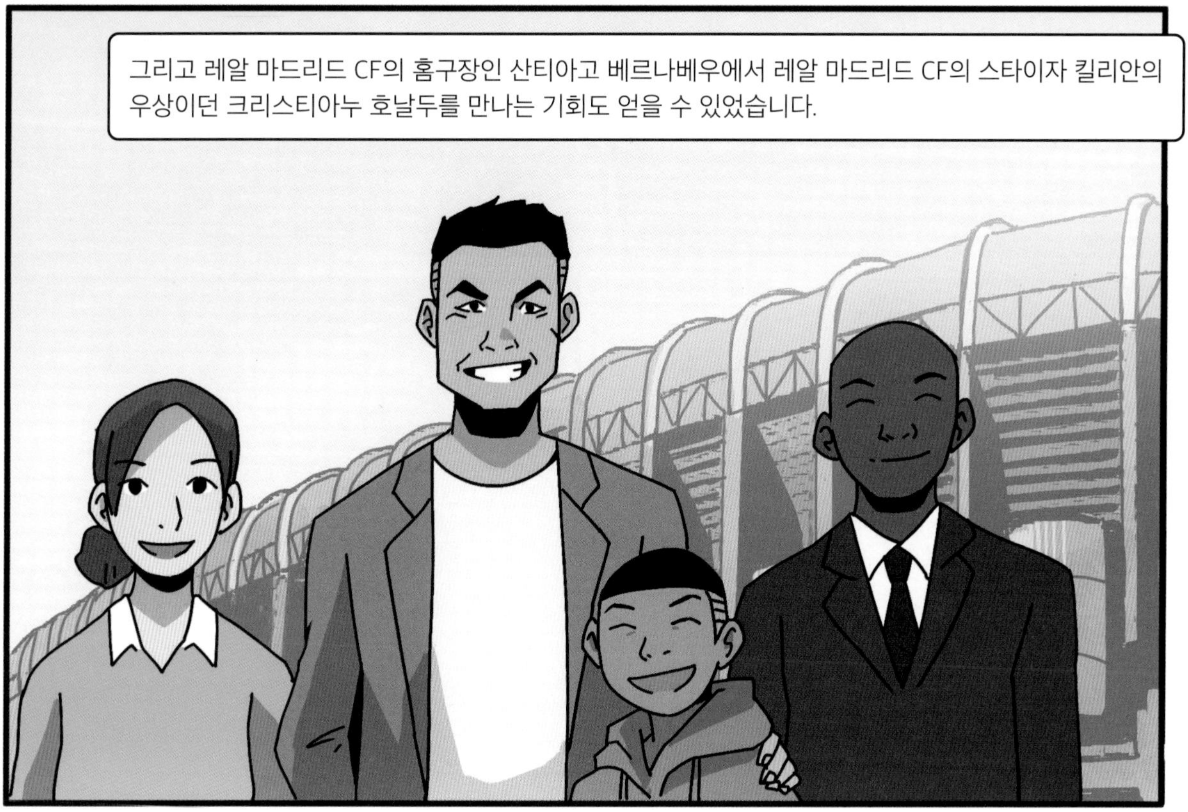
그리고 레알 마드리드 CF의 홈구장인 산티아고 베르나베우에서 레알 마드리드 CF의 스타이자 킬리안의 우상이던 크리스티아누 호날두를 만나는 기회도 얻을 수 있었습니다.

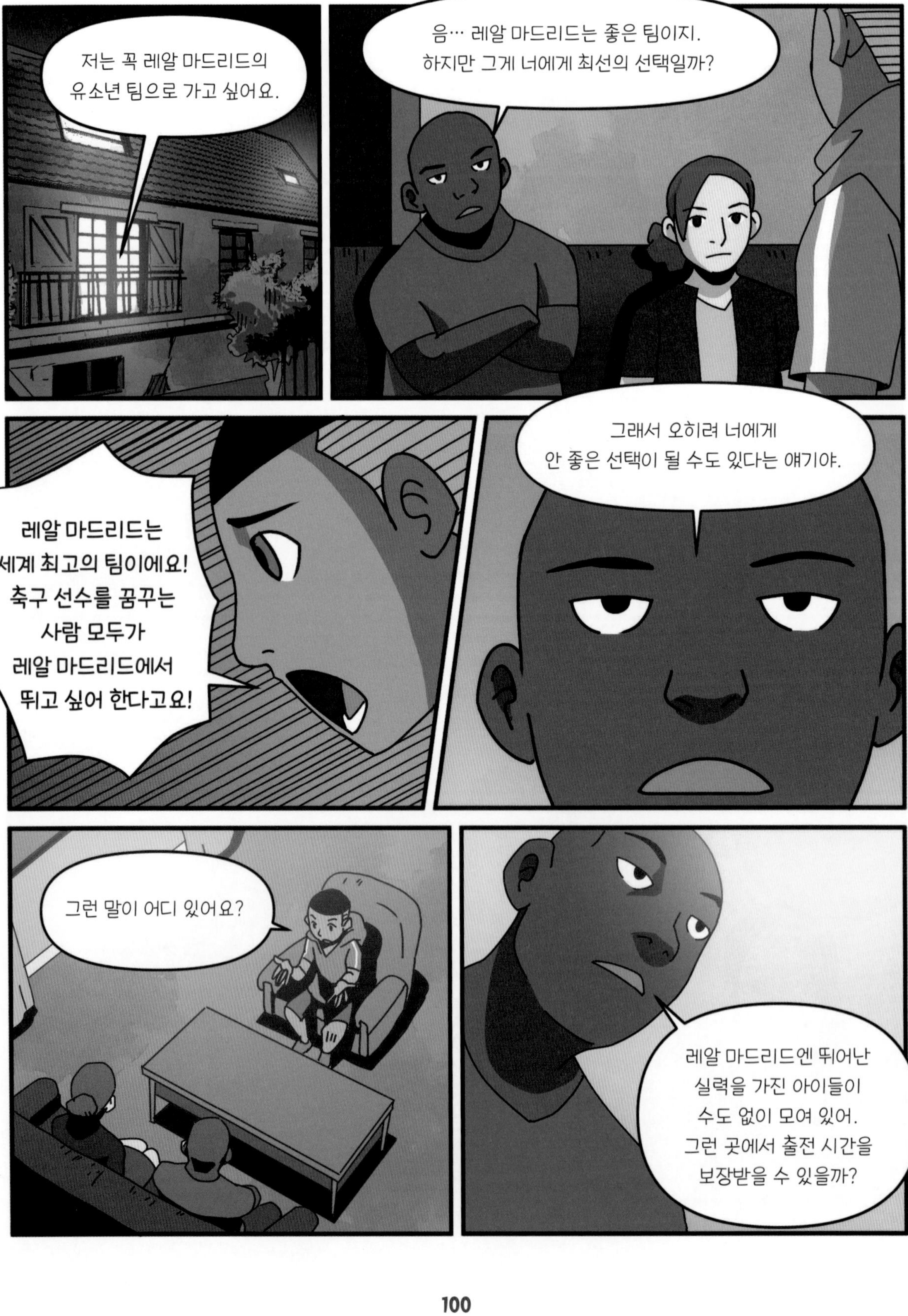
저는 꼭 레알 마드리드의
유소년 팀으로 가고 싶어요.
음… 레알 마드리드는 좋은 팀이지.
하지만 그게 너에게 최선의 선택일까?
레알 마드리드는
세계 최고의 팀이에요!
축구 선수를 꿈꾸는
사람 모두가
레알 마드리드에서
뛰고 싶어 한다고요!
그래서 오히려 너에게
안 좋은 선택이 될 수도 있다는 얘기야.
그런 말이 어디 있어요?
레알 마드리드엔 뛰어난
실력을 가진 아이들이
수도 없이 모여 있어.
그런 곳에서 출전 시간을
보장받을 수 있을까?

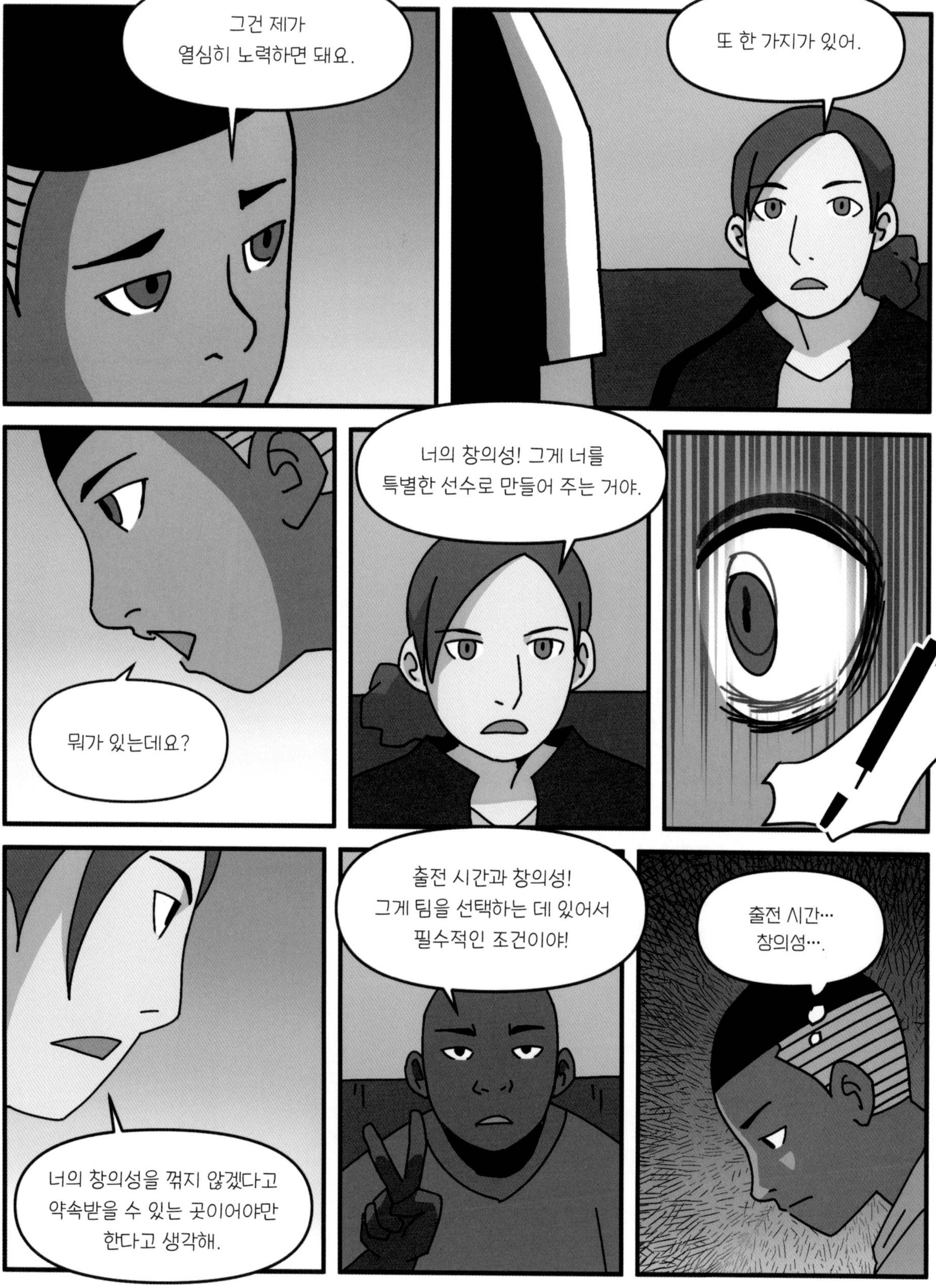
그건 제가
열심히 노력하면 돼요.
또 한 가지가 있어.
뭐가 있는데요?
너의 창의성! 그게 너를
특별한 선수로 만들어 주는 거야.
너의 창의성을 꺾지 않겠다고
약속받을 수 있는 곳이어야만
한다고 생각해.
출전 시간과 창의성!
그게 팀을 선택하는 데 있어서
필수적인 조건이야!
출전 시간…
창의성….

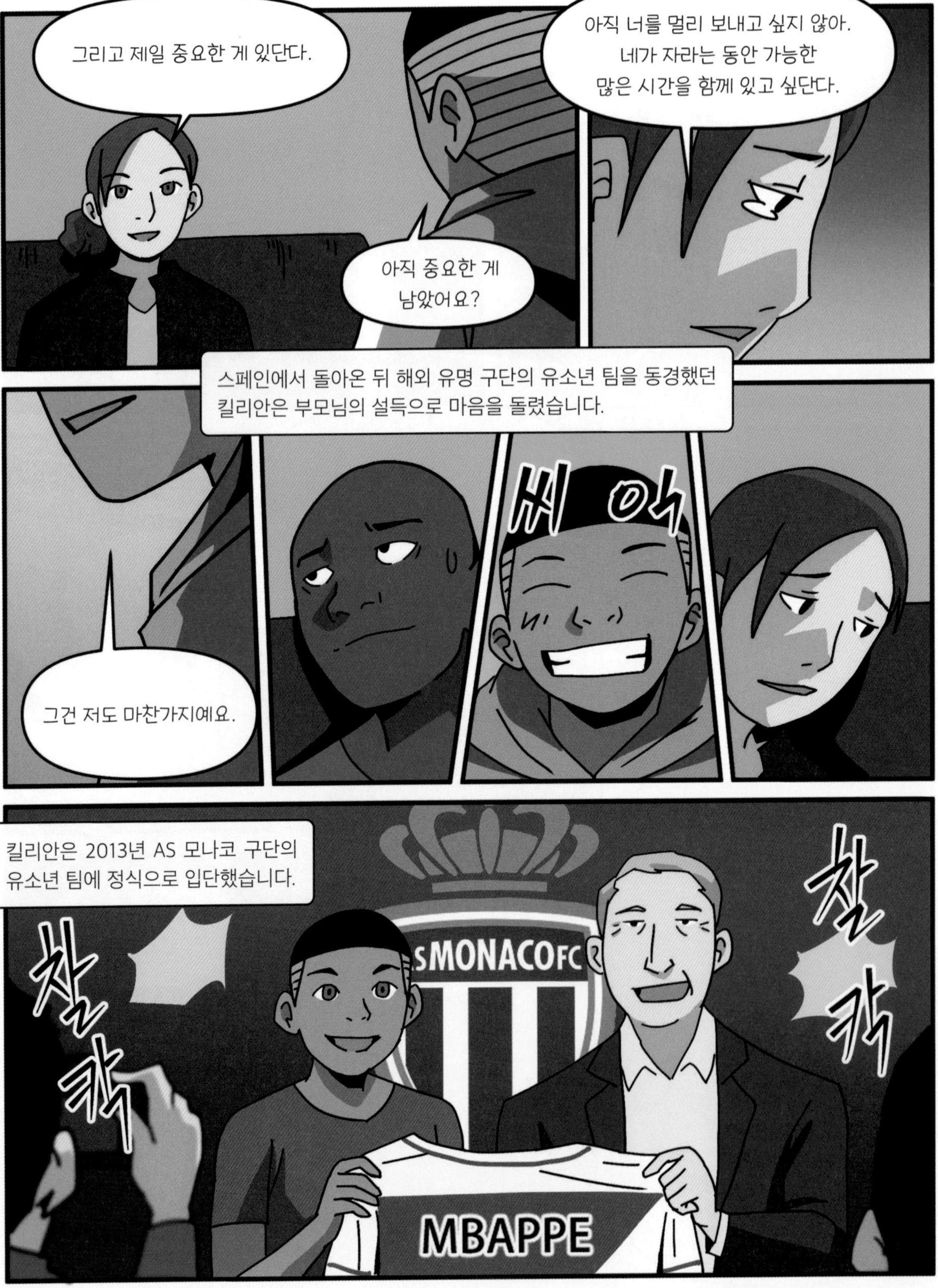
그리고 제일 중요한 게 있단다.
아직 중요한 게 남았어요?
아직 너를 멀리 보내고 싶지 않아. 네가 자라는 동안 가능한 많은 시간을 함께 있고 싶단다.
스페인에서 돌아온 뒤 해외 유명 구단의 유소년 팀을 동경했던 킬리안은 부모님의 설득으로 마음을 돌렸습니다.
그건 저도 마찬가지예요.
씨익
킬리안은 2013년 AS 모나코 구단의 유소년 팀에 정식으로 입단했습니다.
찰칵
찰칵
SMONACOFC
MBAPPE

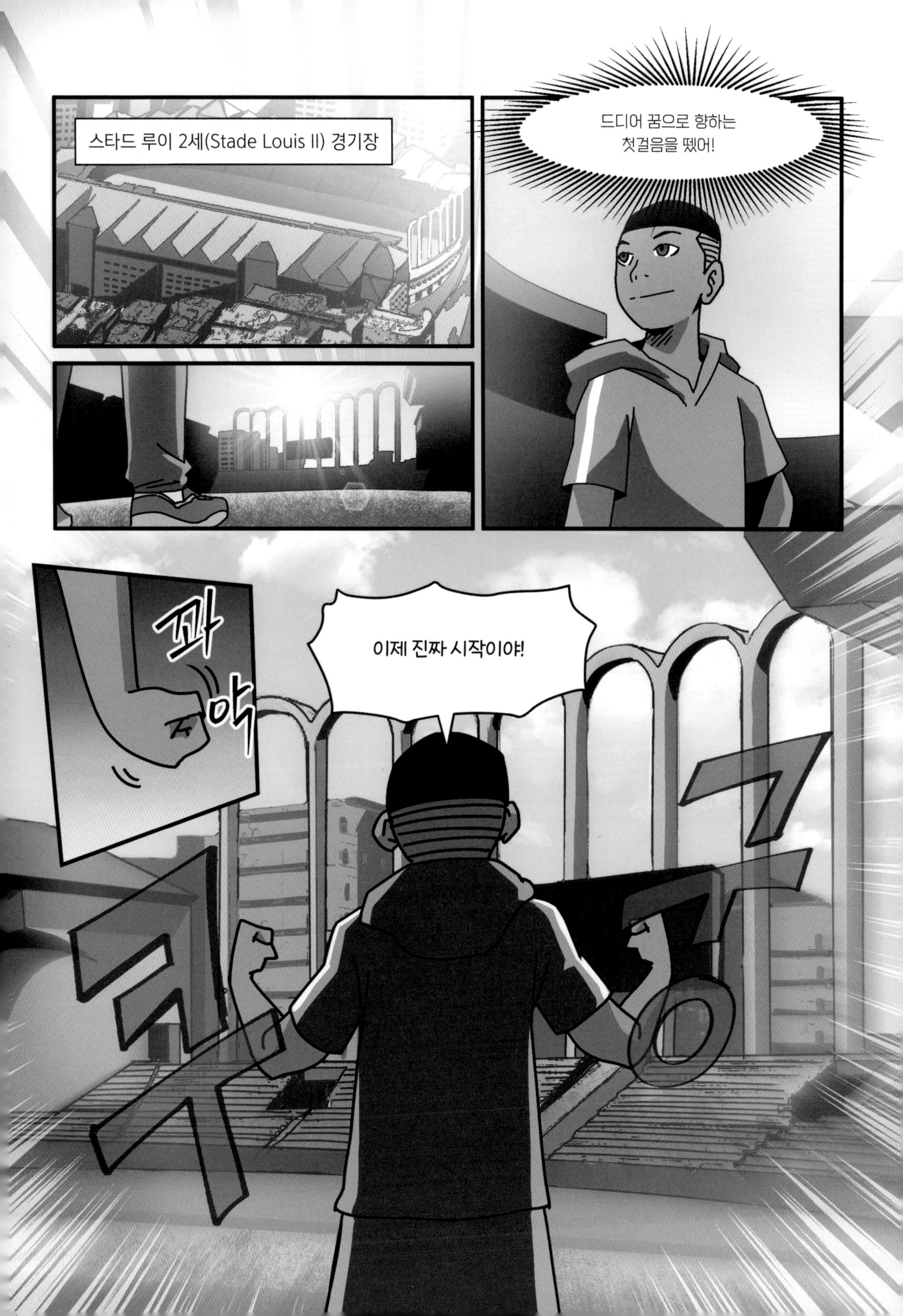
스타드 루이 2세(Stade Louis II) 경기장
드디어 꿈으로 향하는
첫걸음을 뗐어!
꽈
악
이제 진짜 시작이야!

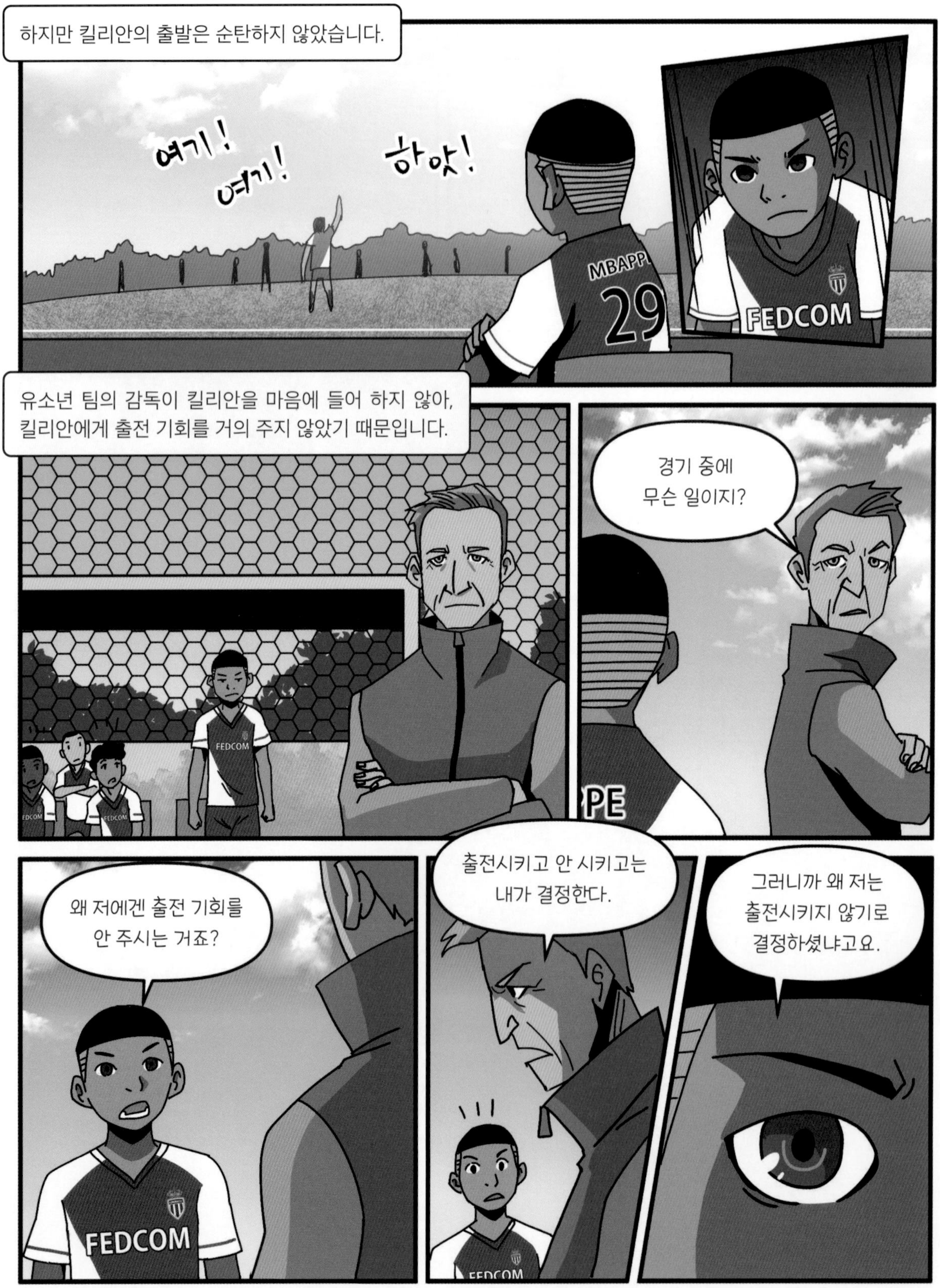

하지만 킬리안의 출발은 순탄하지 않았습니다.
여기! 여기!
하앗!
MBAPPE
29
FEDCOM
유소년 팀의 감독이 킬리안을 마음에 들어 하지 않아, 킬리안에게 출전 기회를 거의 주지 않았기 때문입니다.
경기 중에 무슨 일이지?
왜 저에겐 출전 기회를 안 주시는 거죠?
출전시키고 안 시키고는 내가 결정한다.
그러니까 왜 저는 출전시키지 않기로 결정하셨냐고요.

넌 수비를 하지 않아!
계속 공격만 하려고 하는 게
문제란 말이다!

경기에 나가지도 못하는데
제가 수비를 하지 않는다는 걸
어떻게 알아요?

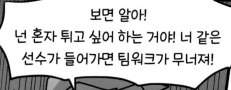

보면 알아!
넌 혼자 튀고 싶어 하는 거야! 너 같은
선수가 들어가면 팀워크가 무너져!

제가 팀워크를 깬 적이 있어요?
저한테 팀워크를 해친다고
말하는 사람은 감독님뿐이에요!

지금 경기 중인 거
안 보이니? 지금도 너는
팀워크를 깨고 있는 거야!

휙!

난 너하고 더 할 얘기가 없으니
들어가 앉아 있어!

105

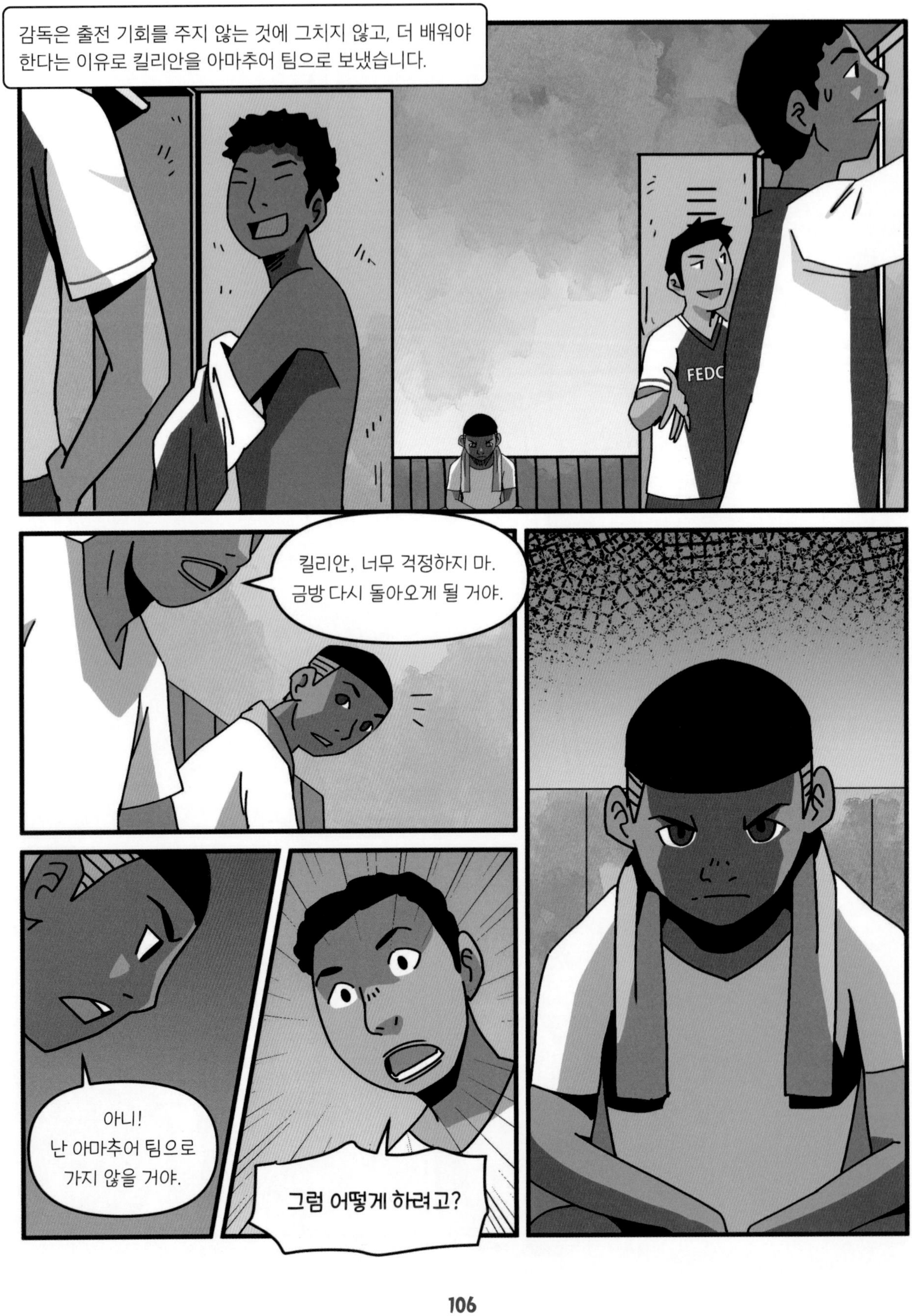
감독은 출전 기회를 주지 않는 것에 그치지 않고, 더 배워야 한다는 이유로 킬리안을 아마추어 팀으로 보냈습니다.
FEDC
킬리안, 너무 걱정하지 마. 금방 다시 돌아오게 될 거야.
아니! 난 아마추어 팀으로 가지 않을 거야.
그럼 어떻게 하려고?

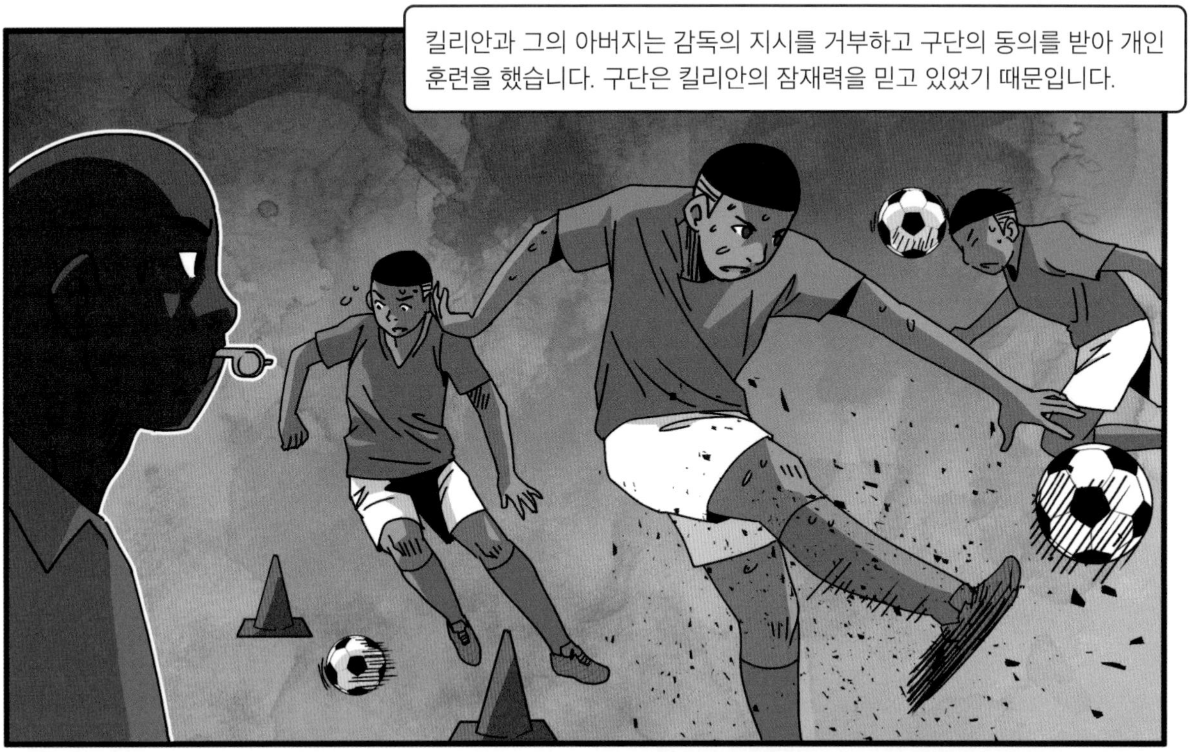
킬리안과 그의 아버지는 감독의 지시를 거부하고 구단의 동의를 받아 개인 훈련을 했습니다. 구단은 킬리안의 잠재력을 믿고 있었기 때문입니다.

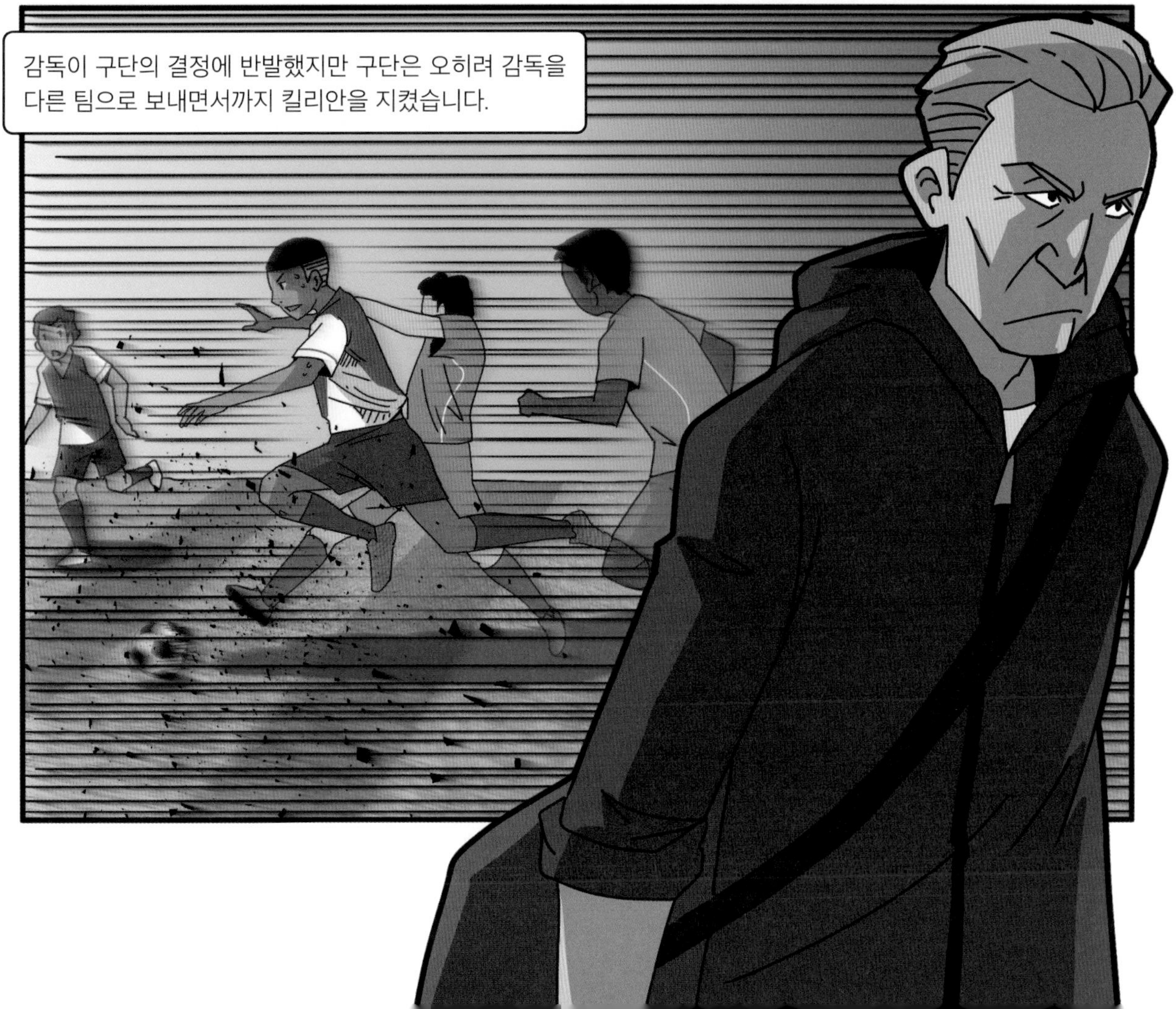
감독이 구단의 결정에 반발했지만 구단은 오히려 감독을 다른 팀으로 보내면서까지 킬리안을 지켰습니다.

통합지식 플러스④ ▼

월드컵이란?

4년에 한 번,
전 세계인이 열광하는 축구 축제가 열립니다.
세계적인 선수들이 모여 벌이는 거대한
스포츠 행사, 월드컵에 대해 알아봅시다.

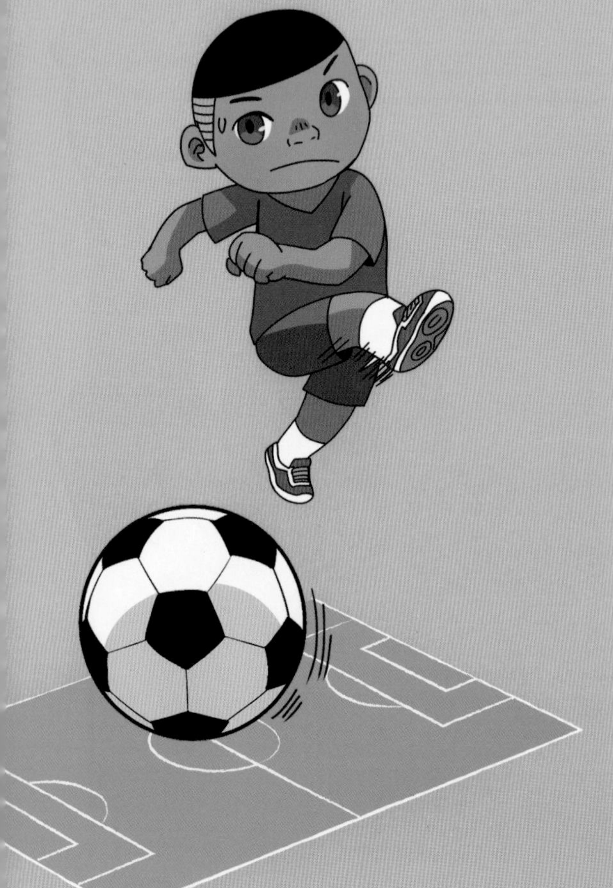

하나 월드컵의 역사

월드컵은 최고의 축구 국가대표 팀을 가리는 세계 축구 선수권 대회입니다. 주최자는 국제 축구 연맹, FIFA입니다.

FIFA는 1904년 프랑스에서 설립되었습니다. 설립 이후 FIFA는 국제적인 축구 경기를 열기 위해 꾸준히 노력했으나 제1차 세계 대전이 발발하면서 모든 노력이 물거품으로 돌아가고 말았죠.

이 위기를 딛고 일어난 사람이 바로 FIFA의 세 번째 회장, 쥘 리메입니다. 당시 가장 권위 있는 축구 대회는 올림픽이었습니다. 리메는 올림픽을 대체할 새로운 축구 경기를 만들고 싶어 했어요. 그는 월드컵이라는 세계 축구 대회를 만들었고, 1930년 우루과이에서 첫 번째 월드컵이 열렸습니다. 당시 13개국만이 참가했던 월드컵은 이후 그 규모와 위상이 높아져, 전 세계인이 사랑하는 축제가 되었습니다.

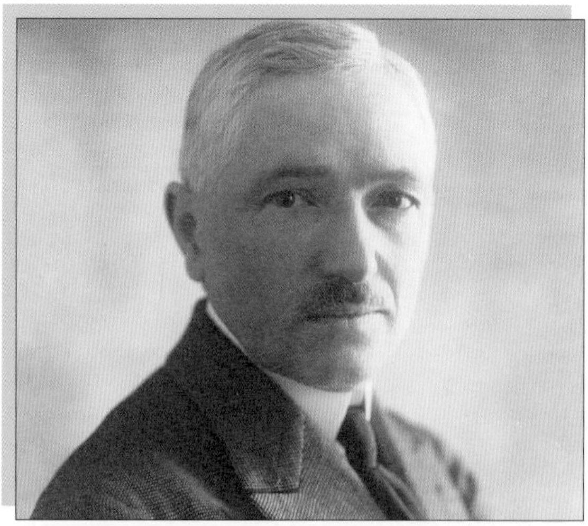

월드컵을 창시한 쥘 리메

월드컵은 리그전과 토너먼트 방식을 섞어서 진행합니다. 리그전은 각 팀이 다른 팀과 한 번 이상 겨루어 가장 좋은 성적을 거둔 팀을 뽑는 방식입니다. 대륙별 리그전으로 본선에 진출할 팀이 가려지면, 본선에서 조별 리그전을 또 한 번 치릅니다. 그 후로는 토너먼트 방식을 사용합니다. 경기에서 이긴 팀끼리 계속해서 겨루어 마지막에 승리한 팀이 우승을 거두는 방식입니다.
2002년 한국은 일본과 공동으로 월드컵을 개최했습니다. 이 대회에서 한국이 아시아 최초로 4강 진출에 성공하면서 온 국민이 열광하기도 했지요.

둘 월드컵의 다양한 기록

다양한 나라의 수많은 선수가 참가하는 대회인 만큼, 월드컵에는 흥미로운 기록들이 많습니다. 어떤 것들이 있는지 살펴볼까요?
월드컵 최다 우승국은 브라질입니다. 무려 다섯 번이나 우승을 거머쥐었습니다. 그런데 브라질에 대한 또 하나 재미있는 사실이 있습니다. 1930년에서 2022년 월드컵까지 한 번도 빠지지 않고 월드컵 본선에 진출한 팀이라는 사실인데요. 이 정도면 개근상을 받아도 되겠죠?
지금까지 골을 가장 많이 넣은 선수는 독일의 미로슬라프 클로제 선수입니다. 총 16골을 넣었습니다. 호나우두와 음바페는 토너먼트 경기에서만 8골씩을 넣으며 토너먼트 최다 득점 선수로 기록되었습니다. 음바페는 2018년과 2022년 월드컵 결승전에서 각각 1골과 3골을 넣어 월드컵 역사상 결승전 최다 득점을 이뤄 내기도 했습니다.
17살의 어린 나이에 월드컵에서 골을 넣은 선수도 있습니다. 월드컵 최연소 득점을 기록한 이 선수는 브라질의 축구 황제, 펠레입니다. 펠레는 1958년,

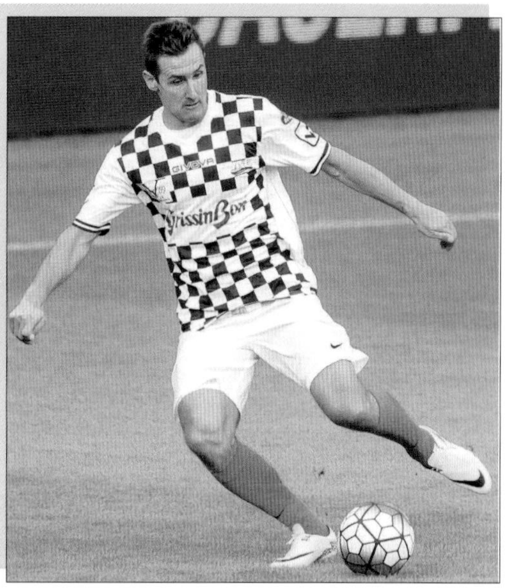
월드컵 역대 최다 득점자 미로슬라프 클로제 © Sven Mandel

1962년, 1970년 총 3회의 월드컵 우승 기록을 가진 전설적인 선수입니다. 펠레의 능력이 얼마나 뛰어났는지, 브라질에서는 펠레를 국보로 지정해서 유럽 구단이 펠레를 영입하지 못하게 막았을 정도였다고 해요.
한 경기에서 가장 많은 옐로카드를 받은 경기는 언제일까요? 마테우 라오스 심판은 2022년 카타르

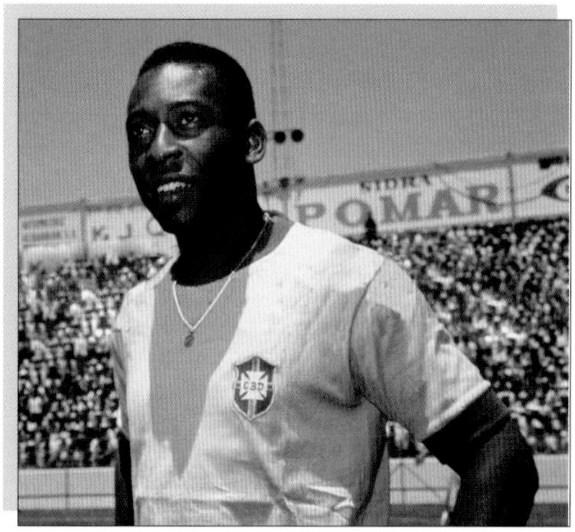
브라질의 축구 황제 펠레

월드컵 8강 네덜란드와 아르헨티나의 경기에서 무려 18개의 옐로카드를 꺼내 들었습니다.

이해할 수 없는 판정에 선수들은 물론 중계진과 관객들도 화를 냈고, 결국 라오스 주심은 이 대회를 끝으로 월드컵에서 퇴장하게 되었습니다.

셋 월드컵과 관련된 사건 사고

세계 최강의 팀을 가리는 큰 경기인 월드컵에서 선수들은 심리적 압박감과 감정의 동요를 겪기도 합니다. 이로 인해 생긴 사건 사고를 살펴봅시다.

브라질과 독일은 각각 5회와 4회의 우승 기록을 가지고 있는 축구 강팀입니다. 놀랍게도 이 두 팀은 월드컵 역사상 단 두 번밖에 마주치지 않았는데요. 첫 번째는 2002년 월드컵 결승으로 호나우두가 2골을 기록하며 브라질이 우승컵을 가져갔습니다. 두 번째는 2014년 '미네이랑의 비극'을 탄생시킨 유명한 경기입니다.

미네이랑의 비극은 2014년 브라질 월드컵 당시 미

프랑스의 전설적인 선수 지네딘 지단 © Raphaël Labbé

네이랑 경기장에서 열린 4강전에서 브라질이 독일에 1:7이라는 충격적인 점수로 패배한 사건입니다. 이 경기는 브라질 축구 역사상 최악의 경기로 남게 되었습니다.

때로는 선수들이 끓어오르는 감정을 억누르지 못하고 몸싸움을 벌이는 불미스러운 일이 벌어지기도 합니다.

2006년 독일 월드컵에서 지네딘 지단 선수는 월드컵 내내 맹활약하며 프랑스를 결승까지 끌어올렸습니다. 그리고 결승전에서 지단은 이탈리아의 수비수 마르코 마테라치를 만났습니다. 마테라치는 경기 중 도발과 위험한 태클을 일삼는 선수로 유명했는데요. 연장전에서 결국 사건이 터지고 말았죠. 마테라치가 지단의 가족을 두고 모욕적인 말을 하자, 참지 못한 지단이 마테라치의 가슴팍에 박치기를 한 것입니다. 지단은 곧바로 퇴장당했고, 프랑스는 승부차기 끝에 우승을 놓치게 됩니다.

1962년 칠레 월드컵에서는 경기 도중에도, 경기가 끝나고 나서도 선수들이 주먹질과 발길질을 거듭한 믿지 못할 난투극이 벌어졌습니다. '산티아고의 전투'라고 불리는 사건입니다.

전반전 5분부터 다투기 시작한 선수들이 경기 내내 싸움을 벌여 퇴장을 당하고, 심지어는 싸움을 말리기 위해 경찰이 출동해야 했습니다. 당시 주심이었던 케네스 아스톤 주심은 "축구 경기 진행이 아니라 군사 재판을 하러 나온 느낌이었다."라고 말했을 정도죠.

이후 케네스 아스톤 주심은 FIFA 심판 위원회에 들어가 어떻게 경기를 원활히 진행할 수 있을지 고민했습니다. 그 결과로 만들어진 것이 옐로카드와 레드카드 제도입니다.

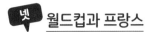

넷 월드컵과 프랑스

2018년 월드컵에서 우승하고 기뻐하는 프랑스 선수단
© Russian Presidential Press and Information Office

프랑스는 1938년에 처음으로 월드컵을 개최하였습니다. 그로부터 60년이 지난 1998년, 두 번째 월드컵을 개최하였죠.

1998년 월드컵은 프랑스인들에게 잊지 못할 월드컵입니다. 성공적으로 월드컵을 개최했을 뿐만 아니라 우승컵까지 차지했기 때문입니다. 대회 초반부터 프랑스는 압도적인 공격력을 보이면서 남아프리카 공화국과 사우디아라비아를 꺾고 16강 진출을 확정했습니다. 우루과이와 이탈리아, 크로아티아까지 여러 고비를 뚫고 결승전에 올라온 프랑스를 기다리는 상대는 브라질이었죠.

대망의 결승전에서, 프랑스의 지네딘 지단과 에마뉘엘 프티 선수의 공이 골망을 힘차게 흔들었습니다. 이날 프랑스는 축구 강국 브라질을 상대로 3:0 승리를 거두며 우승을 차지하였습니다.

자신이 뛰고 있던 유벤투스 FC의 리그 우승과 프랑스 국가대표 팀의 월드컵 우승을 이끈 지단은 FIFA 올해의 선수상을 받았습니다. 더불어 최고의 축구 선수에게 수여하는 상인 발롱도르의 주인공이 되기도 했습니다.

2018년 러시아에서 열린 월드컵에서 프랑스는 크로아티아를 상대로 4:2의 승리를 거두며 또 한 번 우승의 기쁨을 맛보게 됩니다.

경기 직후, 하늘에서는 약속이라도 한 듯 장대비가 쏟아져 내렸습니다. 프랑스 선수들이 비를 맞으며 어린아이처럼 기뻐하는 모습은 역사에 남을 명장면이 되었죠.

당시 19세였던 킬리안 음바페는 이 경기에서 골을 넣어 펠레 이후 월드컵 결승전에서 득점한 두 번째 10대 선수로 기록되었으며 월드컵 신인상을 받기도 했습니다.

당시 프랑스 대표 팀 감독이었던 디디에 데샹은 1998년, 2018년 각각 선수와 감독으로서 월드컵 우승을 거머쥐는 영예를 안았습니다.

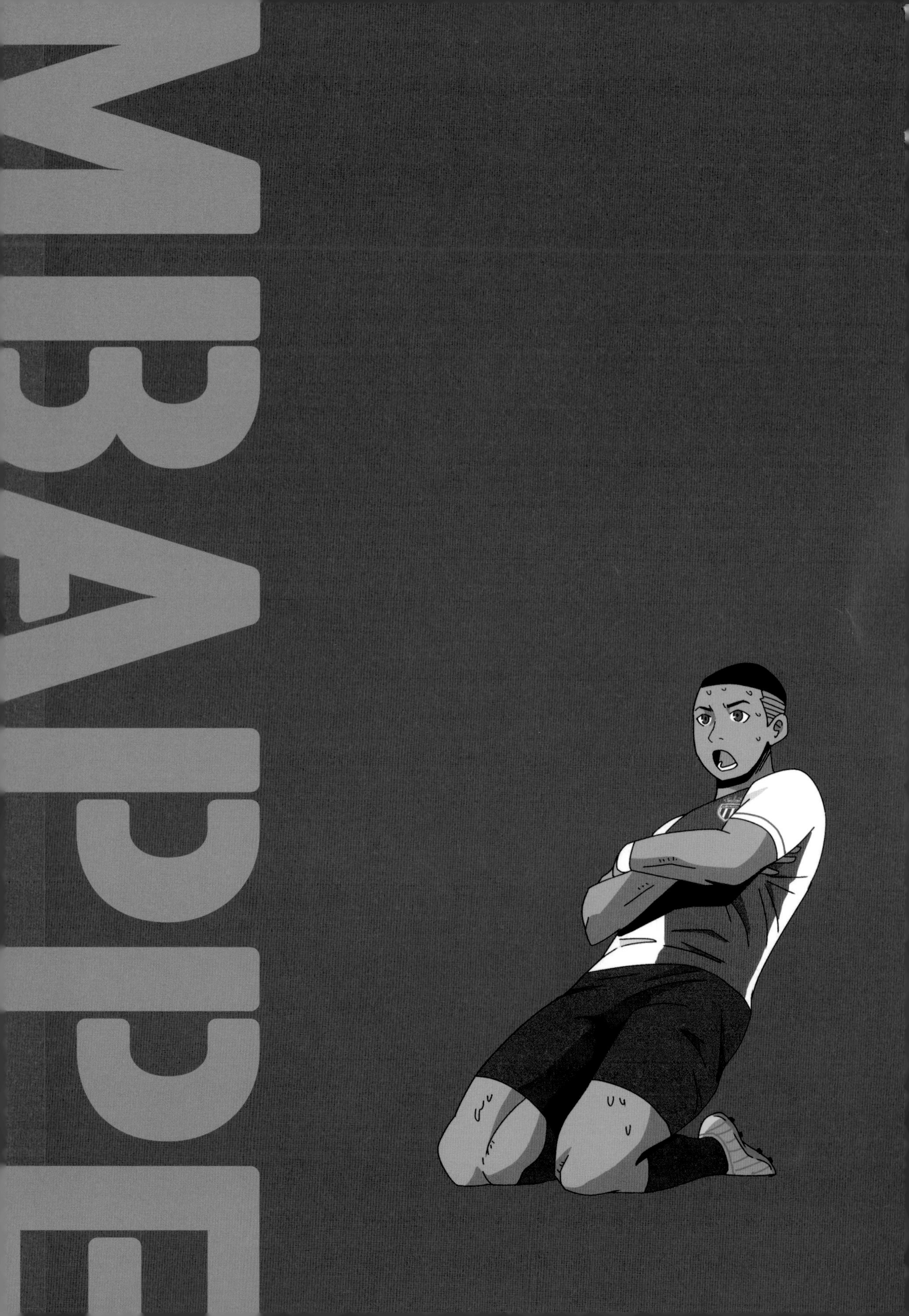
MBAPPE

5장

역경을 딛고 세계 무대에서 인정받다

> 이게 끝이 아니야!
> 첫 번째 꿈을 이루었으니,
> 다음은 월드컵 우승이야!

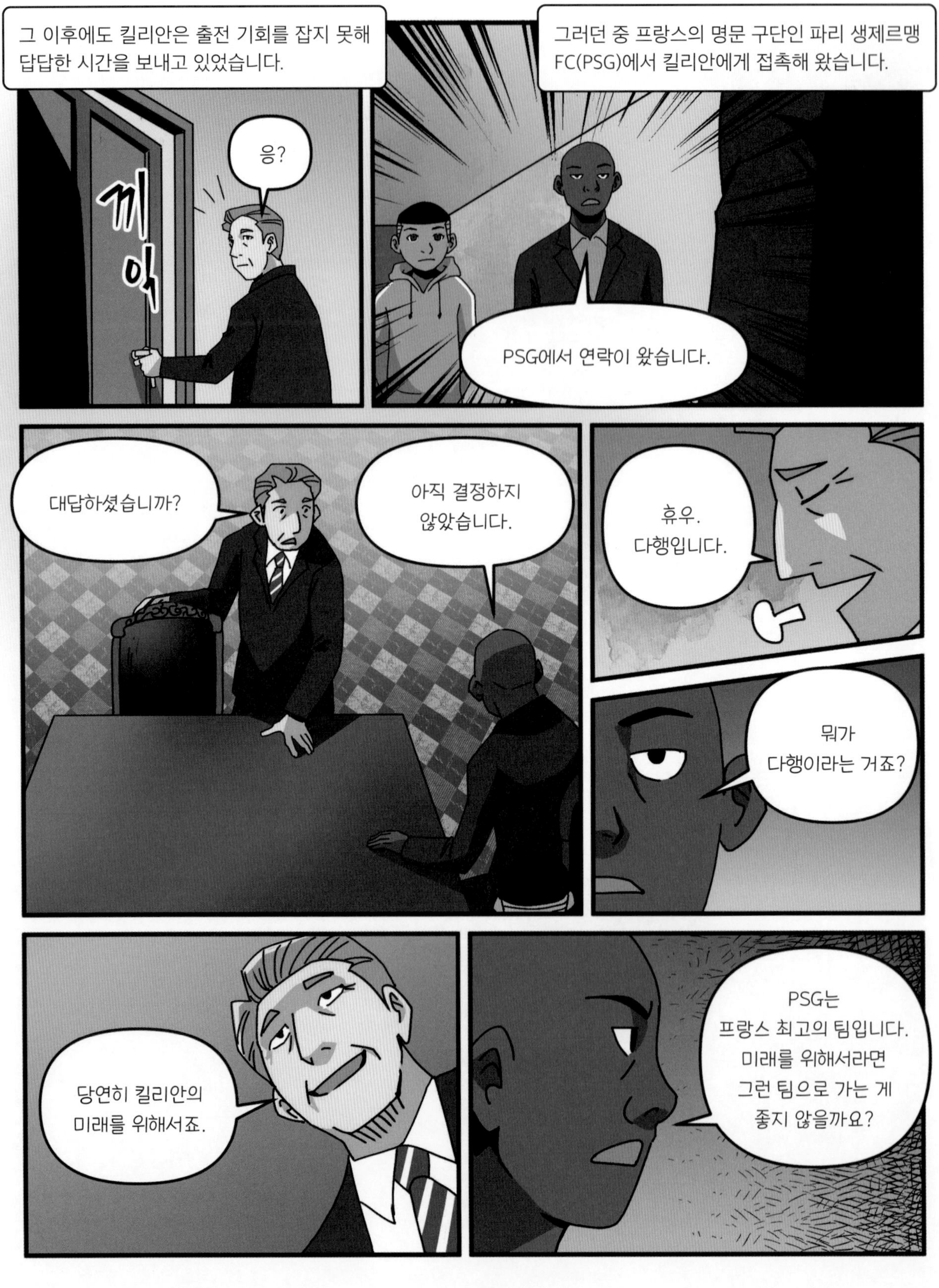
그 이후에도 킬리안은 출전 기회를 잡지 못해 답답한 시간을 보내고 있었습니다.
끼익
응?
그러던 중 프랑스의 명문 구단인 파리 생제르맹 FC(PSG)에서 킬리안에게 접촉해 왔습니다.
PSG에서 연락이 왔습니다.
대답하셨습니까?
아직 결정하지 않았습니다.
휴우. 다행입니다.
뭐가 다행이라는 거죠?
당연히 킬리안의 미래를 위해서죠.
PSG는 프랑스 최고의 팀입니다. 미래를 위해서라면 그런 팀으로 가는 게 좋지 않을까요?

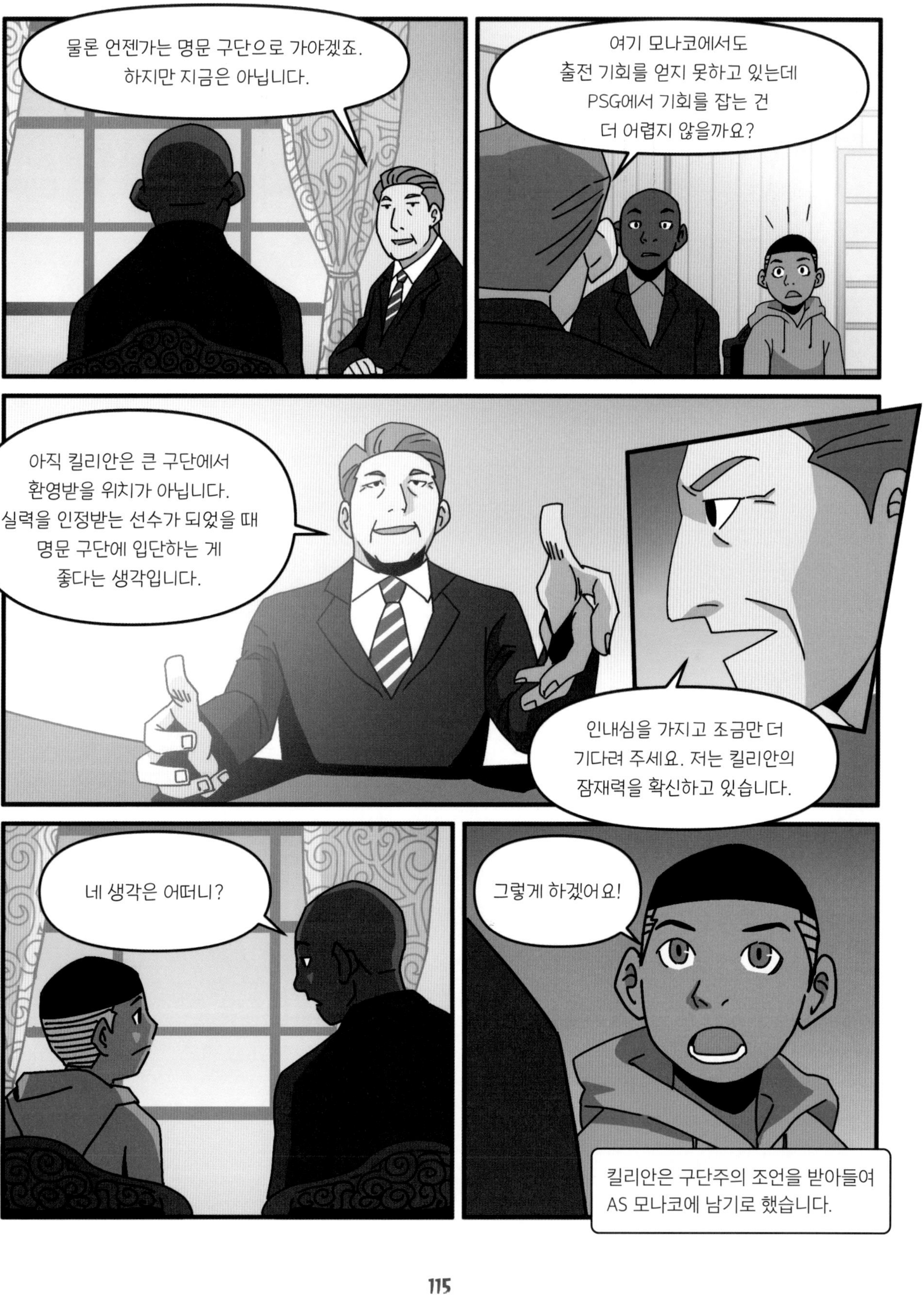
물론 언젠가는 명문 구단으로 가야겠죠. 하지만 지금은 아닙니다.
여기 모나코에서도 출전 기회를 얻지 못하고 있는데 PSG에서 기회를 잡는 건 더 어렵지 않을까요?
아직 킬리안은 큰 구단에서 환영받을 위치가 아닙니다. 실력을 인정받는 선수가 되었을 때 명문 구단에 입단하는 게 좋다는 생각입니다.
인내심을 가지고 조금만 더 기다려 주세요. 저는 킬리안의 잠재력을 확신하고 있습니다.
네 생각은 어떠니?
그렇게 하겠어요!
킬리안은 구단주의 조언을 받아들여 AS 모나코에 남기로 했습니다.

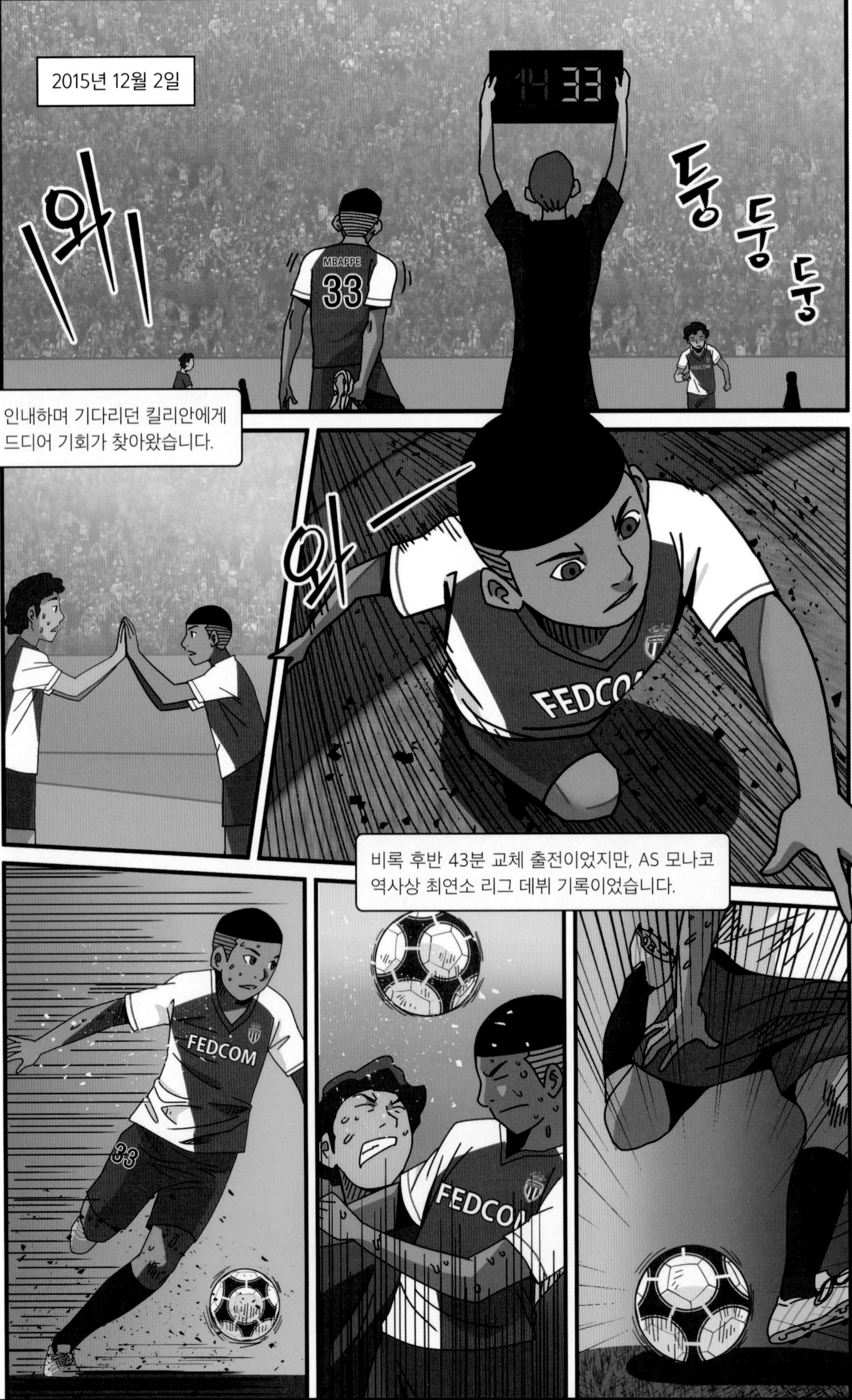
2015년 12월 2일
14 33
와
MBAPPE
33
둥둥둥둥
FEDCOM
인내하며 기다리던 킬리안에게
드디어 기회가 찾아왔습니다.
와
FEDCOM
비록 후반 43분 교체 출전이었지만, AS 모나코
역사상 최연소 리그 데뷔 기록이었습니다.
FEDCOM
33
FEDCOM

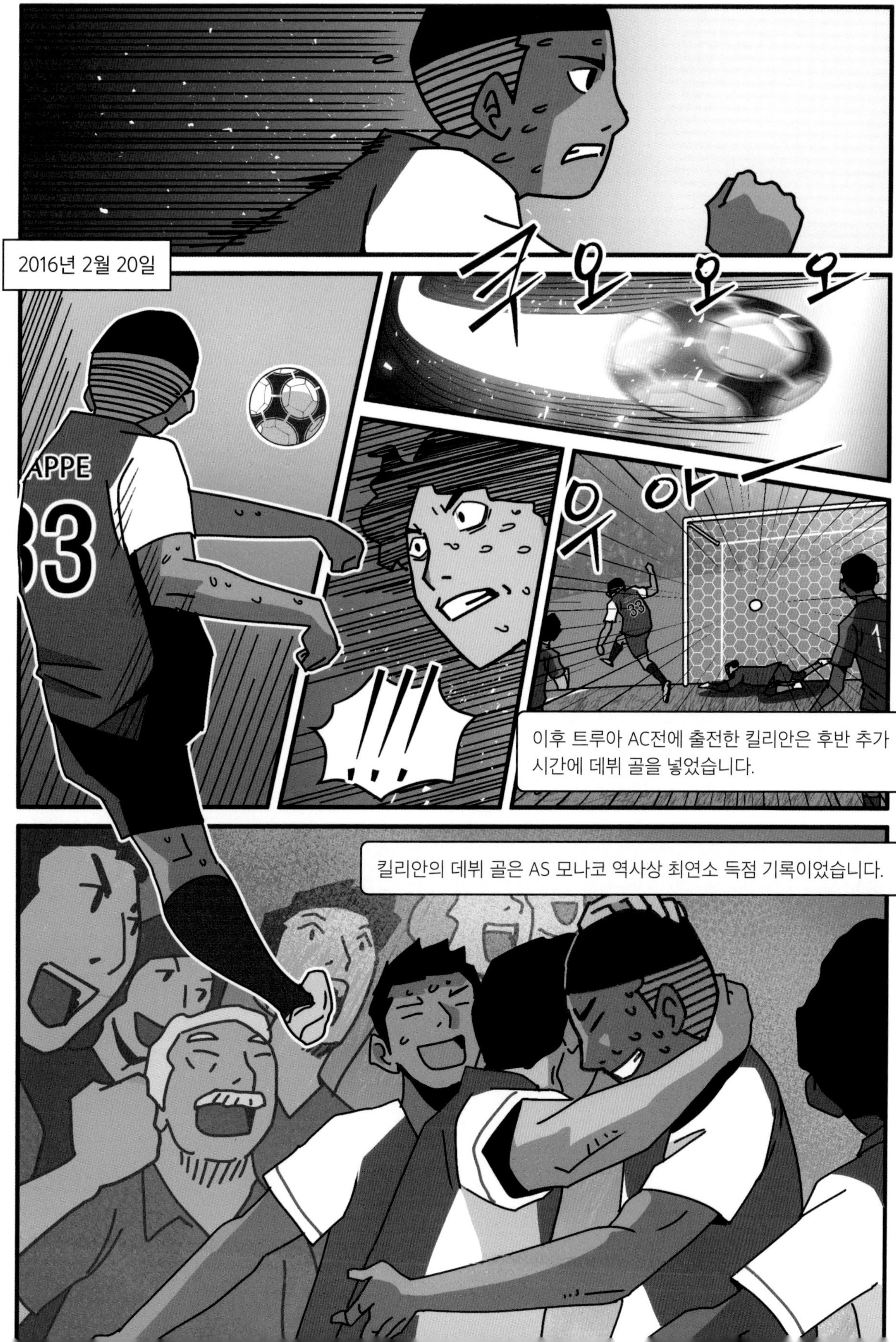
2016년 2월 20일
APPE
33
후오오오
우아ㅡ
33
이후 트루아 AC전에 출전한 킬리안은 후반 추가 시간에 데뷔 골을 넣었습니다.
킬리안의 데뷔 골은 AS 모나코 역사상 최연소 득점 기록이었습니다.

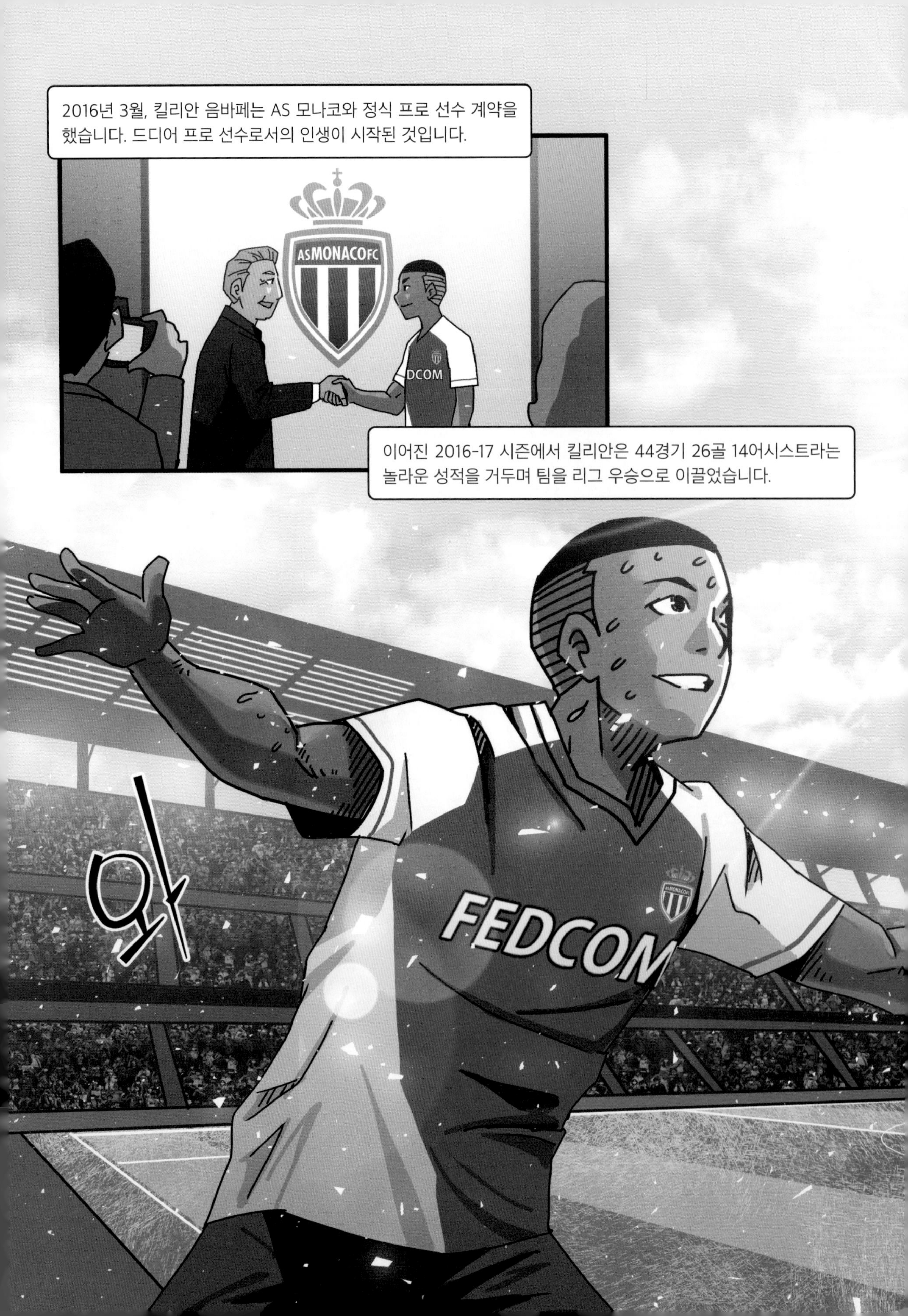
2016년 3월, 킬리안 음바페는 AS 모나코와 정식 프로 선수 계약을 했습니다. 드디어 프로 선수로서의 인생이 시작된 것입니다.
ASMONACOFC
DCOM
이어진 2016-17 시즌에서 킬리안은 44경기 26골 14어시스트라는 놀라운 성적을 거두며 팀을 리그 우승으로 이끌었습니다.
와
FEDCOM

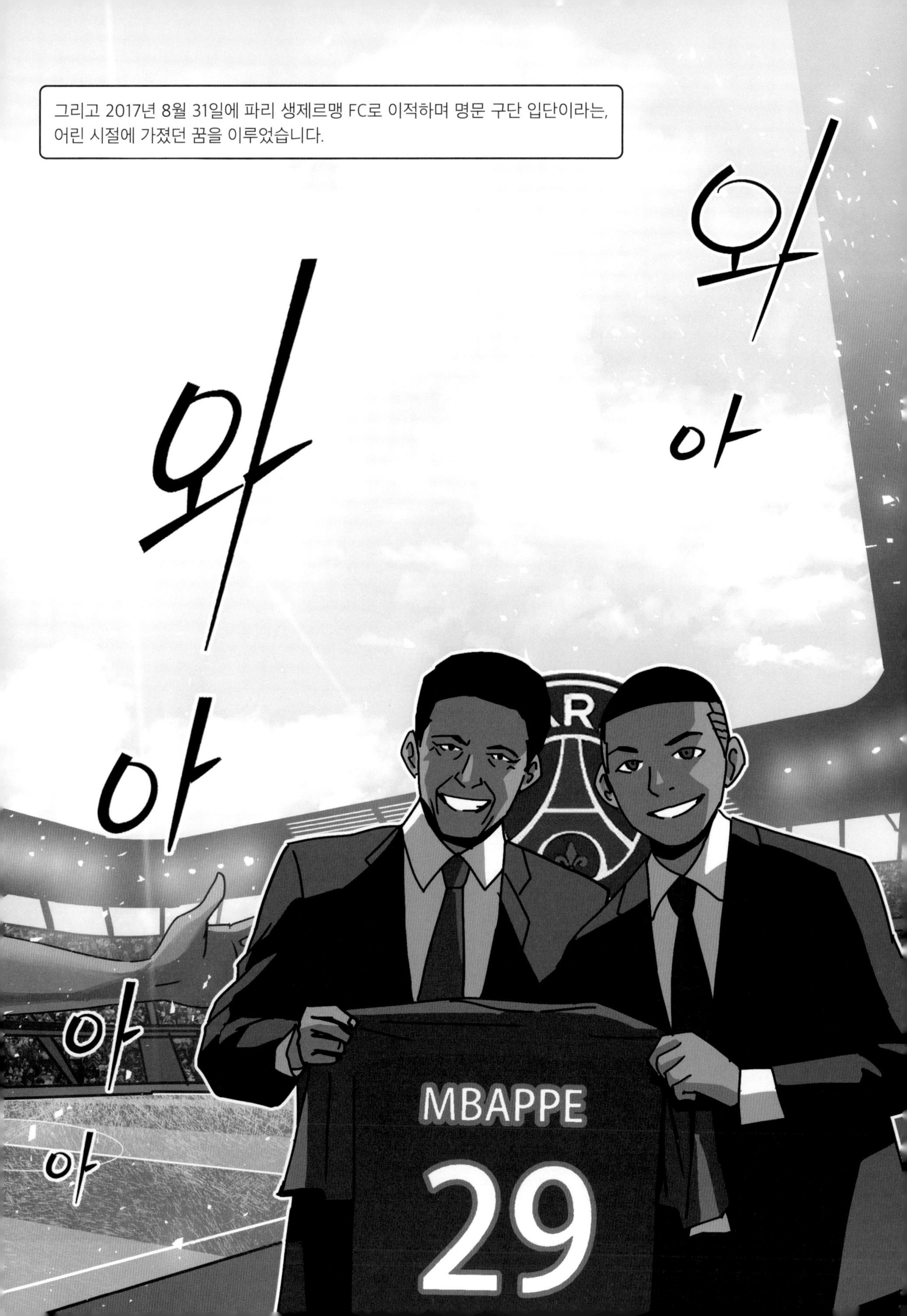
그리고 2017년 8월 31일에 파리 생제르맹 FC로 이적하며 명문 구단 입단이라는, 어린 시절에 가졌던 꿈을 이루었습니다.
와아
와아
아아
MBAPPE
29

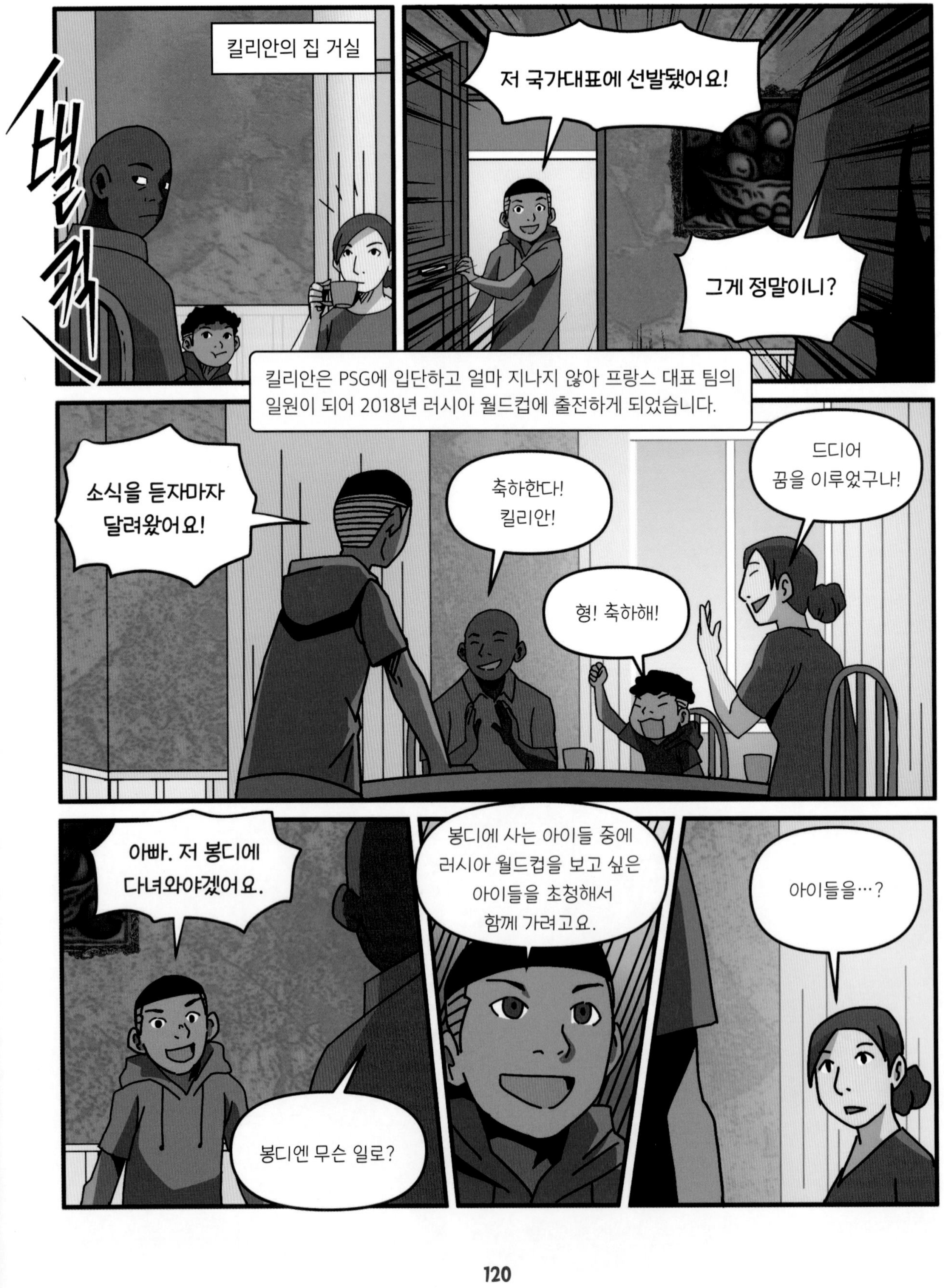
킬리안의 집 거실
벌컥
저 국가대표에 선발됐어요!
그게 정말이니?
킬리안은 PSG에 입단하고 얼마 지나지 않아 프랑스 대표 팀의 일원이 되어 2018년 러시아 월드컵에 출전하게 되었습니다.
소식을 듣자마자 달려왔어요!
축하한다! 킬리안!
드디어 꿈을 이루었구나!
형! 축하해!
아빠. 저 봉디에 다녀와야겠어요.
봉디엔 무슨 일로?
봉디에 사는 아이들 중에 러시아 월드컵을 보고 싶은 아이들을 초청해서 함께 가려고요.
아이들을…?

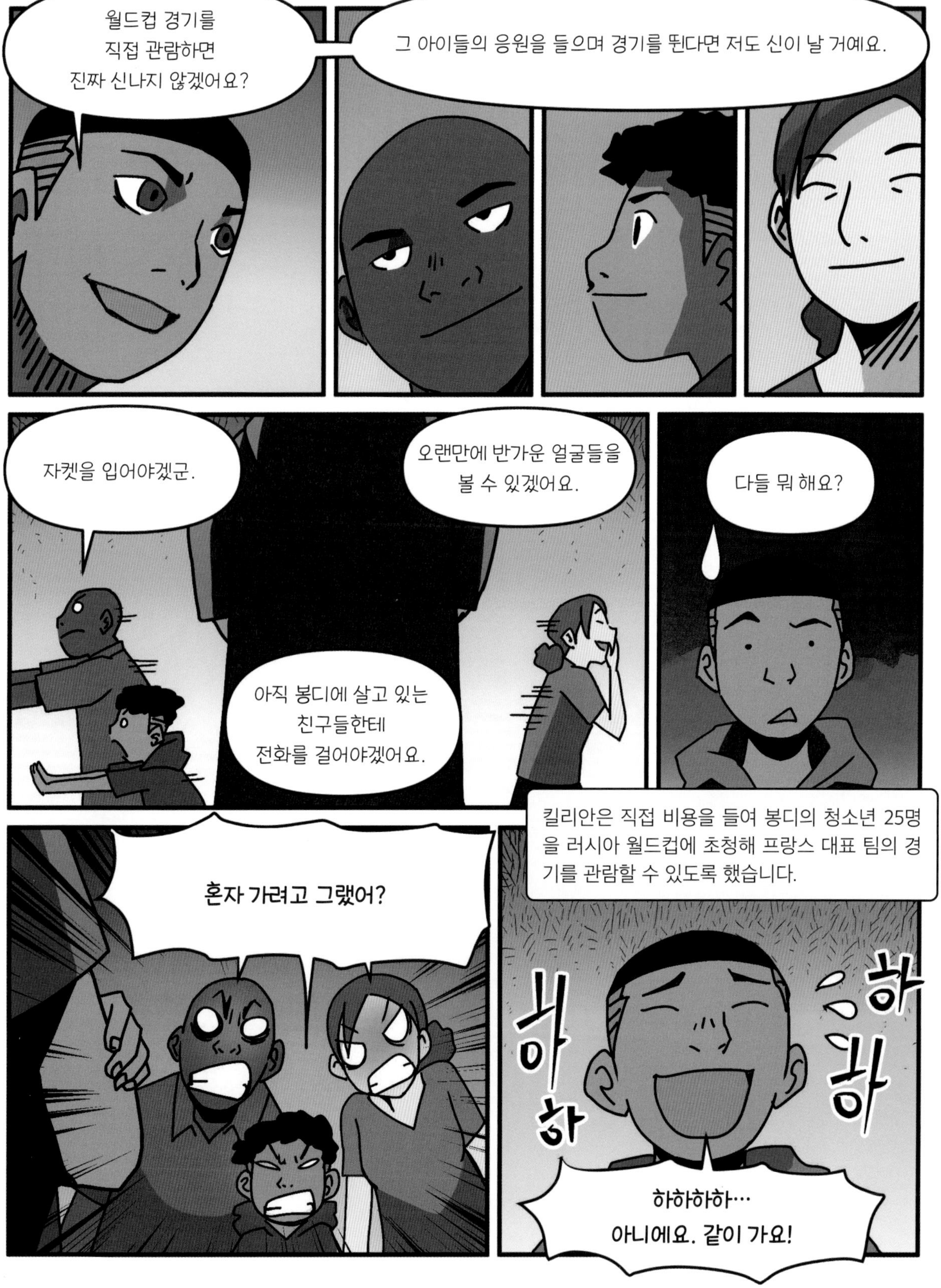
월드컵 경기를
직접 관람하면
진짜 신나지 않겠어요?
그 아이들의 응원을 들으며 경기를 뛴다면 저도 신이 날 거예요.
자켓을 입어야겠군.
오랜만에 반가운 얼굴들을
볼 수 있겠어요.
아직 봉디에 살고 있는
친구들한테
전화를 걸어야겠어요.
다들 뭐 해요?
킬리안은 직접 비용을 들여 봉디의 청소년 25명을 러시아 월드컵에 초청해 프랑스 대표 팀의 경기를 관람할 수 있도록 했습니다.
혼자 가려고 그랬어?
하하
하하
하하하하…
아니에요. 같이 가요!

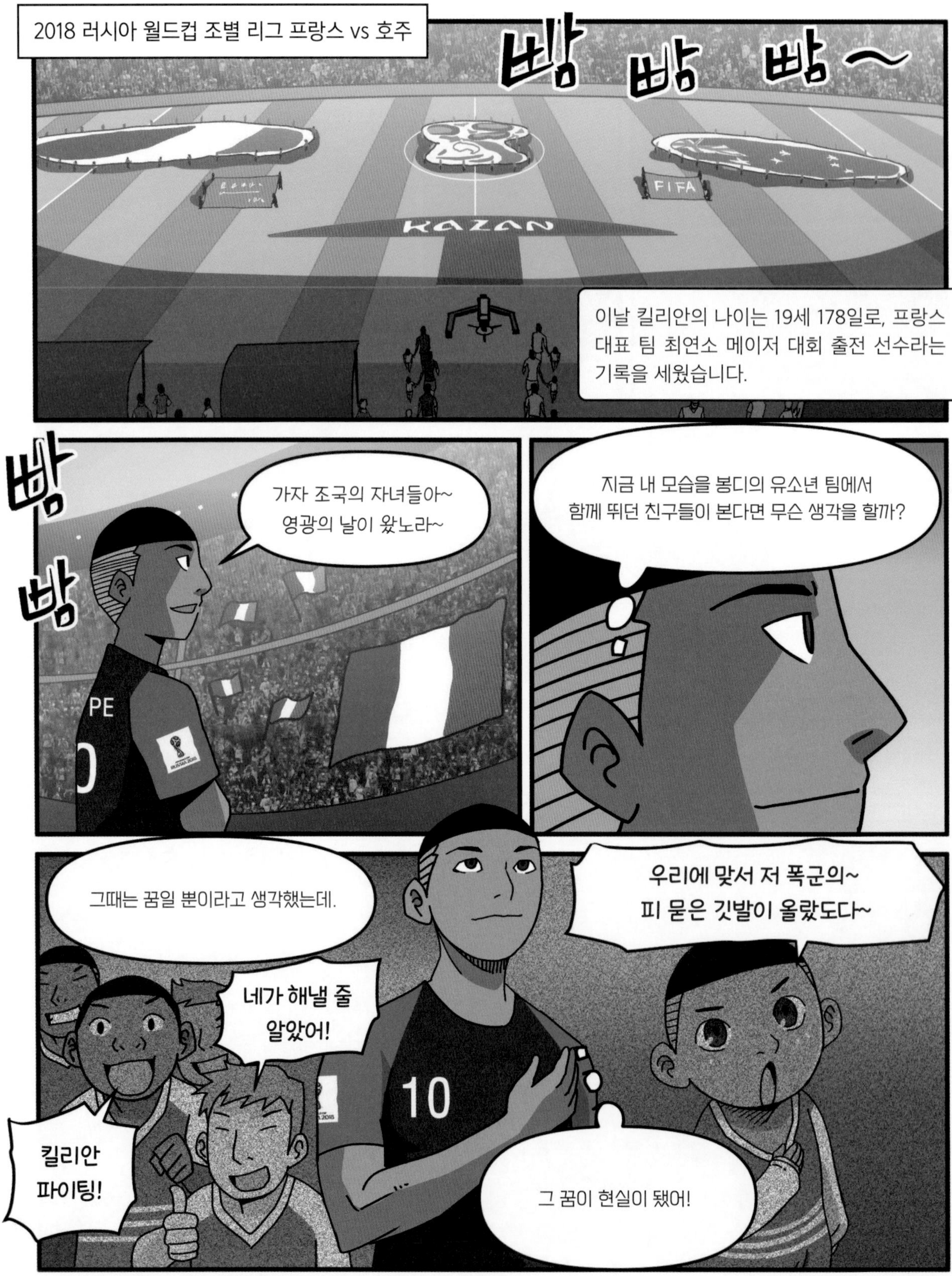
2018 러시아 월드컵 조별 리그 프랑스 vs 호주
빰 빠 빠~
KAZAN
FIFA
이날 킬리안의 나이는 19세 178일로, 프랑스 대표 팀 최연소 메이저 대회 출전 선수라는 기록을 세웠습니다.
빰 빰
가자 조국의 자녀들아~ 영광의 날이 왔노라~
지금 내 모습을 봉디의 유소년 팀에서 함께 뛰던 친구들이 본다면 무슨 생각을 할까?
그때는 꿈일 뿐이라고 생각했는데.
우리에 맞서 저 폭군의~ 피 묻은 깃발이 올랐도다~
네가 해낼 줄 알았어!
킬리안 파이팅!
그 꿈이 현실이 됐어!

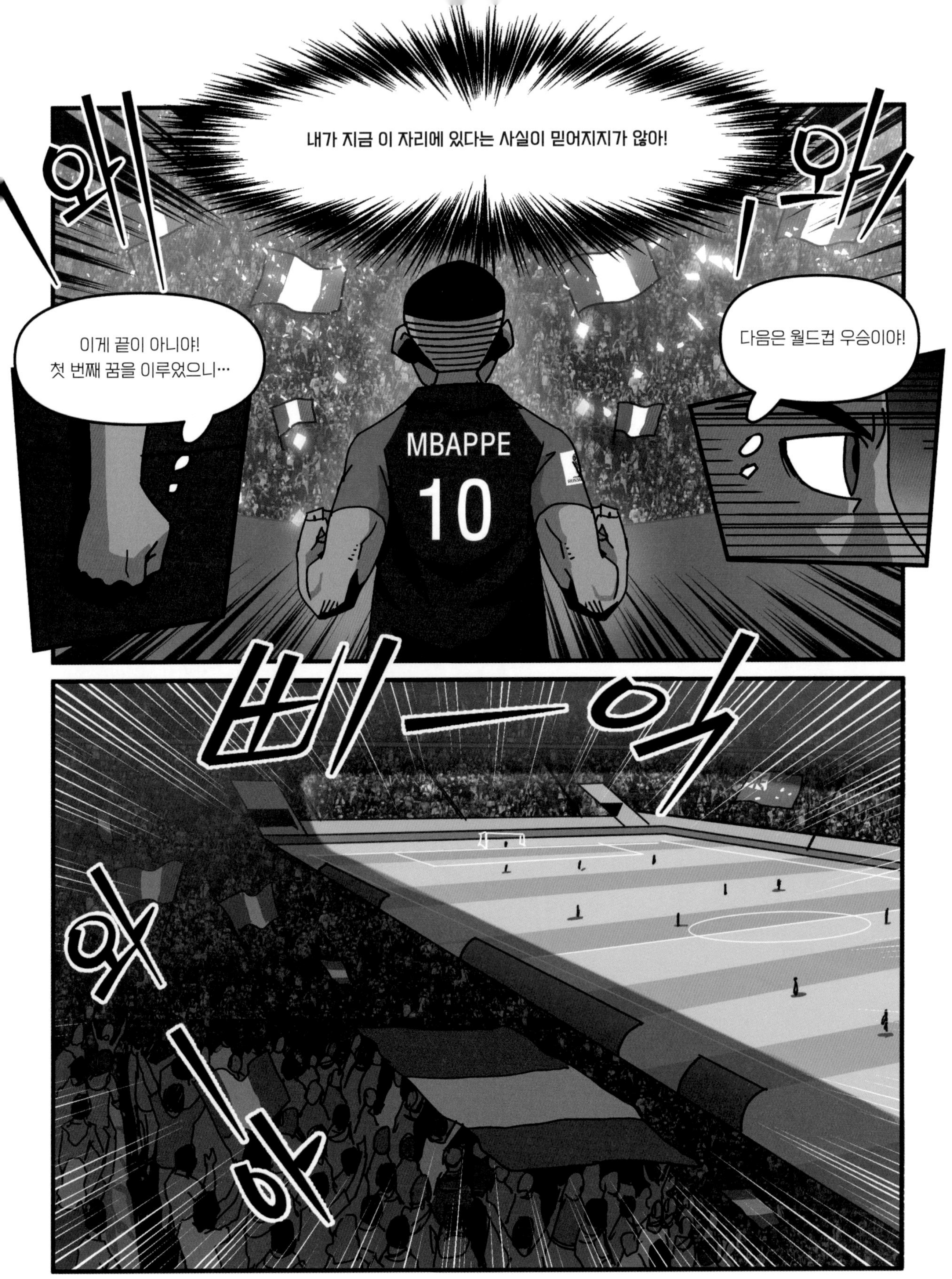
내가 지금 이 자리에 있다는 사실이 믿어지지가 않아!
와!
와!
이게 끝이 아니야!
첫 번째 꿈을 이루었으니…
다음은 월드컵 우승이야!
MBAPPE
10
삐-익
와-아

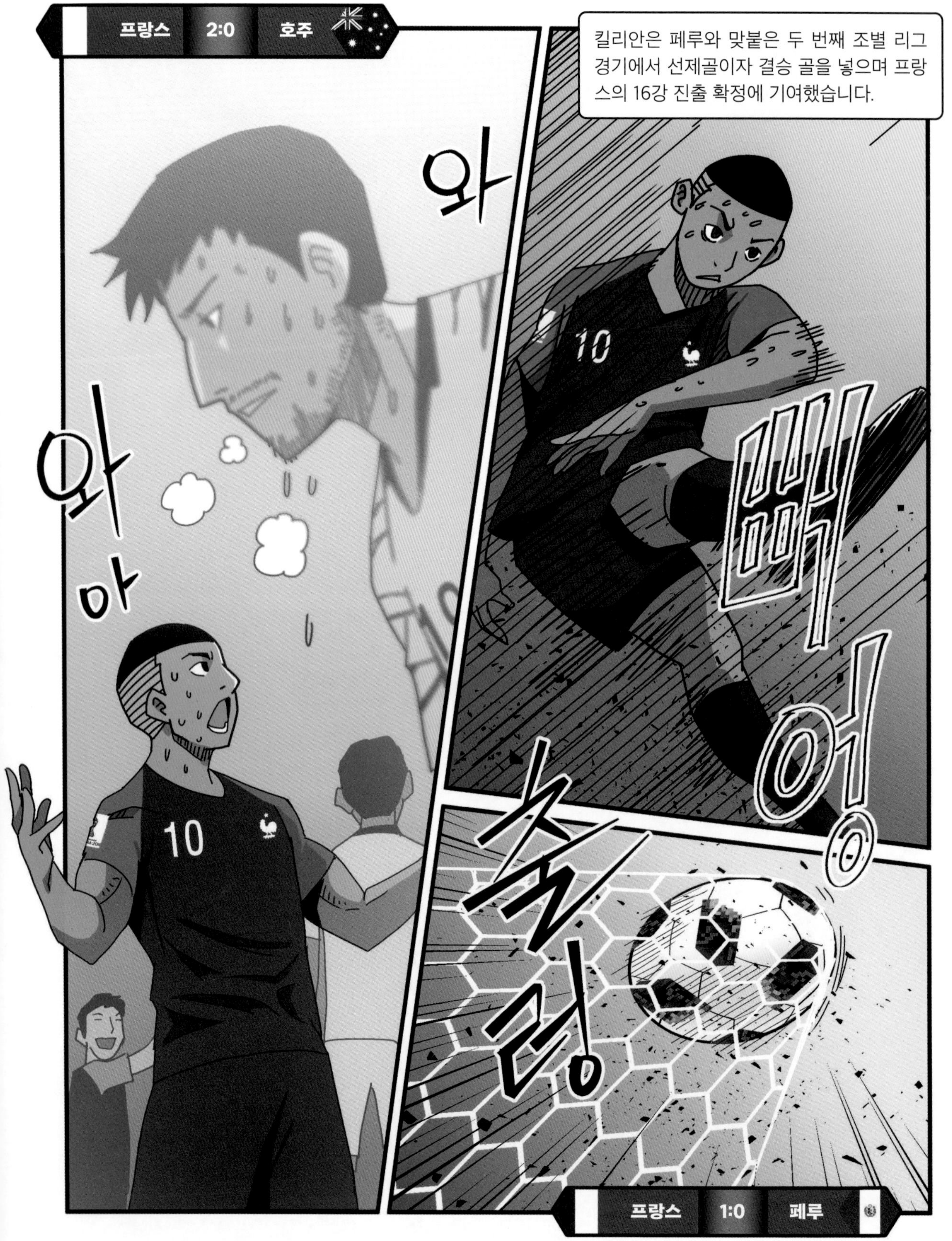
프랑스 2:0 호주
와
와아
킬리안은 페루와 맞붙은 두 번째 조별 리그 경기에서 선제골이자 결승 골을 넣으며 프랑스의 16강 진출 확정에 기여했습니다.
뻐엉
프랑스 1:0 페루

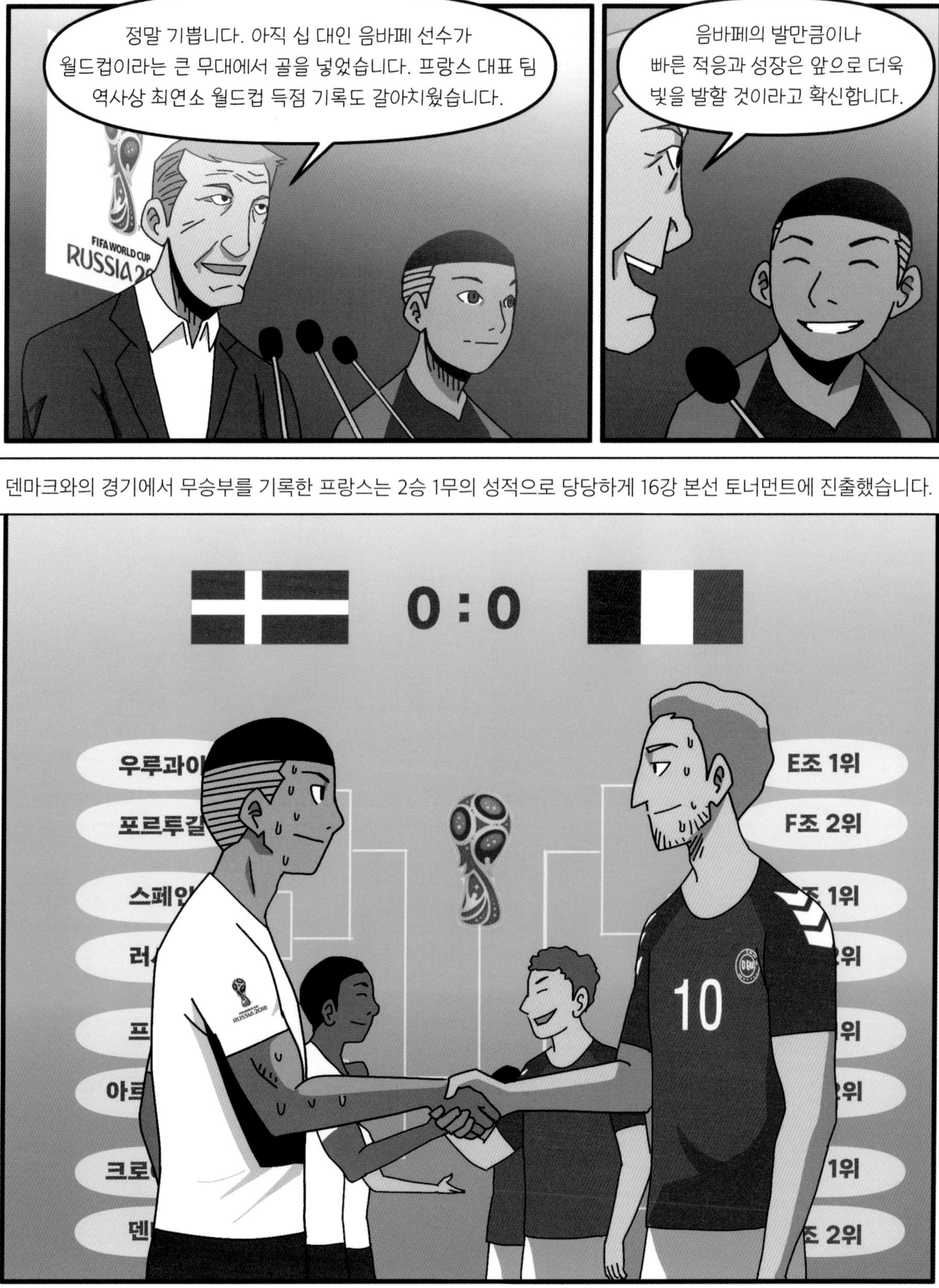
정말 기쁩니다. 아직 십 대인 음바페 선수가 월드컵이라는 큰 무대에서 골을 넣었습니다. 프랑스 대표 팀 역사상 최연소 월드컵 득점 기록도 갈아치웠습니다.
FIFA WORLD CUP RUSSIA
음바페의 발만큼이나 빠른 적응과 성장은 앞으로 더욱 빛을 발할 것이라고 확신합니다.
덴마크와의 경기에서 무승부를 기록한 프랑스는 2승 1무의 성적으로 당당하게 16강 본선 토너먼트에 진출했습니다.
0 : 0
E조 1위
F조 2위
10

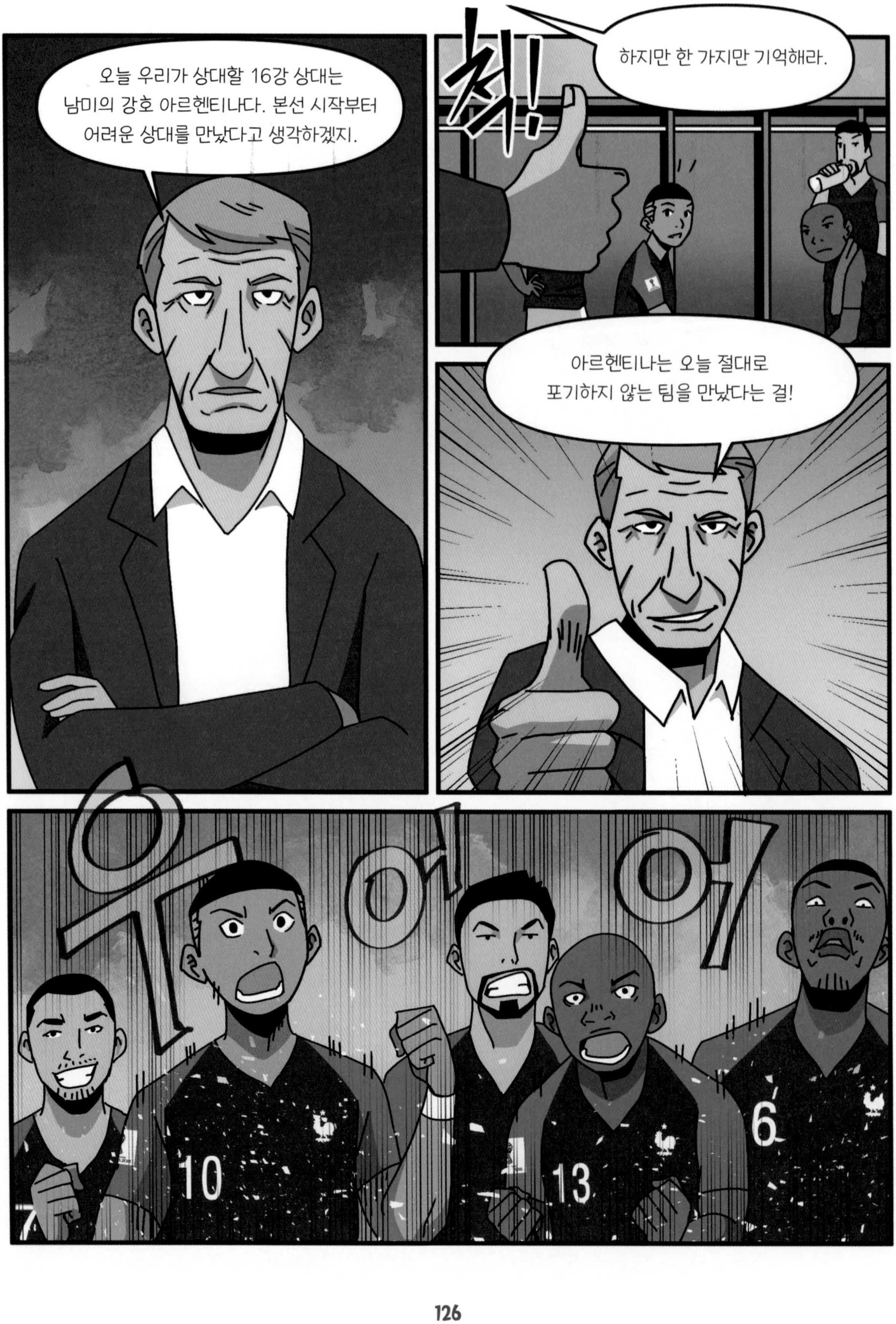
오늘 우리가 상대할 16강 상대는 남미의 강호 아르헨티나다. 본선 시작부터 어려운 상대를 만났다고 생각하겠지.
척!
하지만 한 가지만 기억해라.
아르헨티나는 오늘 절대로 포기하지 않는 팀을 만났다는 걸!
우어어
10
13
6

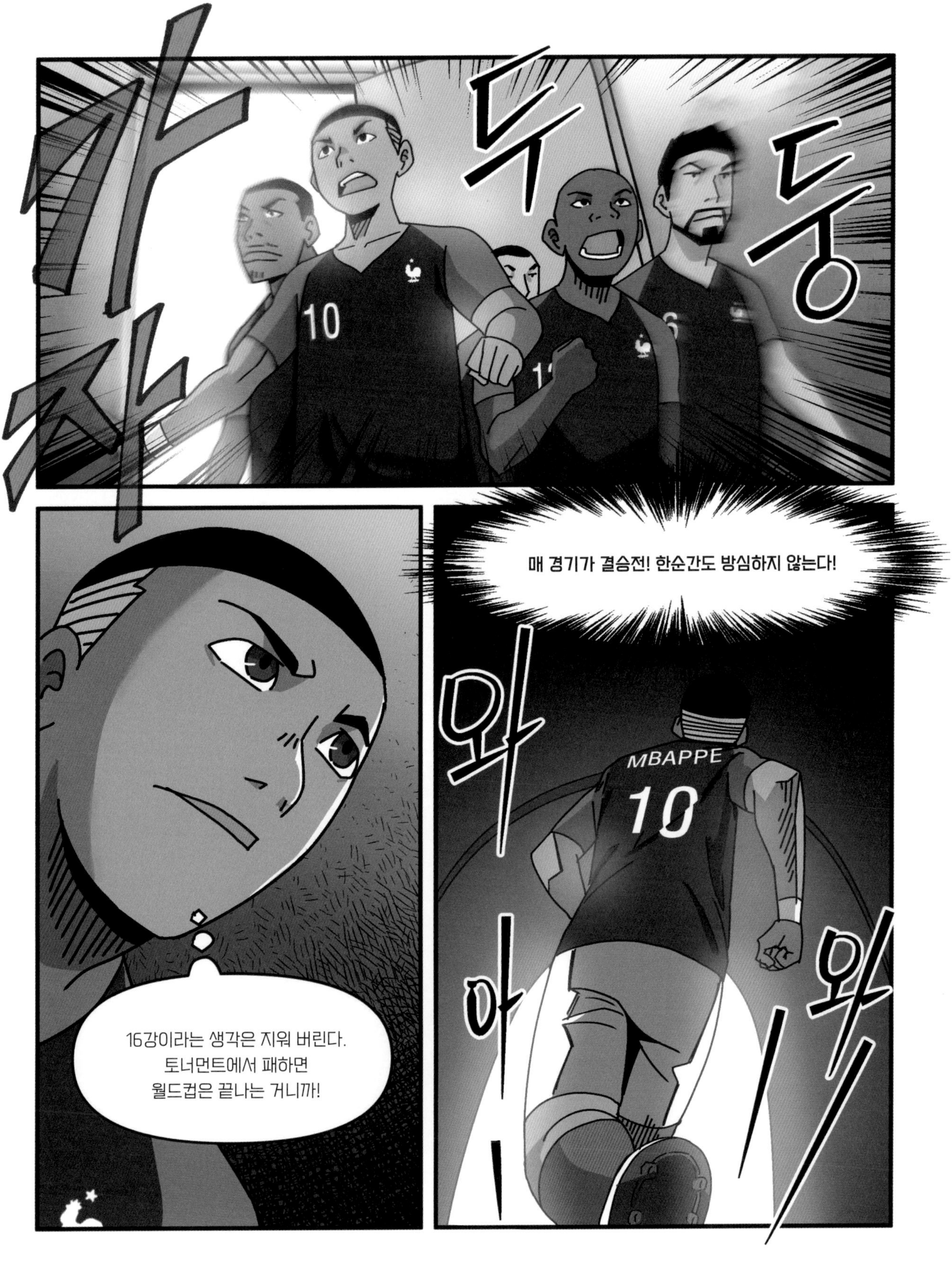
가자
두둥
16강이라는 생각은 지워 버린다.
토너먼트에서 패하면
월드컵은 끝나는 거니까!
매 경기가 결승전! 한순간도 방심하지 않는다!
MBAPPE
10
와아
와

통합지식 플러스 5

축구의 골 세리머니

점수가 많이 나오지 않는 축구에서는 골 하나가 큰 의미를 지닙니다. 득점 이후 펼쳐지는 기쁨의 골 세리머니는 축구 팬들의 흥을 돋우는 요소이기도 해요.

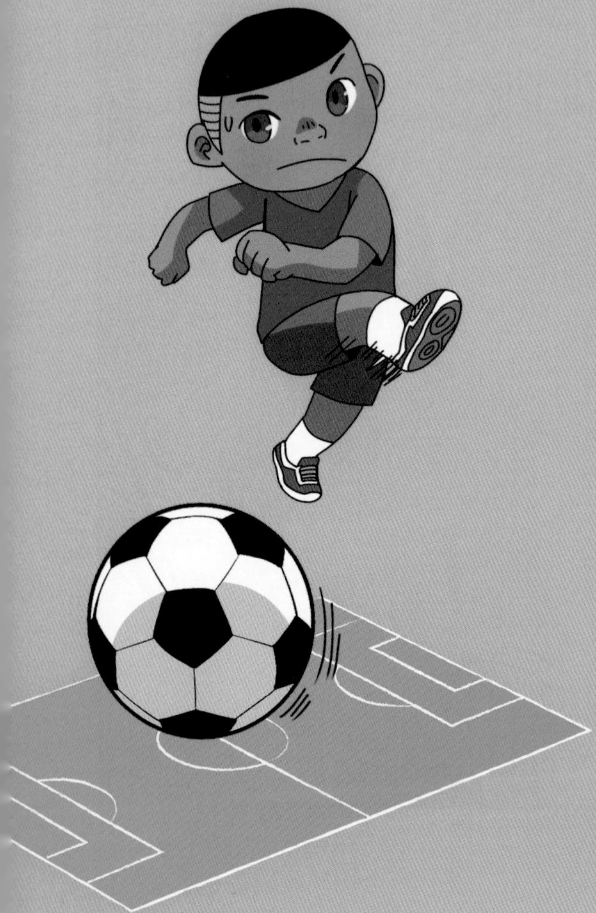

하나 골 세리머니의 탄생

1980년대 이전의 축구 경기에서 다양한 골 세리머니는 찾아보기 힘들었습니다. 불끈 쥔 주먹을 들어 올리거나 선수들이 서로 끌어안는 정적인 세리머니가 대부분이었어요.

그러던 중, 1982년 스페인 월드컵 결승에서 골을 득점한 마르코 타르델리라는 선수가 득점 후 포효하며 질주하는 퍼포먼스를 펼칩니다. 이 모습이 사람들의 이목을 끌면서 '득점은 모두를 기쁘게 한다'라는 인식이 박혔습니다.

이후 카메룬의 로저 밀러 선수가 신나게 춤을 추는 재미있는 골 세리머니를 선보이면서 골 세리머니는 축구 경기의 새로운 볼거리로 자리 잡았습니다.

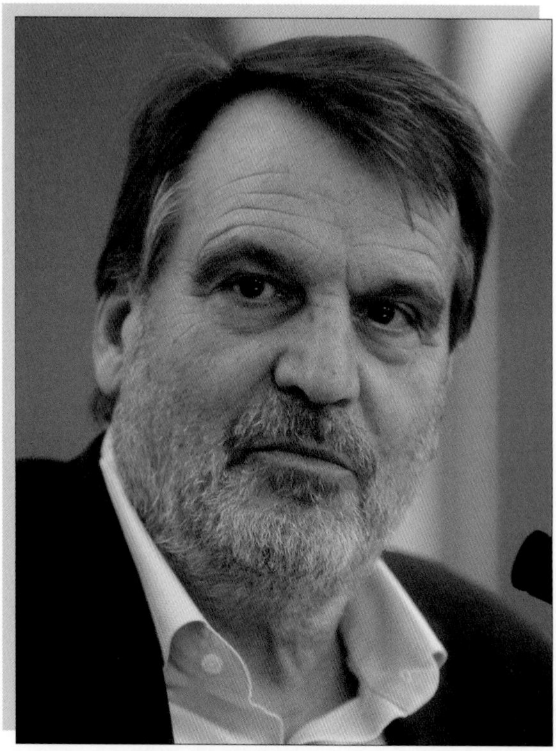

골 세리머니로 유명한 이탈리아의 축구 선수 마르코 타르델리

© Niccolò Caranti

둘 골 세리머니와 관련된 사건 사고

골을 넣은 후 기쁨을 주체하지 못한 상태에서 세리머니를 하다 안타까운 사고를 당한 선수들도 있습니다.

대한민국 선수 박주영은 프랑스 리그 1의 AS 모나코 FC에서 활약하고 있었습니다. 2010년 12월에 열린 리그 경기에서 박주영은 후반 45분에 결승골을 넣은 뒤 본인의 트레이드 마크인 무릎을 꿇고 기도하는 골 세리머니를 했죠. 이때 흥분한 동료 선수들이 박주영 위로 몸을 날리면서 무릎에 많은 무게가 쏠렸습니다. 골을 넣은 기쁨도 잠시, 박주영은 3개월간 무릎 재활을 받아야 했습니다.

독일 함부르크 SV의 공격수였던 니콜라이 뮐러도 골 세리머니로 인한 부상으로 7개월간 축구를 쉬어야 했습니다. 2017년 리그 첫 경기에서 골을 넣은 후, 뮐러는 트리플 악셀 세리머니를 보여 주었습니다. 그 과정에서 착지가 불안정하게 이루어졌고, 결국 무릎 전방 십자인대 파열이라는 진단을 받았습니다.

어떤 선수들은 골 세리머니 때문에 퇴장을 당하기도 합니다. 2021년 성남 FC에서 뛰던 페이살 물리치 선수는 상의 탈의 세리머니를 하다 옐로카드를 받았습니다. 이미 전반전에 옐로카드를 받았던 물리치는 경고 누적으로 퇴장당하고 말았습니다.

FIFA는 선수들의 속옷이나 몸에 지나치게 정치적이거나 종교적인 메시지를 새길 수 있다는 이유로 상의 탈의를 금지합니다. 더불어 일부 문화권에서 신체 노출을 경계하기 때문에, 이를 배려하려는 의도도 있지요. 그럼에도 불구하고 기쁨에 취해, 혹은 메시지를 전달하기 위해 상의를 탈의하는 선수들이 여전히 보인답니다.

감독으로서는 이례적으로 격렬한 골 세리머니 때문에 허벅지 부상을 당하기도 한 독일의 명장 위르겐 클롭 감독

 ## 셋 골 세리머니를 하지 않는 경우

일부 축구 팬들은 골 세리머니도 프로가 갖춰야 하는 중요한 쇼맨십이라고 이야기합니다. 쇼맨십은 특이한 언행으로 사람들의 이목을 집중시키고 즐겁게 만드는 것을 말하죠. 따라서 선수들은 팀과 관객들의 흥을 돋우고 대중들에게 자신을 각인시키기 위해서 골 세리머니를 합니다.

하지만 모든 골에 세리머니가 함께하는 것은 아닙니다. 선수들은 어떤 이유로 세리머니를 하지 않을까요?

이미 점수 차가 크게 벌어진 상황에서 추가 득점을 한 경우 선수들은 최대한 골 세리머니를 자제합니다. 크게 앞서고 있는 상황에서 세리머니를 하면

자칫 상대 팀에 대한 모욕으로 여겨질 수 있기 때문입니다.

자신이 몸을 담았던 이전 팀과의 경기에서 득점한 경우에도 세리머니를 지양합니다. 이전 팀과 팬들에게 예의를 갖추고 고마움을 표시하기 위함입니다. 독특한 세리머니로 유명한 크리스티아누 호날두도 이와 같은 이유로 골 세리머니를 하지 않은 적이 있습니다.

경기 시간이 얼마 남지 않아서 골 세리머니를 생략하는 경우도 있습니다. 득점은 하였지만 팀이 지고 있는 상황이라 조금이라도 시간을 벌려는 것이죠. 얼른 경기를 다시 시작해서 동점 골 혹은 역전 골을 만들어 내려는 선수들의 간절한 마음이 느껴지지요.

이 외에도 골키퍼가 자책골을 넣은 경우, 상대 팀 선수들은 기뻐하는 모습을 보이지 않으려 합니다. 골키퍼와 그 팀 선수들의 마음을 헤아리기 때문입니다.

호날두의 골 세리머니를 따라 하는 선수

ⓒ Jethrude Hipolito

넷 특별한 골 세리머니

독특한 골 세리머니는 선수의 트레이드 마크가 되기도 합니다. 그중 인상 깊은 축구 선수들의 세리머니를 살펴봅시다.

골 세리머니로 가장 유명한 선수는 포르투갈의 크리스티아누 호날두입니다. 현재는 전성기에 비해 기량이 떨어졌다는 평을 받기도 하지만, 과거 유럽 최고의 축구 클럽을 가리는 'UEFA 챔피언스 리그'에서 역대 최다 득점 기록을 경신하는 등 뛰어난 활약을 보여 주었어요.

호날두의 골 세리머니는 골을 넣은 후 경기장을 달

난데없이 펼쳐진 선수들의 구두닦이 세리머니

ⓒ beIN SPORTS Türkiye

킬리안 음바페의 대표 골 세리머니

어린 시절 음바페의 동생이 콘솔 게임에서 킬리안 음바페를 이겼을 때마다 하던 동작을 따라 한 것이라고 합니다.

이 외에도 경기장에서는 로봇 댄스 추기, 모델 포즈 취하기, 텀블링하기 등 선수들의 기상천외한 세리머니를 볼 수 있죠. 이렇듯 골 세리머니는 관객들을 축구에 더 몰입하고 열광하게 만드는 또 하나의 볼거리입니다.

리다가 점프하며 뒤돈 후, 팔을 쭉 뻗고 착지하며 "시우우우우!"라고 외치는 것이죠. 관중들도 호날두가 세리머니를 할 때면 착지 타이밍에 맞춰 "시우우우우!"라고 외치며 함께 즐거워하는 모습을 볼 수 있습니다.

잉글랜드 프리미어 리그 득점왕 출신인 손흥민 선수는 손가락으로 카메라 모양을 만드는 찰칵 세리머니로 유명합니다. 골을 넣은 소중한 순간을 항상 사진처럼 저장해 두고 싶어서 이러한 세리머니를 만들었다고 하죠.

'축구의 신'으로 불리는 리오넬 메시 선수는 골을 넣은 후 항상 두 손가락으로 하늘을 가리킵니다. 이는 골을 돌아가신 할머니에게 바친다는 의미라고 해요. 할머니는 메시가 축구 선수가 되게끔 도와준 은인이기 때문입니다.

가볍게 점프를 한 후 손을 겨드랑이에 끼는 건 킬리안 음바페의 대표적인 골 세리머니입니다. 이는

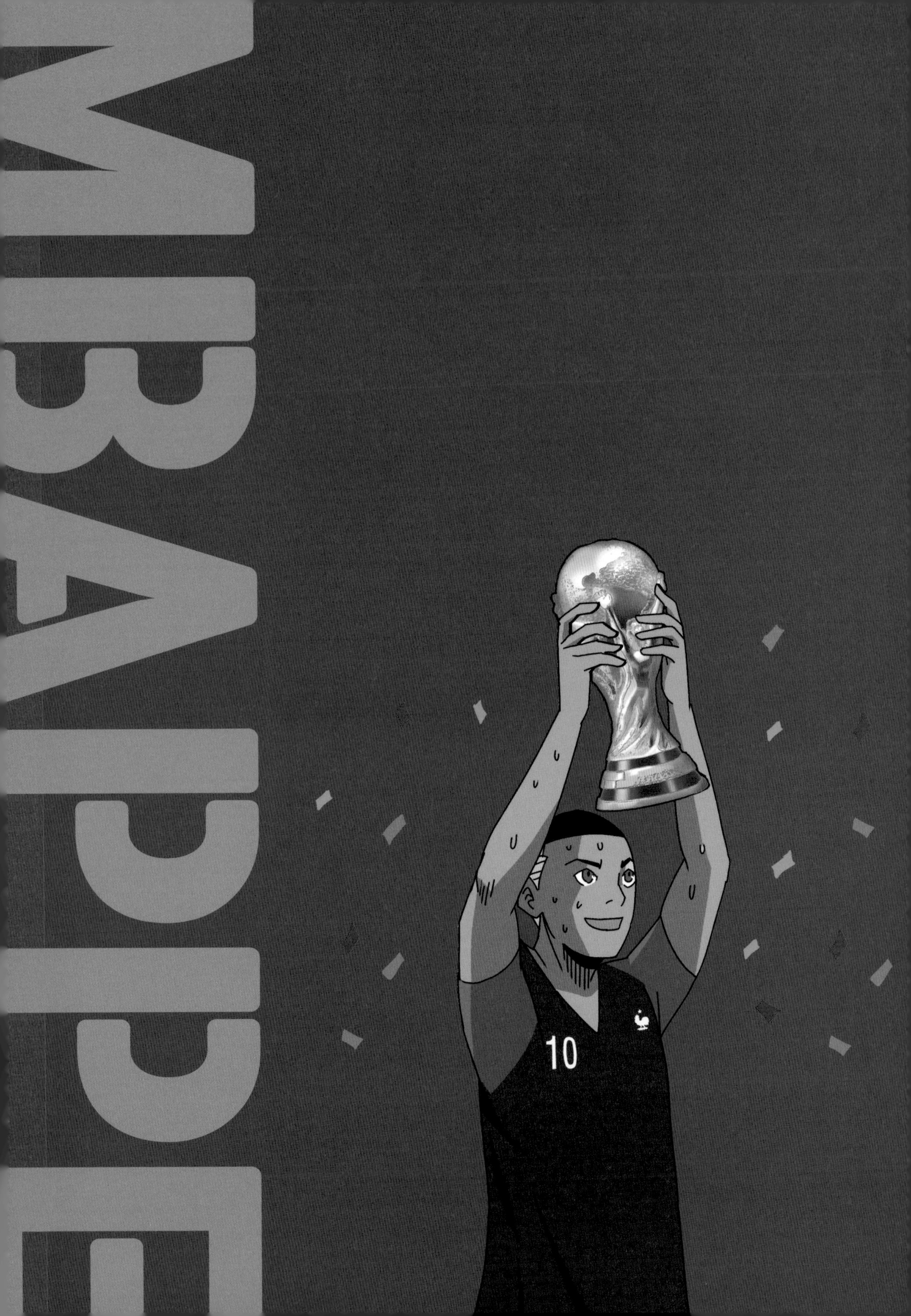
MBAPPE
10

세계 정상에 서다

> "
> 드디어 시작!
> 경기를 제외한
> 모든 생각을 지워 버린다!
> "

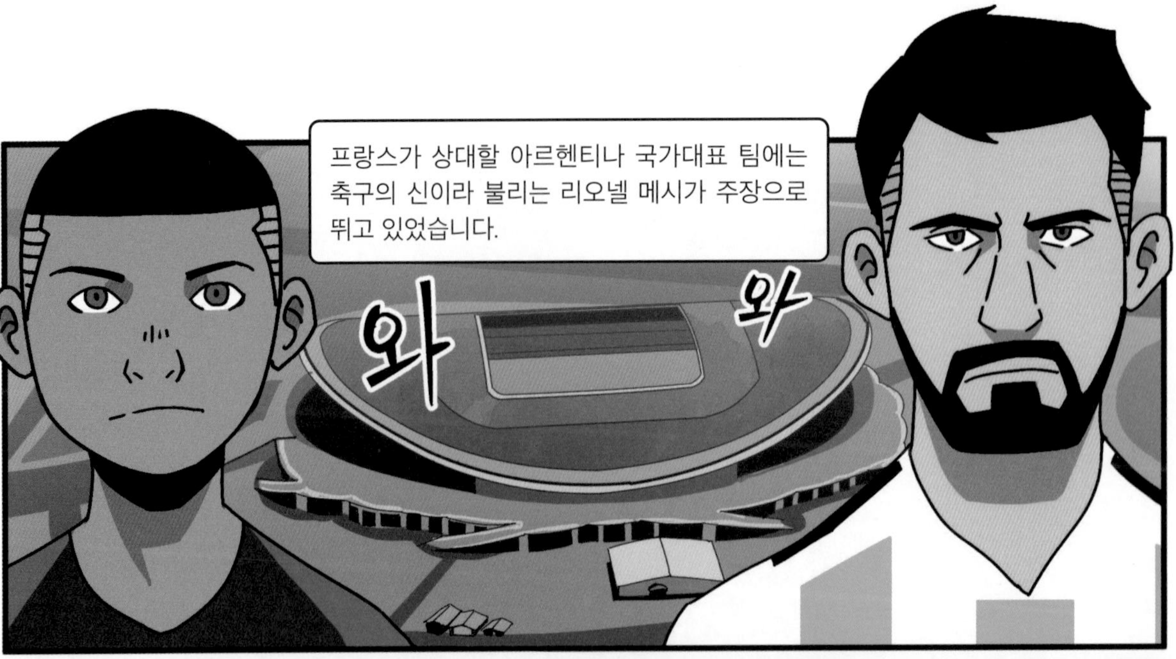
프랑스가 상대할 아르헨티나 국가대표 팀에는
축구의 신이라 불리는 리오넬 메시가 주장으로
뛰고 있었습니다.
와
와

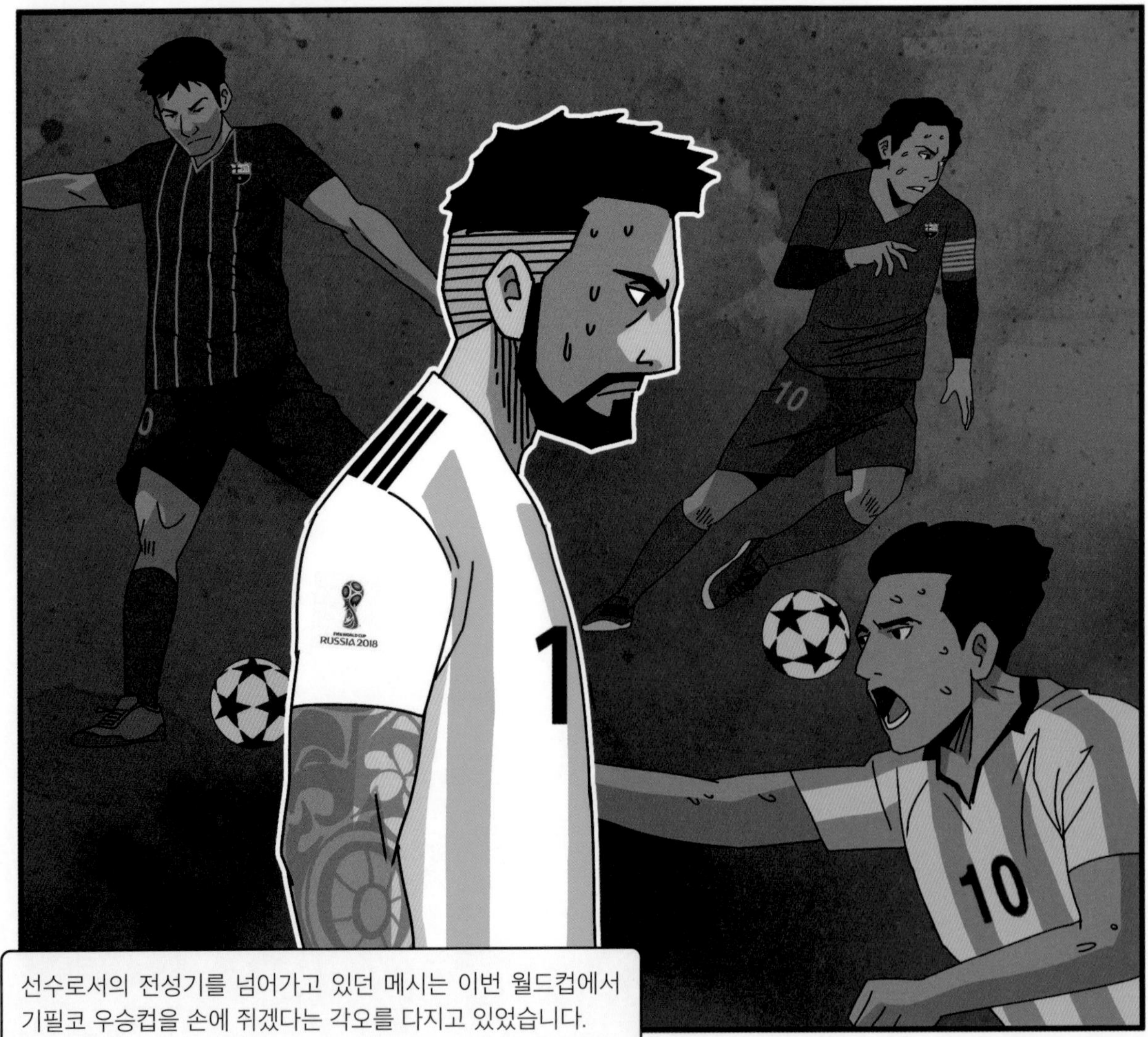
RUSSIA 2018
선수로서의 전성기를 넘어가고 있던 메시는 이번 월드컵에서
기필코 우승컵을 손에 쥐겠다는 각오를 다지고 있었습니다.

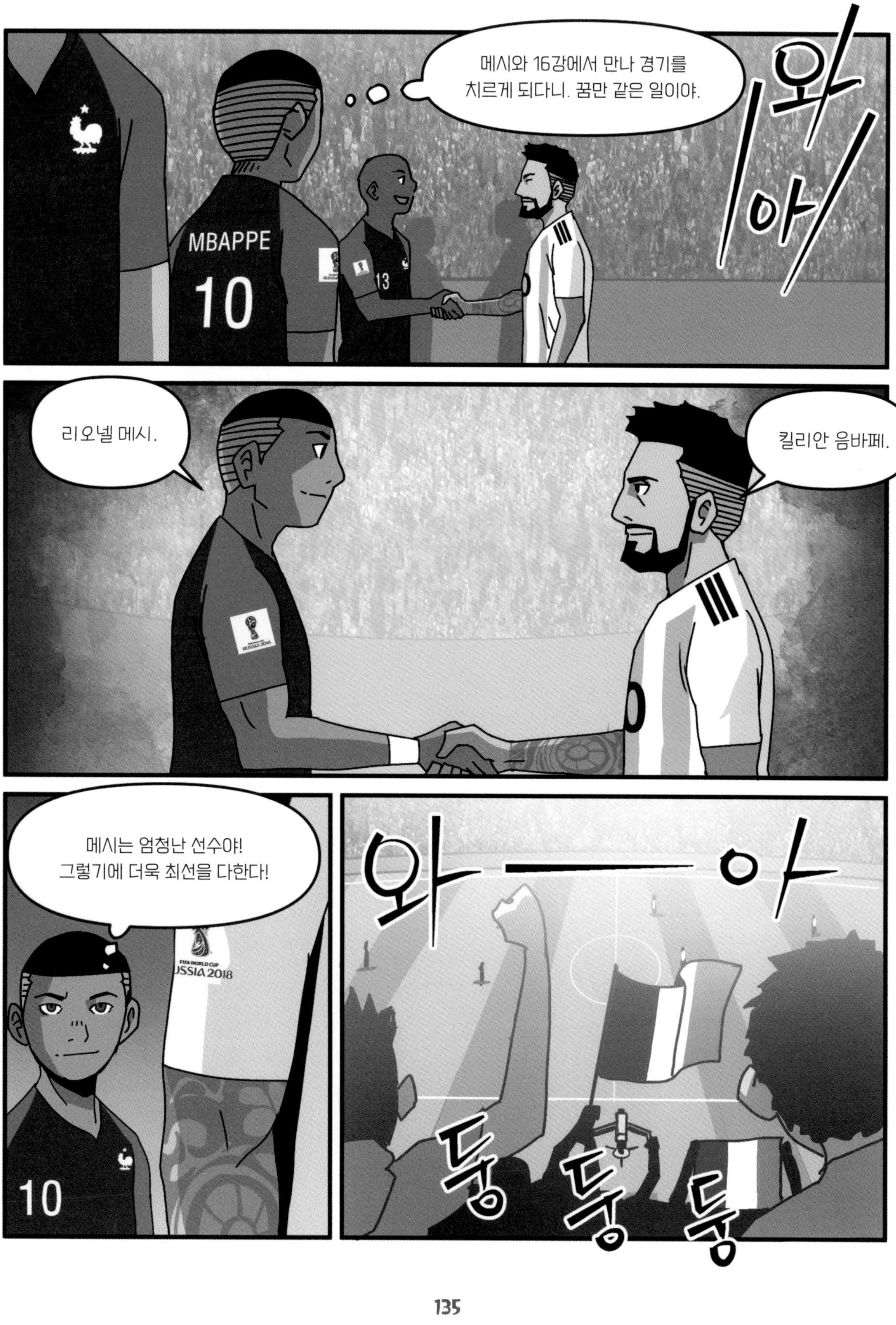
메시와 16강에서 만나 경기를
치르게 되다니. 꿈만 같은 일이야.
와아
MBAPPE
10
13
리오넬 메시.
킬리안 음바페.
메시는 엄청난 선수야!
그렇기에 더욱 최선을 다한다!
FIFA WORLD CUP
USSIA 2018
10
와——아
둥 둥 둥

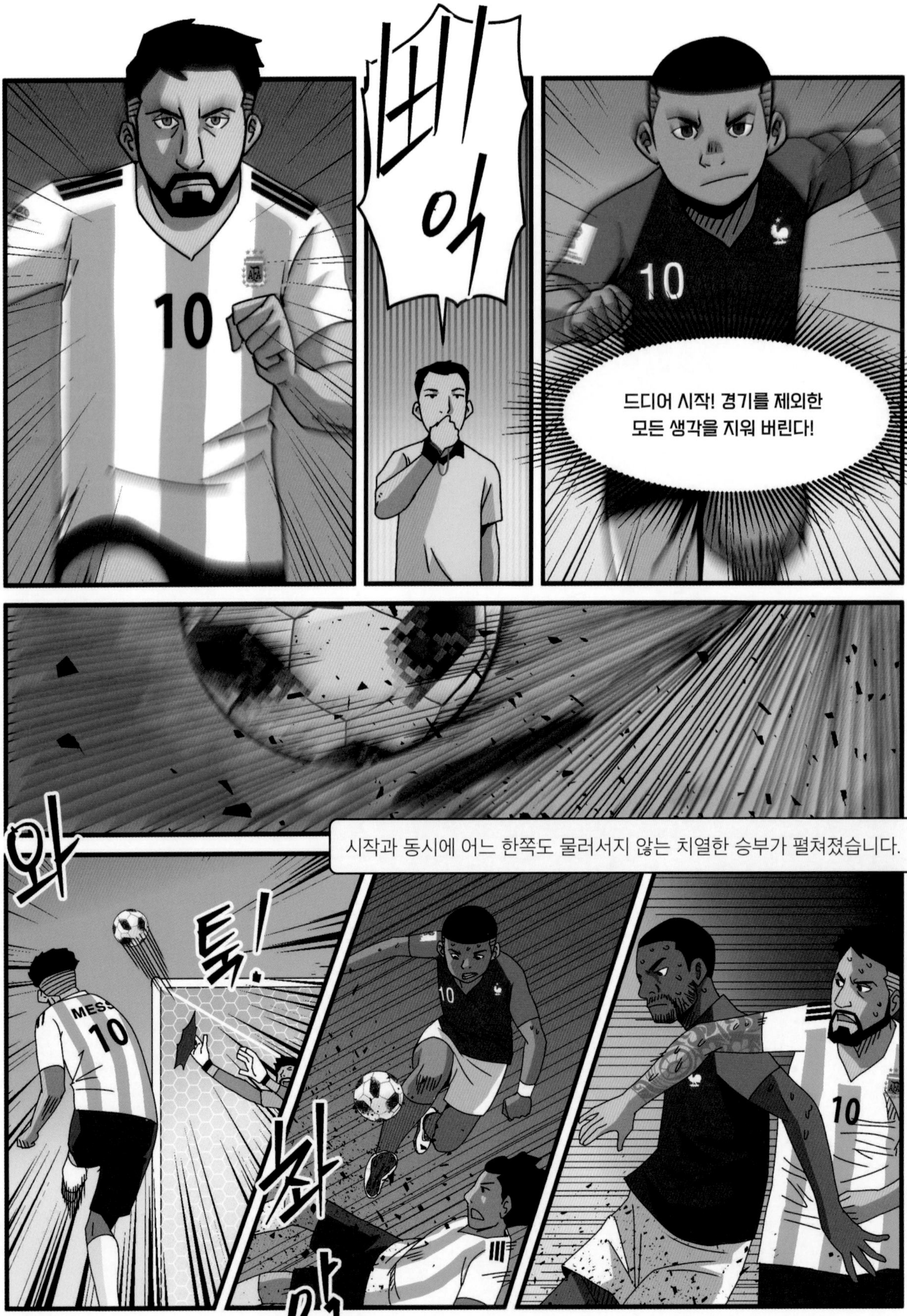

삐익
드디어 시작! 경기를 제외한
모든 생각을 지워 버린다!
시작과 동시에 어느 한쪽도 물러서지 않는 치열한 승부가 펼쳐졌습니다.
와
툭!
촤악

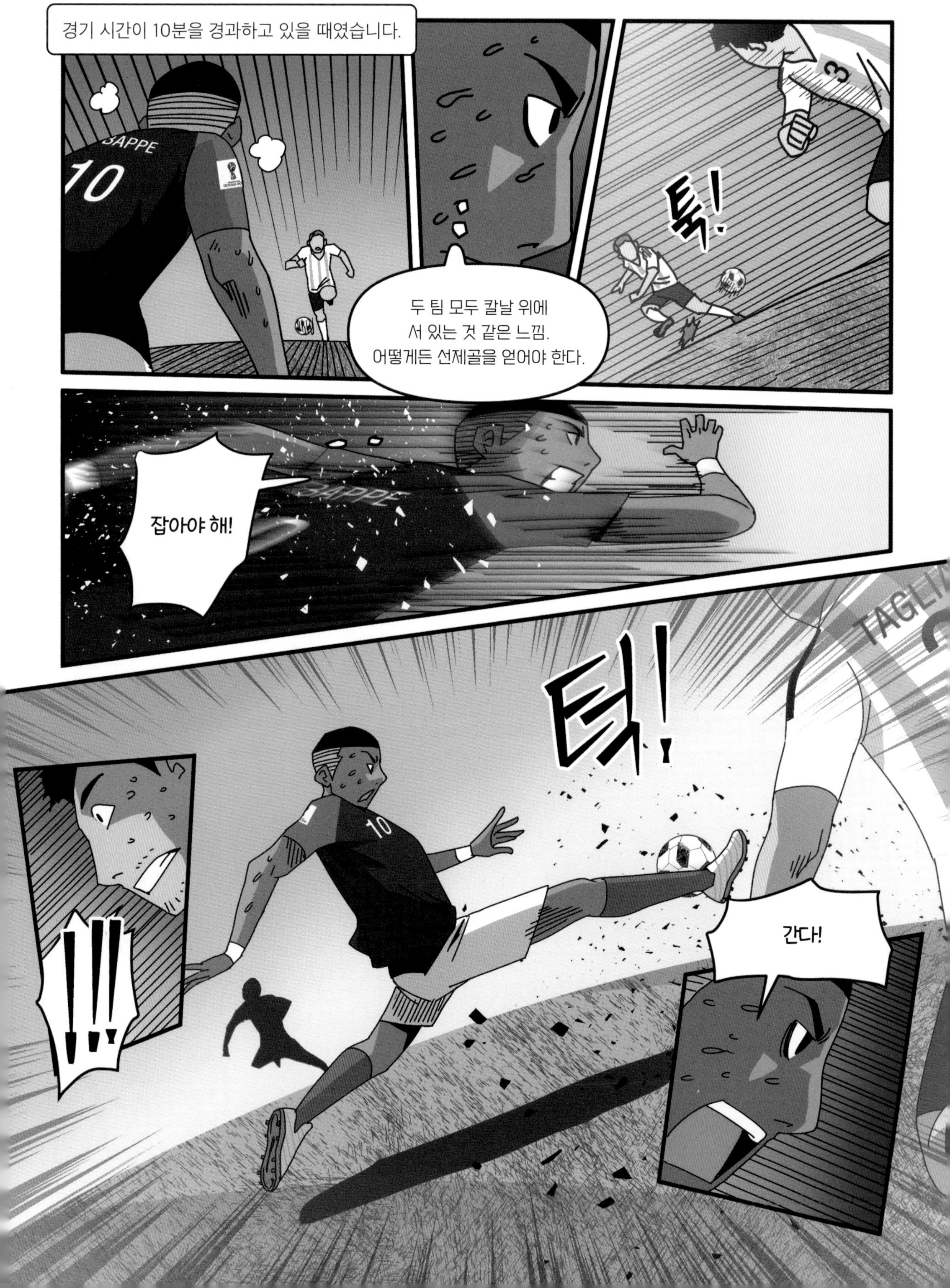

경기 시간이 10분을 경과하고 있을 때였습니다.
BAPPE
10
두 팀 모두 칼날 위에 서 있는 것 같은 느낌. 어떻게든 선제골을 얻어야 한다.
툭!
잡아야 해!
터!
!!!
간다!

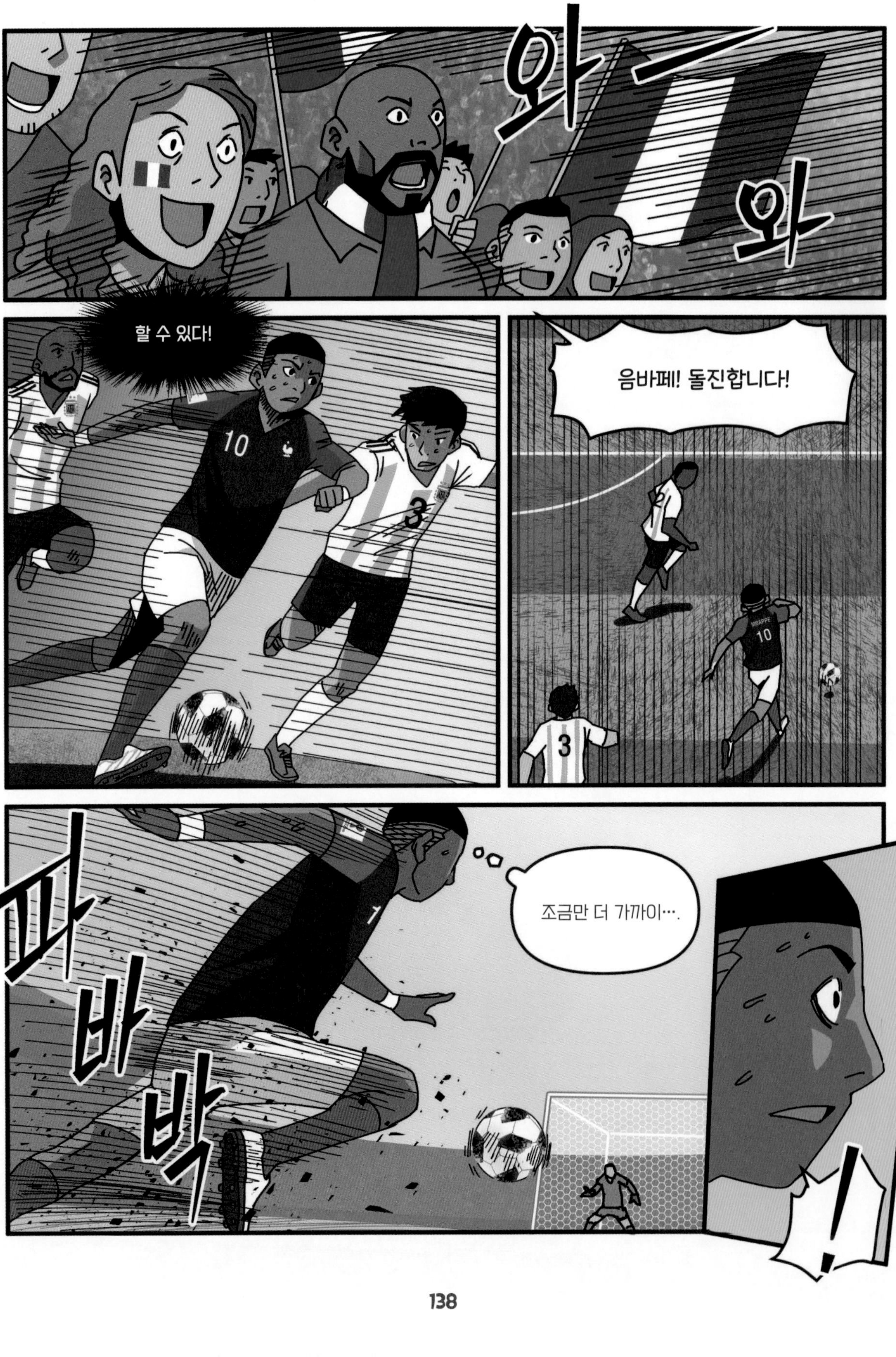
와—
와
할 수 있다!
음바페! 돌진합니다!
조금만 더 가까이….
파바박
!

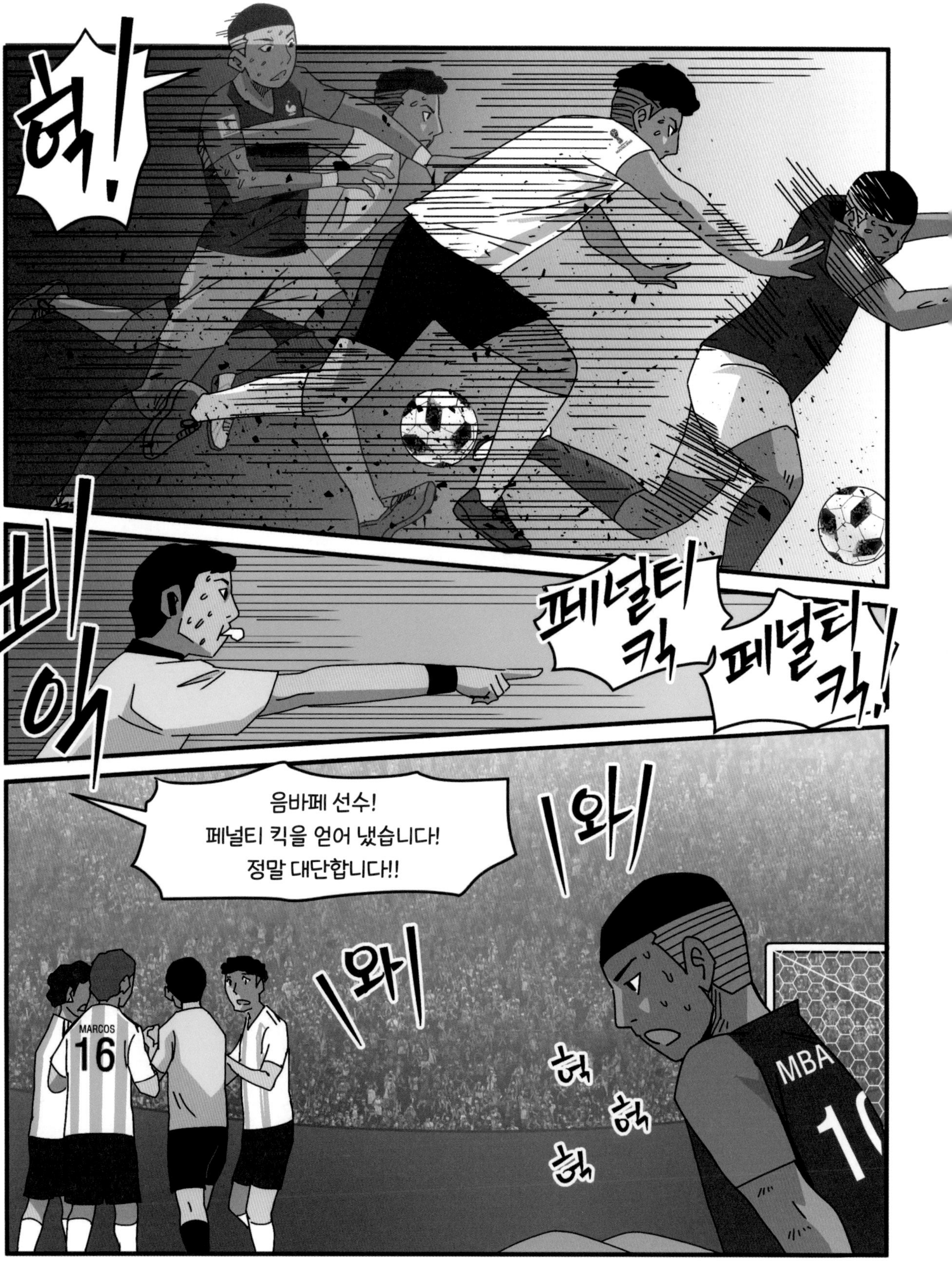
헉!
삐이
페널티 킥
페널티 킥!
음바페 선수!
페널티 킥을 얻어 냈습니다!
정말 대단합니다!!
와
와
MARCOS
16
MBA
10
헉
헉
헉

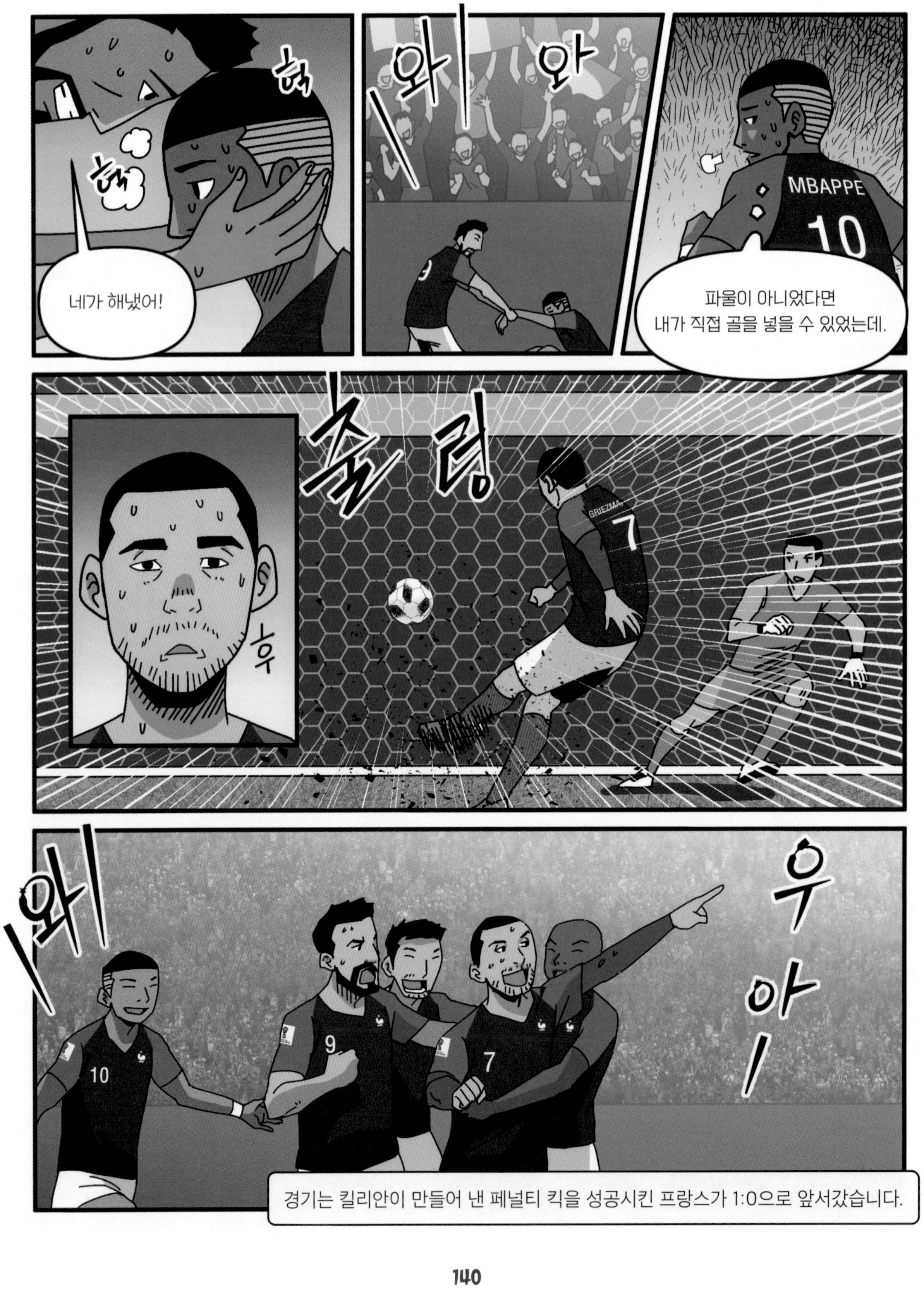
헉
헉
네가 해냈어!
와
와
MBAPPE
10
파울이 아니었다면
내가 직접 골을 넣을 수 있었는데.
출렁
GRIEZMA
7
후
와
우아
경기는 킬리안이 만들어 낸 페널티 킥을 성공시킨 프랑스가 1:0으로 앞서갔습니다.

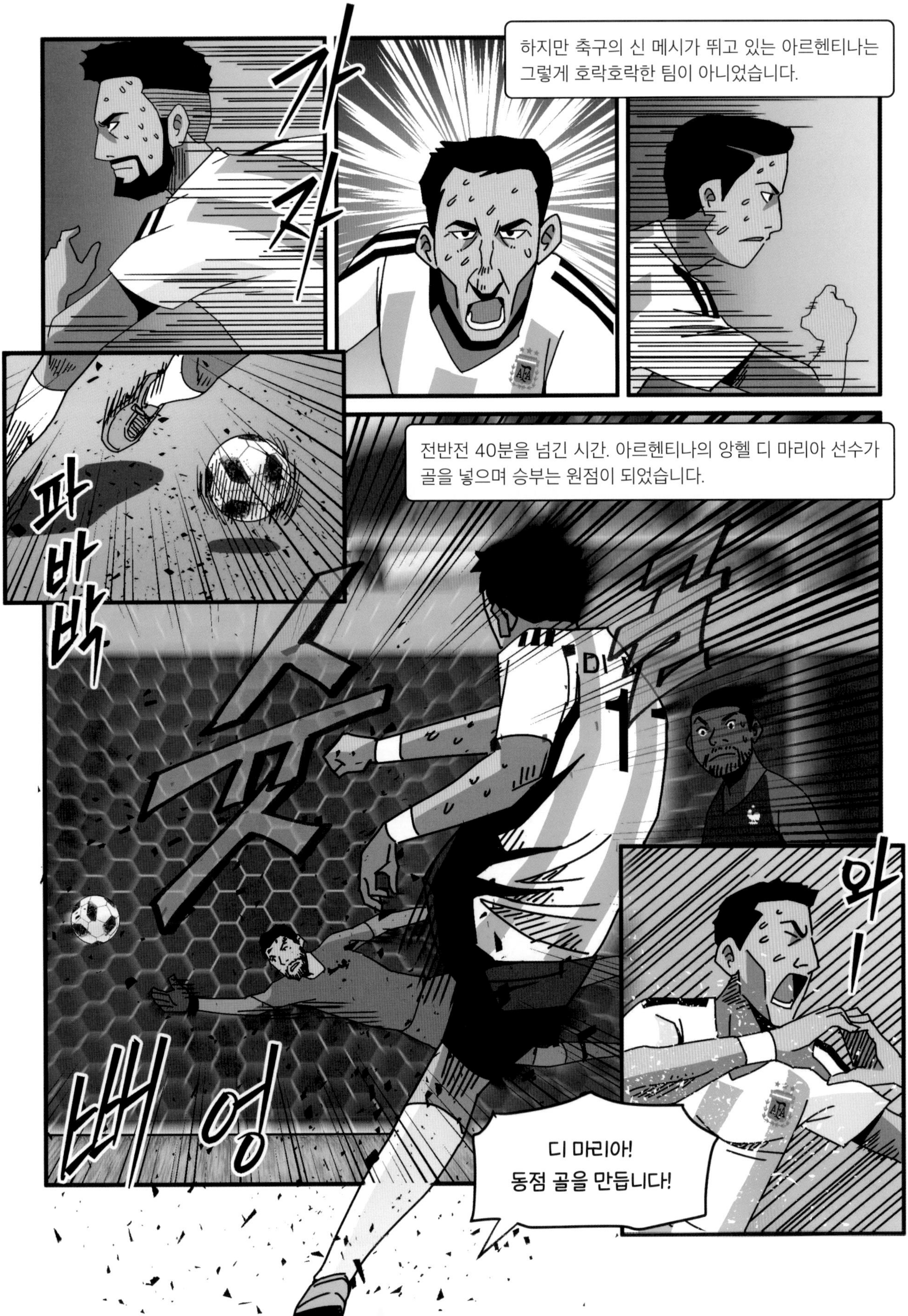
하지만 축구의 신 메시가 뛰고 있는 아르헨티나는 그렇게 호락호락한 팀이 아니었습니다.
파박
전반전 40분을 넘긴 시간. 아르헨티나의 앙헬 디 마리아 선수가 골을 넣으며 승부는 원점이 되었습니다.
와!
디 마리아! 동점 골을 만듭니다!

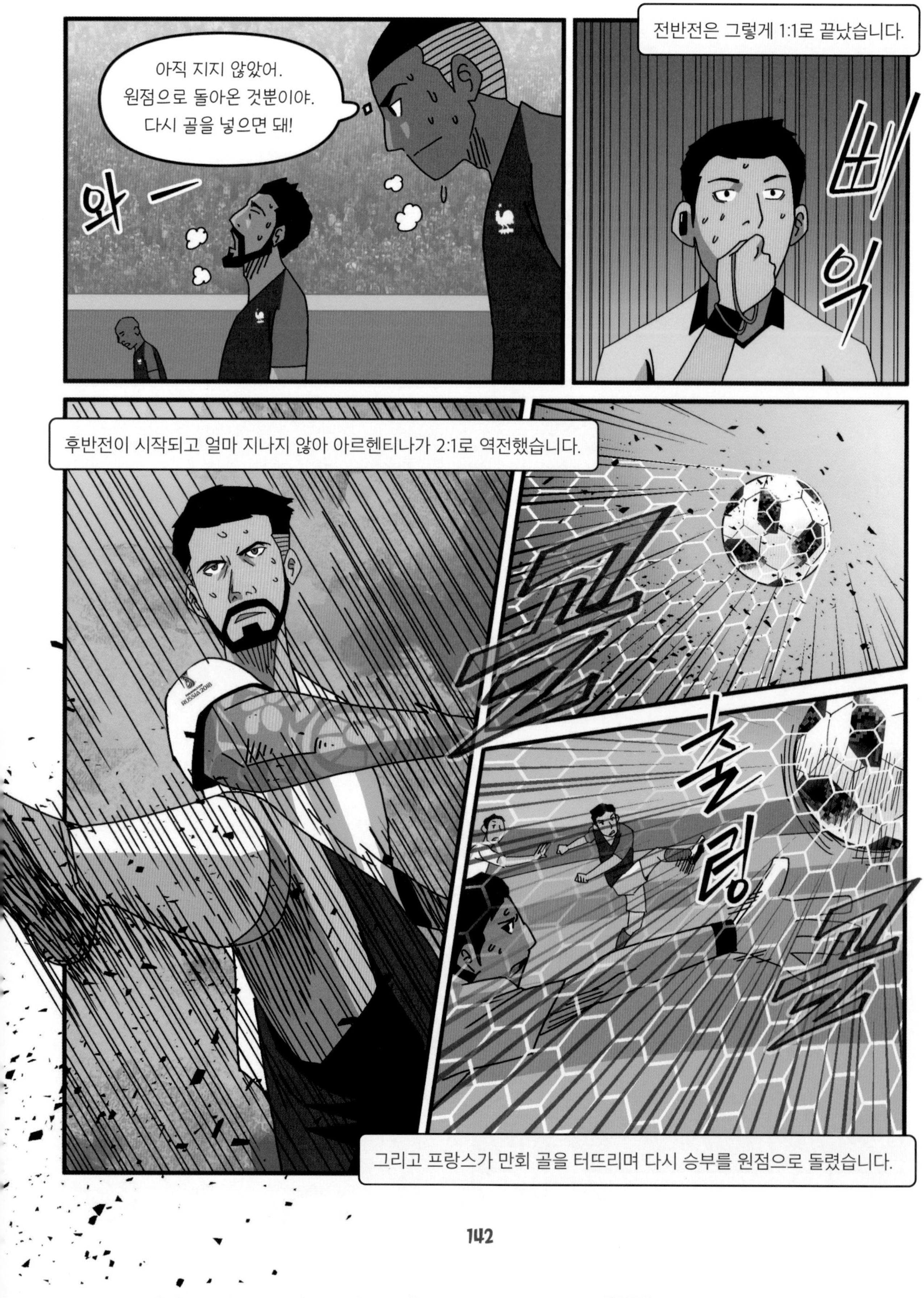

아직 지지 않았어.
원점으로 돌아온 것뿐이야.
다시 골을 넣으면 돼!
와 ㅡ
전반전은 그렇게 1:1로 끝났습니다.
삐익
후반전이 시작되고 얼마 지나지 않아 아르헨티나가 2:1로 역전했습니다.
RUSSIA 2018
출렁
그리고 프랑스가 만회 골을 터뜨리며 다시 승부를 원점으로 돌렸습니다.

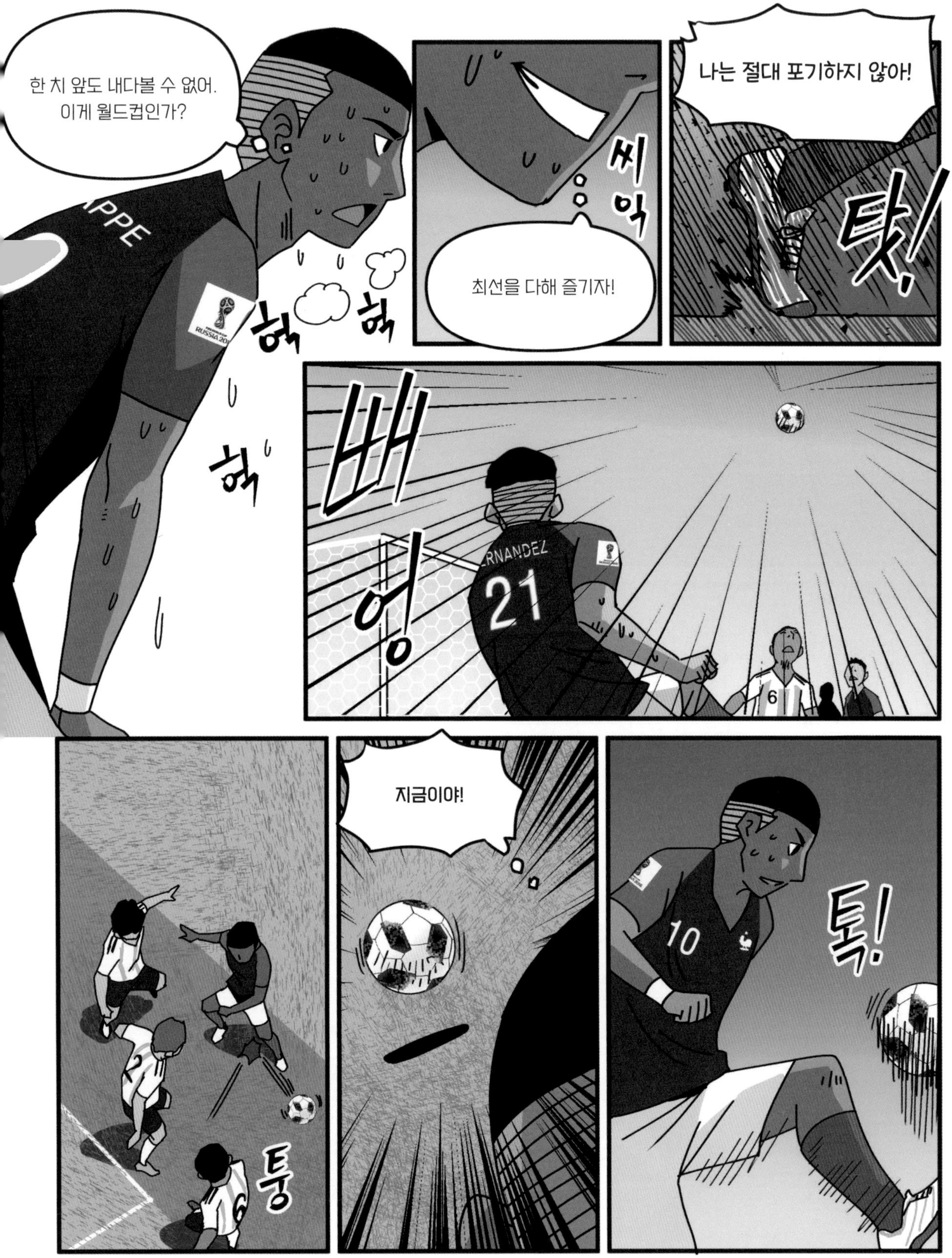
한 치 앞도 내다볼 수 없어.
이게 월드컵인가?
헉 헉
헉
씨익
최선을 다해 즐기자!
나는 절대 포기하지 않아!
탓!
빠엉!
지금이야!
퉁
톡!

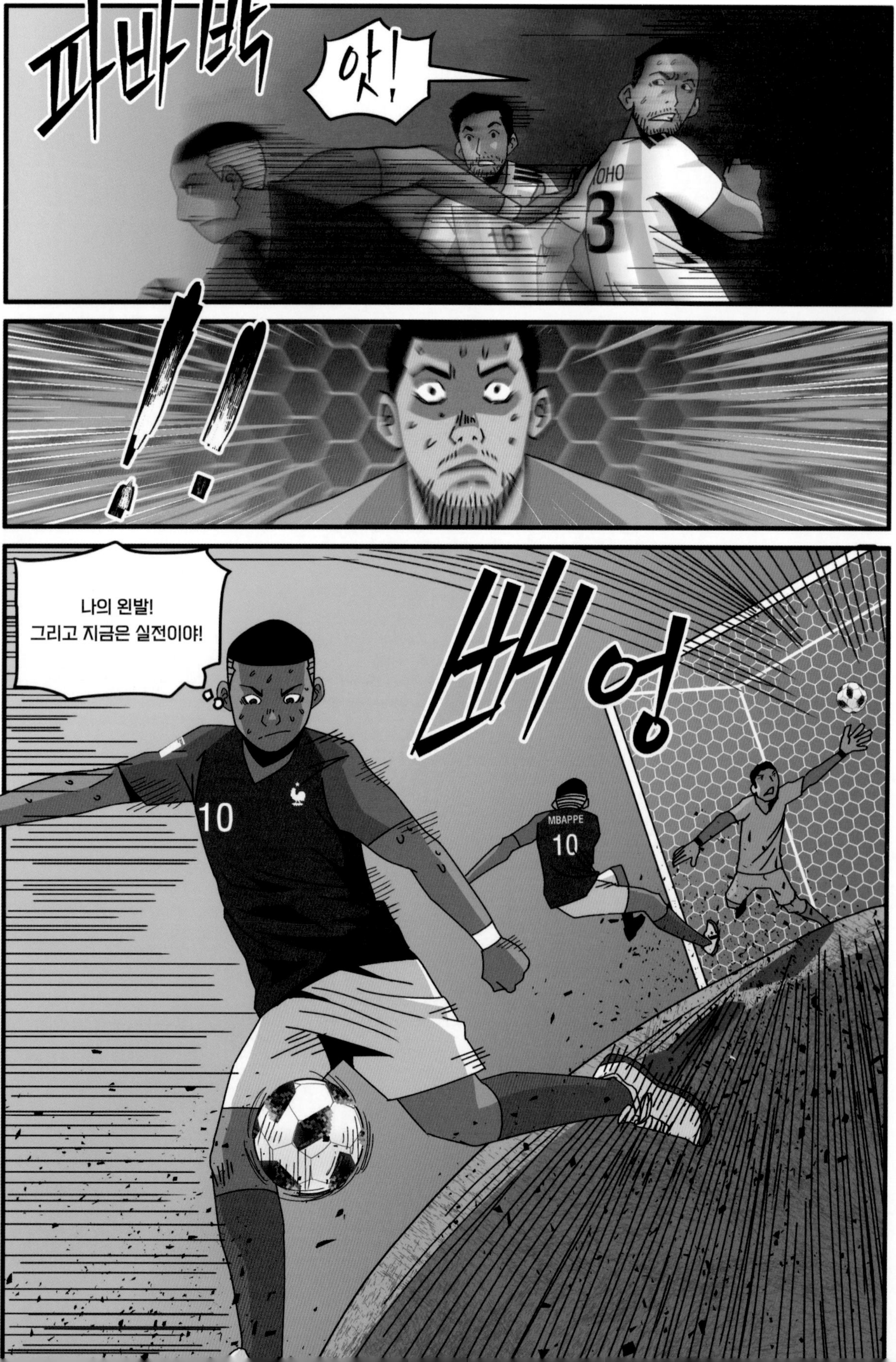

파바박
앗!
!!
나의 왼발!
그리고 지금은 실전이야!
뻐엉

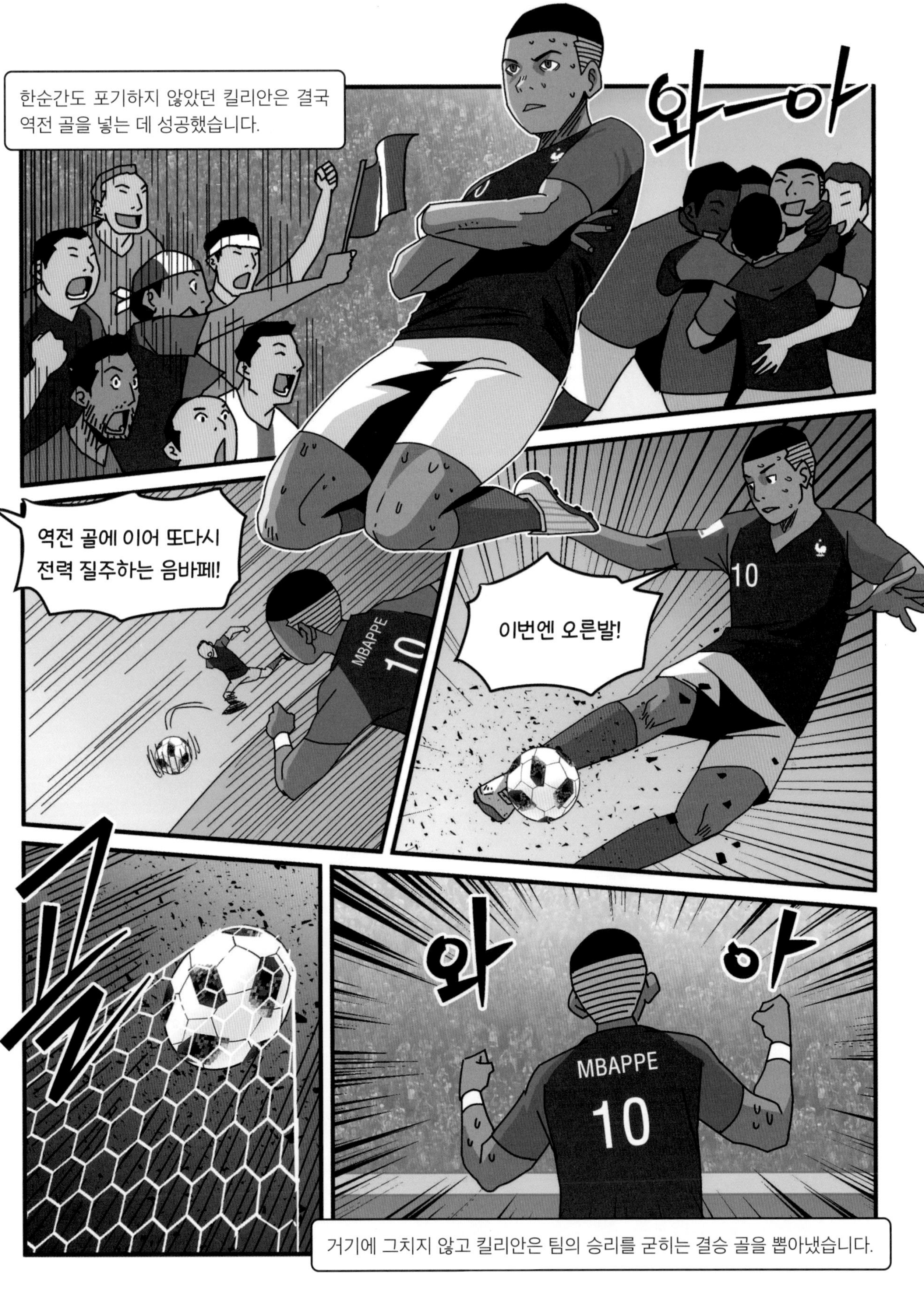
한순간도 포기하지 않았던 킬리안은 결국
역전 골을 넣는 데 성공했습니다.
와—아
역전 골에 이어 또다시
전력 질주하는 음바페!
MBAPPE
10
이번엔 오른발!
10
와
아
MBAPPE
10
거기에 그치지 않고 킬리안은 팀의 승리를 굳히는 결승 골을 뽑아냈습니다.

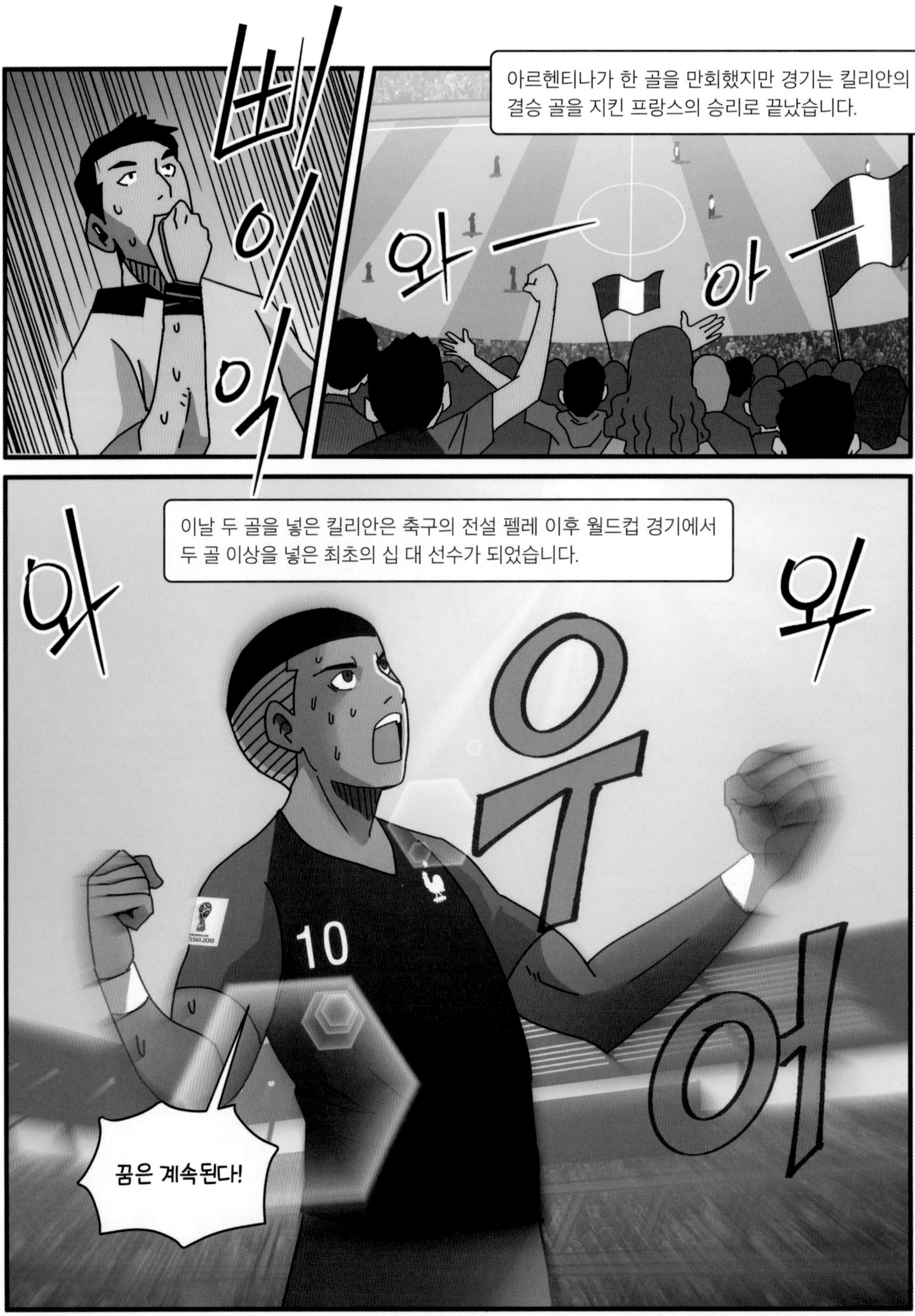
삐
이
익
아르헨티나가 한 골을 만회했지만 경기는 킬리안의 결승 골을 지킨 프랑스의 승리로 끝났습니다.
와—
아—
이날 두 골을 넣은 킬리안은 축구의 전설 펠레 이후 월드컵 경기에서 두 골 이상을 넣은 최초의 십 대 선수가 되었습니다.
와
우
와
어
10
꿈은 계속된다!

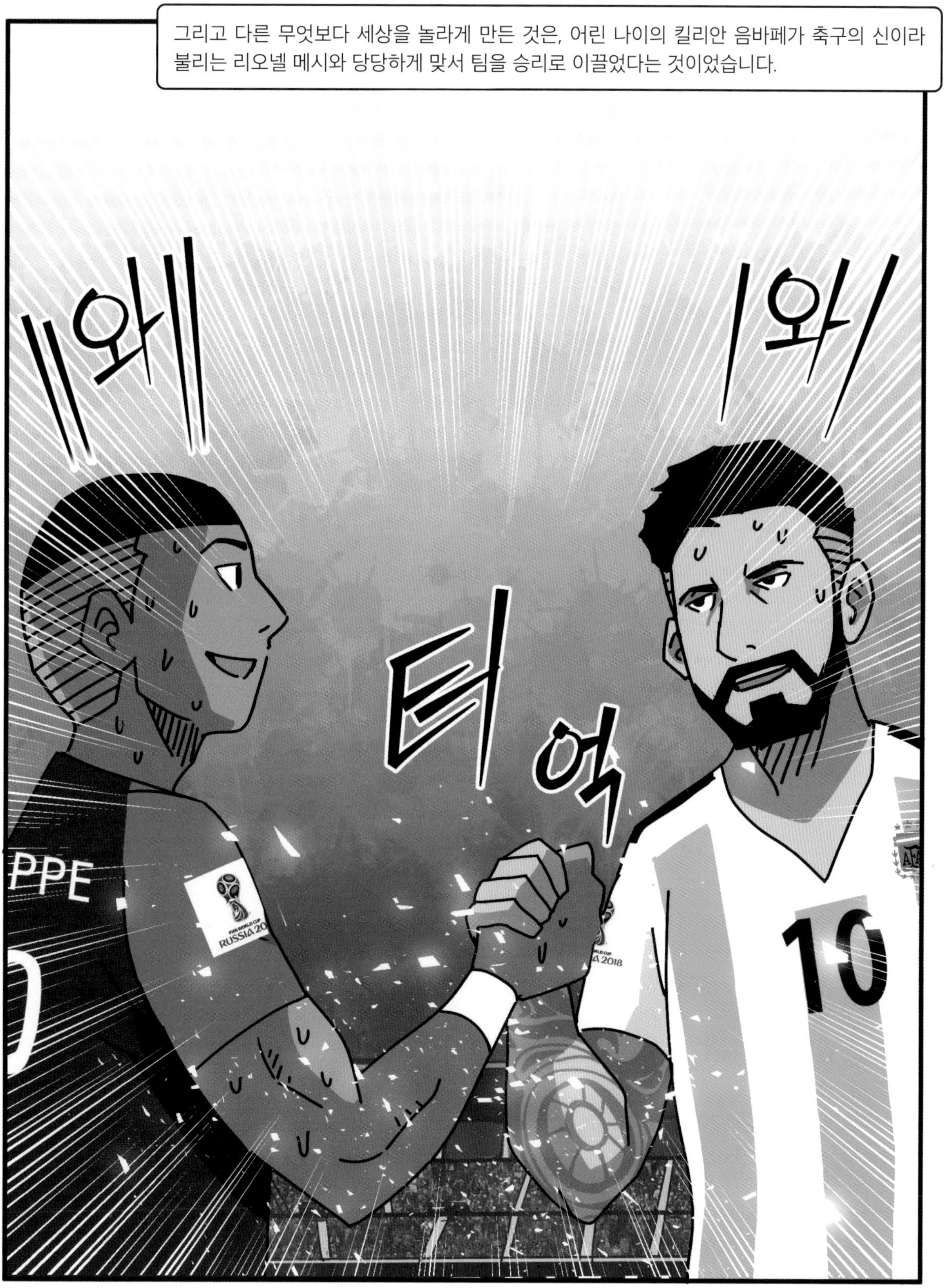
그리고 다른 무엇보다 세상을 놀라게 만든 것은, 어린 나이의 킬리안 음바페가 축구의 신이라 불리는 리오넬 메시와 당당하게 맞서 팀을 승리로 이끌었다는 것이었습니다.
와
와
터억

8강과 준결승에서 우루과이와 벨기에를 차례로 격파한 프랑스는 결승전에 진출했습니다.

8강		
프랑스	2:0	우루과이

준결승		
프랑스	1:0	벨기에

2018년 7월 15일 모스크바, 루즈니키 스타디움

LIVING FOOTBALL

FIFA

THE FINAL

대망의 월드컵 결승전 상대는 유럽의 강호 크로아티아였습니다.

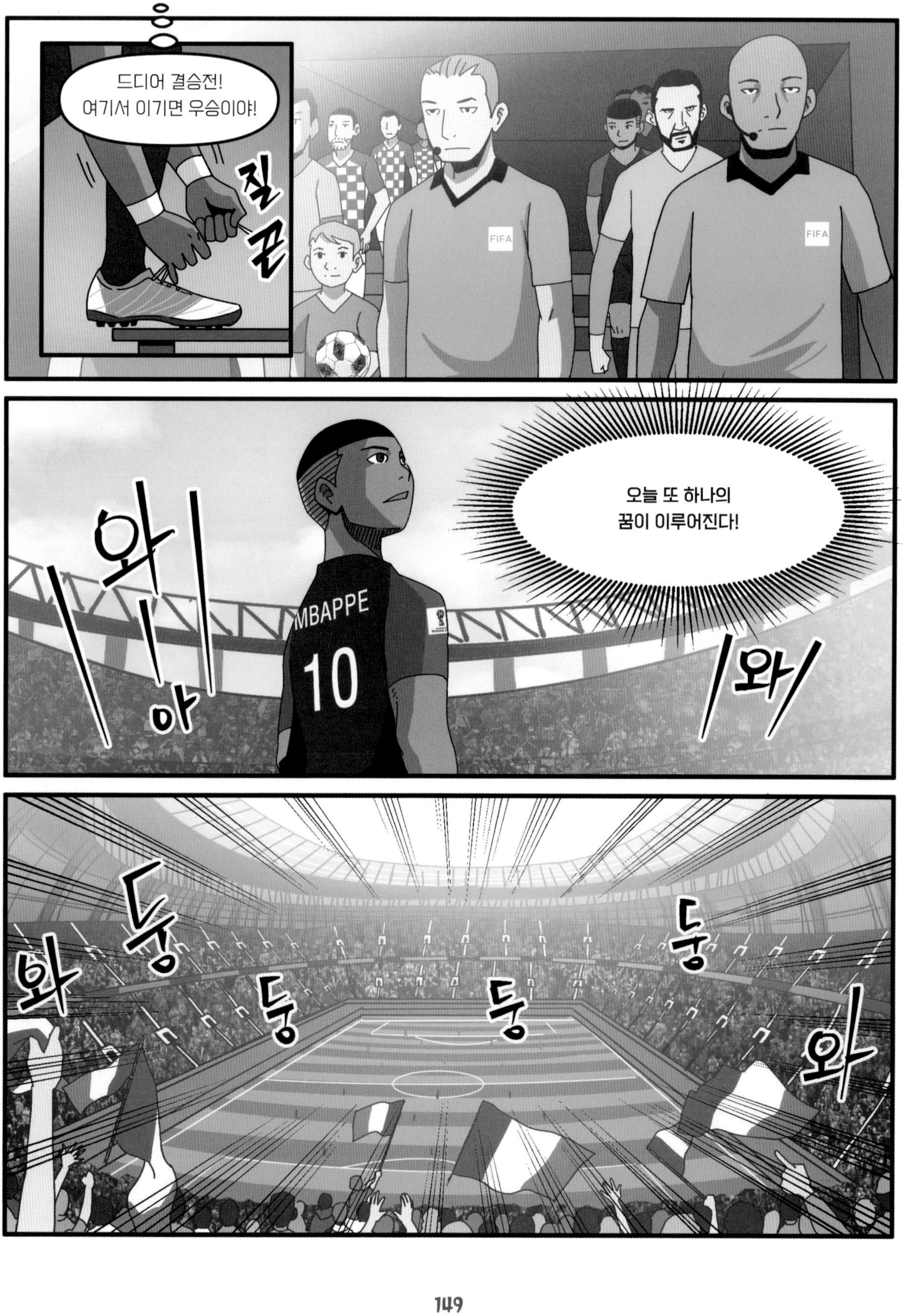
드디어 결승전!
여기서 이기면 우승이야!
질끈
FIFA
FIFA
와아
MBAPPE
10
오늘 또 하나의
꿈이 이루어진다!
와
와
둥
둥
둥
둥
와

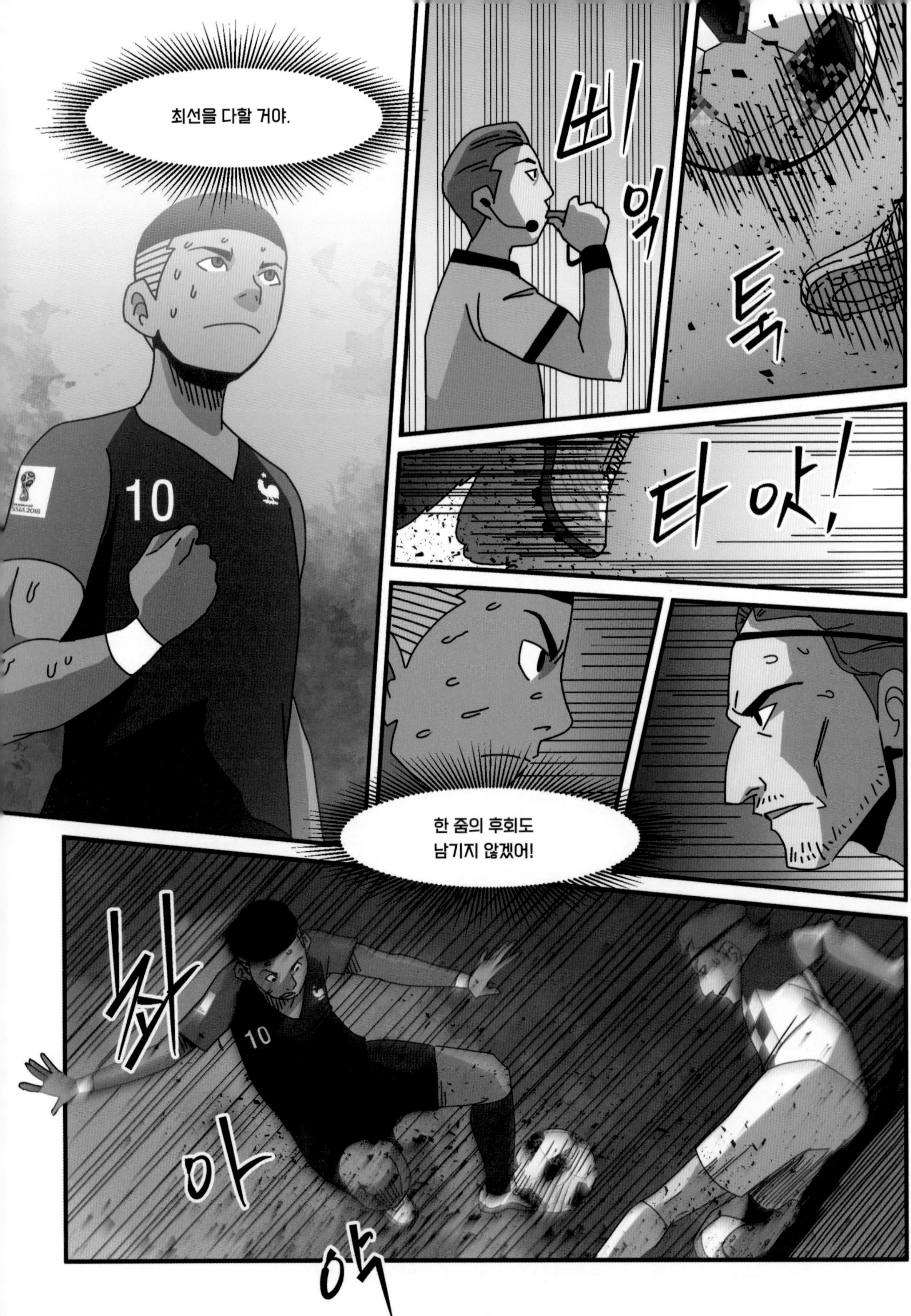
최선을 다할 거야.
삐익
툭
타악!
한 줌의 후회도
남기지 않겠어!
촤아악

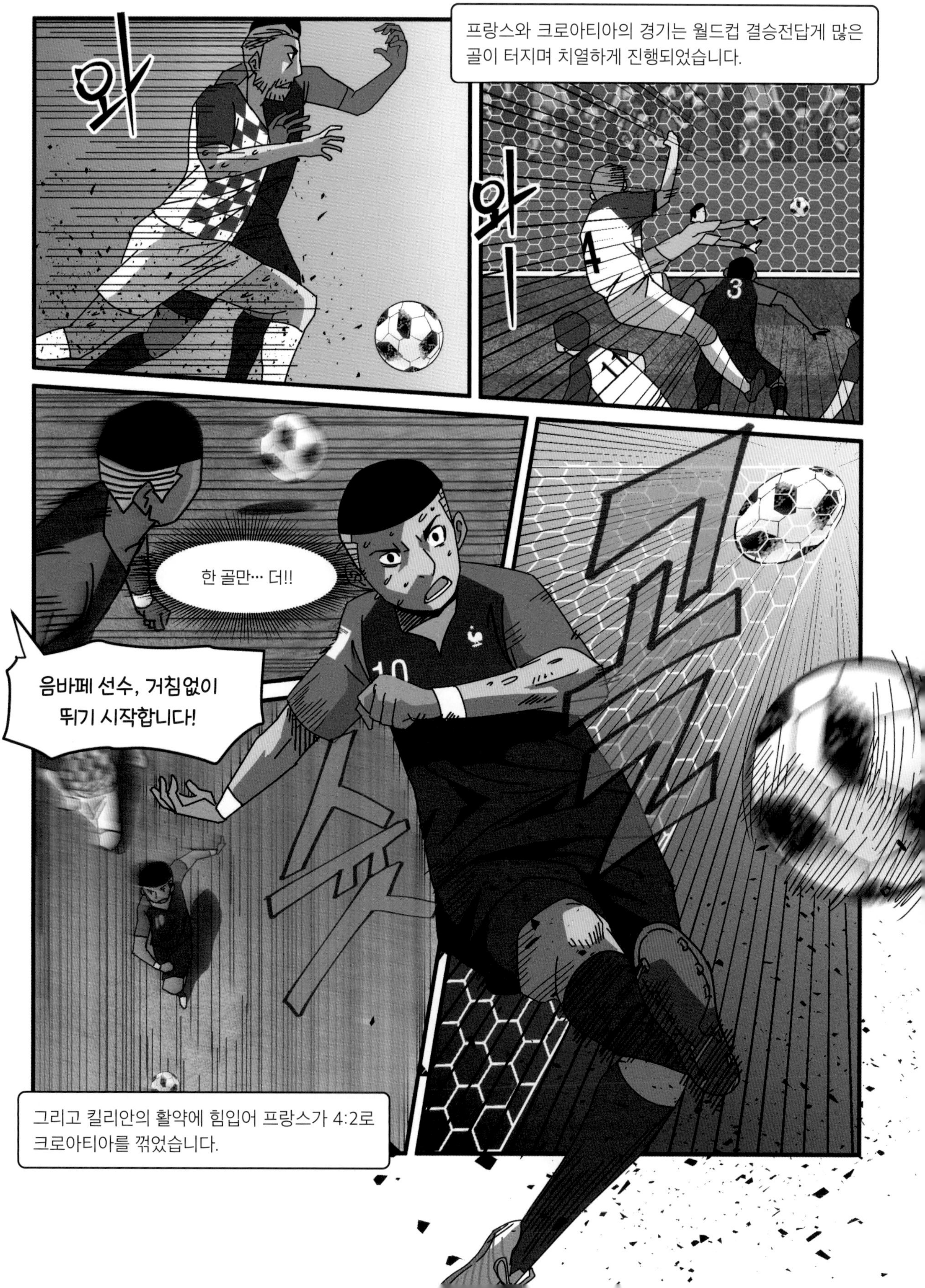

프랑스와 크로아티아의 경기는 월드컵 결승전답게 많은 골이 터지며 치열하게 진행되었습니다.
와
와-
한 골만… 더!!
음바페 선수, 거침없이 뛰기 시작합니다!
그리고 킬리안의 활약에 힘입어 프랑스가 4:2로 크로아티아를 꺾었습니다.

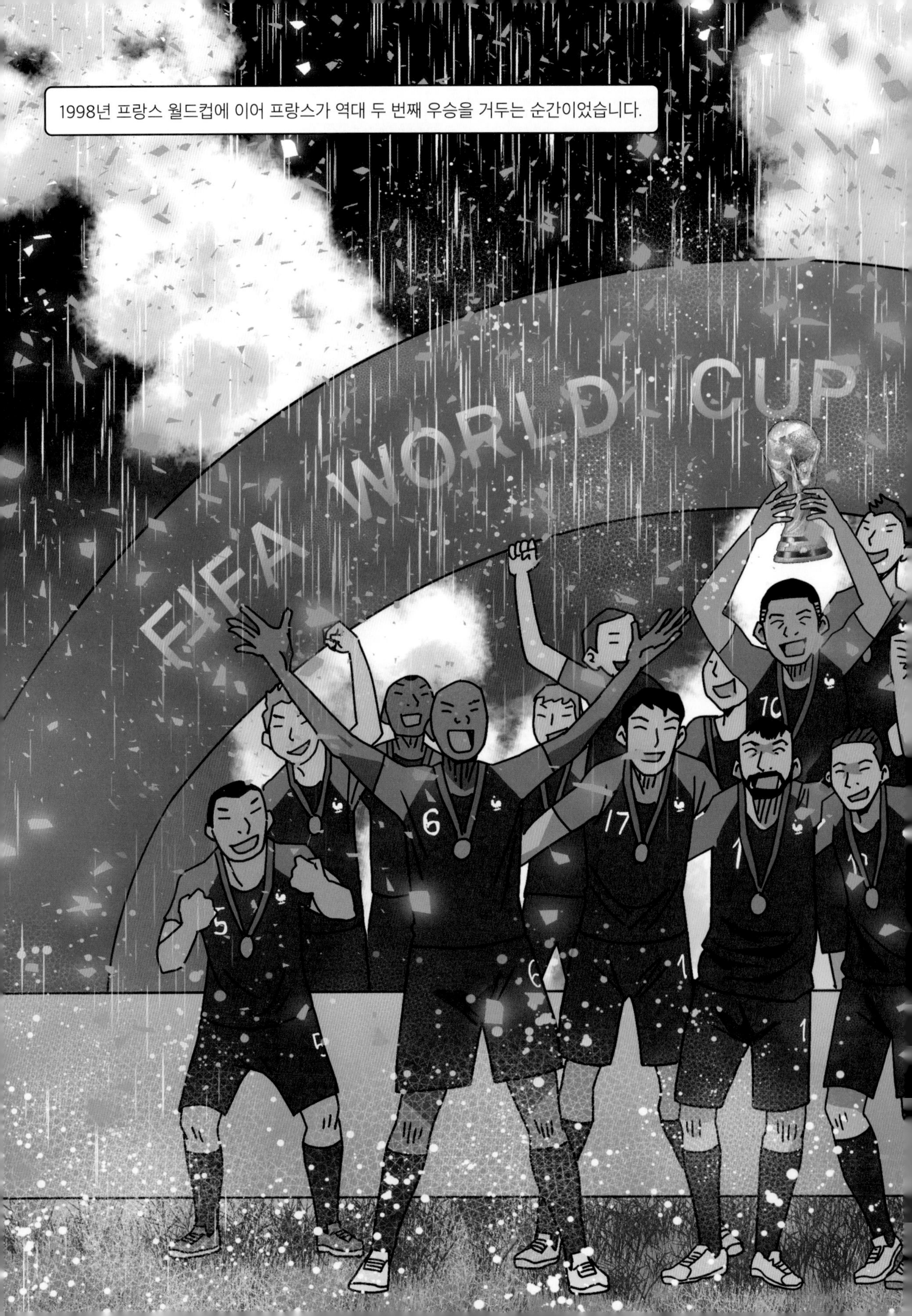
1998년 프랑스 월드컵에 이어 프랑스가 역대 두 번째 우승을 거두는 순간이었습니다.
FIFA WORLD CUP

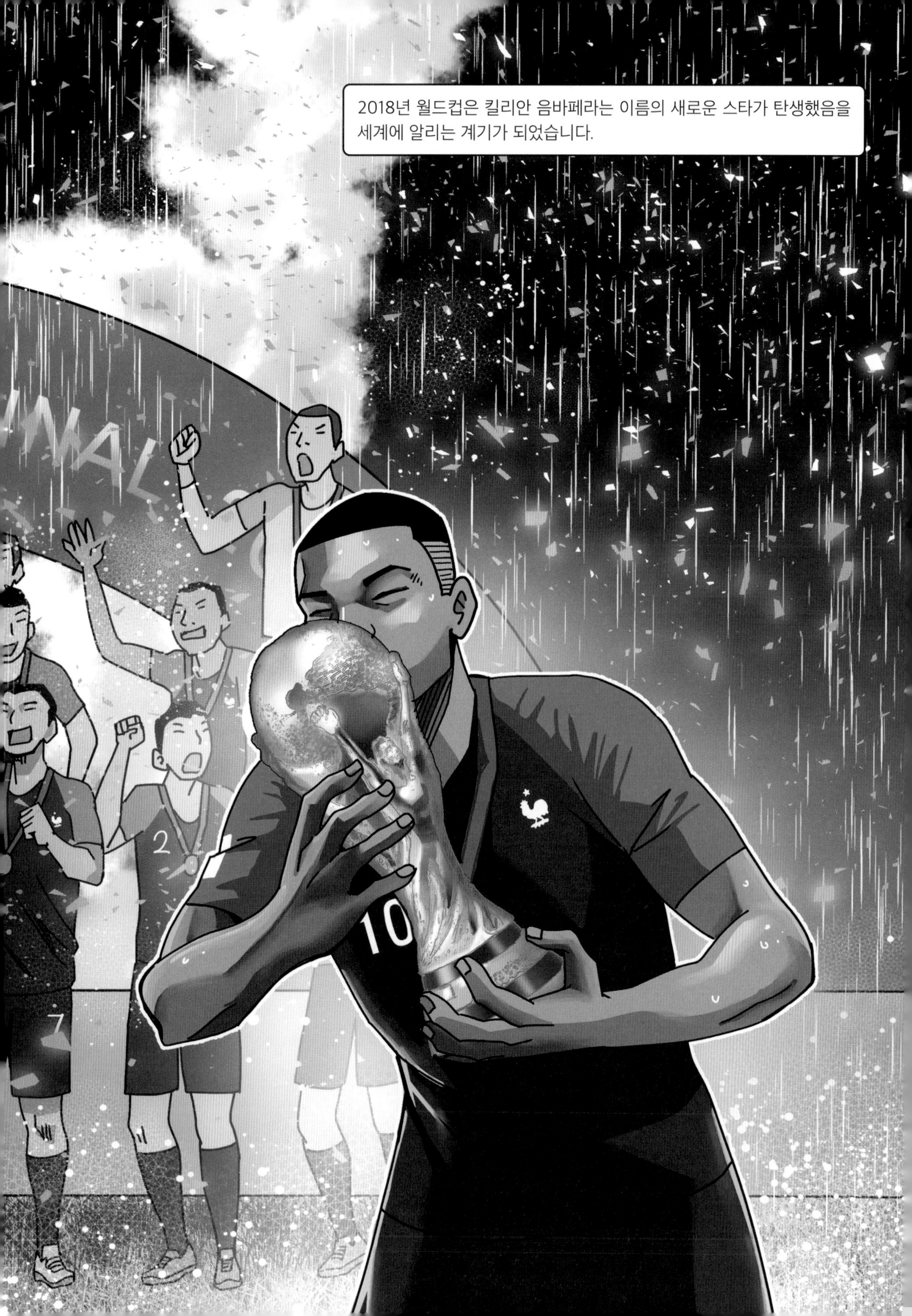
2018년 월드컵은 킬리안 음바페라는 이름의 새로운 스타가 탄생했음을 세계에 알리는 계기가 되었습니다.

통합지식 플러스⑥ ▼

축구의 미래를
이끌어 갈 선수

어린 나이에도 놀라운 재능을 선보이며
그라운드를 누비는 선수들은 누가 있을까요?
축구의 미래를 책임질 얼굴들을 소개합니다.

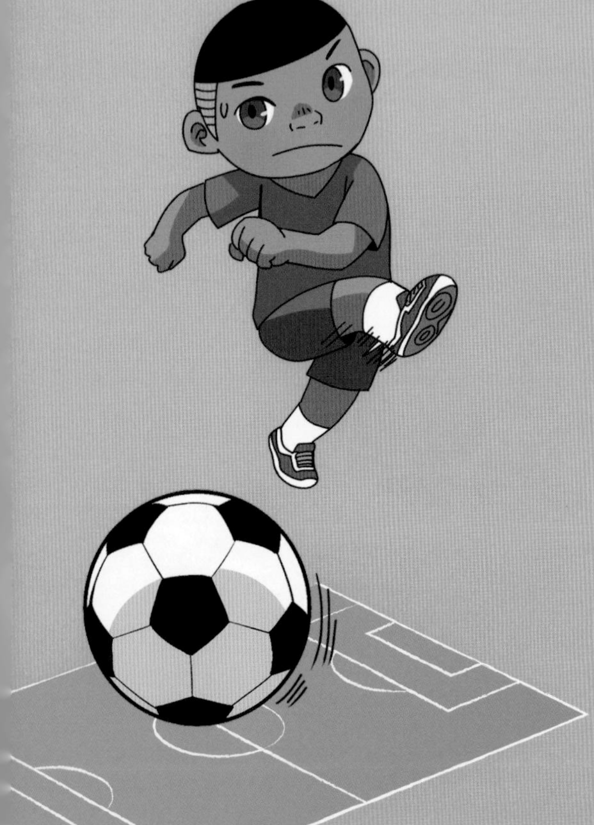

하나 엘링 홀란드

2024년 현재 맨체스터 시티 FC에서 뛰고 있는 엘링 홀란드는 반드시 주목해야 할 선수입니다. UEFA(유럽 축구 연맹) 올해의 선수, 프리미어 리그(잉글랜드 프로 축구 리그) 올해의 선수 등 이미 수많은 상을 받았으며, 프리미어 리그 최다 득점, UEFA 최연소 득점왕 등 어마어마한 기록을 세우고 있어요.

홀란드는 키 195cm, 체중 88kg에 이르는 건장한 체격의 소유자입니다. 거대한 몸집에도 불구하고 최고 속력 36km/h에 이르는 속도와 순발력을 갖추었어요. 따라서 수비수들은 공을 몰며 뚫고 나오는 홀란드를 막는 데 어려움을 겪을 수밖에 없습니다. 여기에 감각적인 슈팅이 더해져 자신에게 오는 공을 득점으로 연결시키고 맙니다.

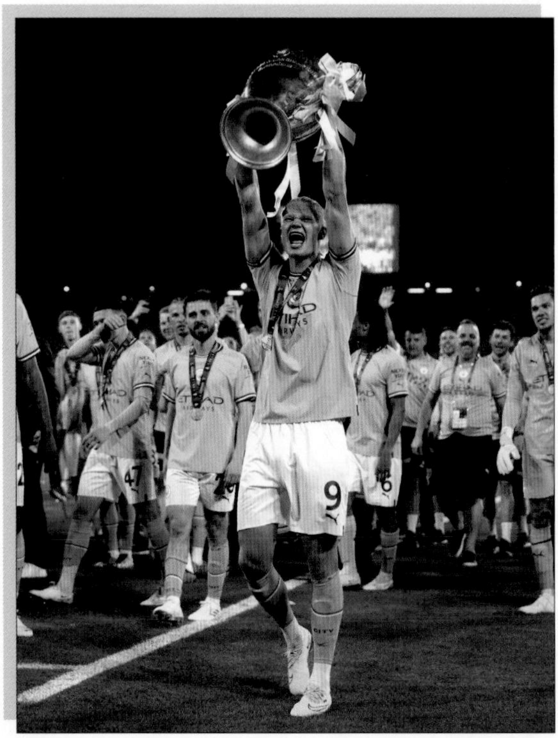

괴물 공격수 엘링 홀란드

홀란드는 어린 시절 아버지의 뜻에 따라 크로스컨트리 스키부터 핸드볼, 육상까지 다양한 스포츠를 즐겼다고 합니다. 이는 홀란드의 아버지와 어머니가 모두 운동선수였기 때문으로 보입니다.

홀란드의 아버지 알프잉에 홀란드는 노팅엄 포레스트 FC, 리즈 유나이티드 FC, 맨체스터 시티 FC 등 여러 구단에서 활약한 축구 선수이며, 홀란드의 어머니도 헵타슬론이라 불리는 육상 7종 경기 챔피언에 등극한 운동선수였습니다.

이후 10대 때부터 축구 클럽 관계자들의 눈에 띈 홀란드는 오스트리아의 축구 클럽인 FC 레드불 잘츠부르크에 입단합니다. 홀란드는 UEFA 챔피언스 리그 데뷔전에서 무려 전반전에서만 세 골을 넣으며 해트 트릭을 기록하였어요. 챔피언스 리그 역사상 이런 기록을 가진 선수는 지금까지 홀란드뿐입니다. 이 팀에서 홀란드는 황희찬 선수와 호흡을 맞추기도 했습니다.

이후 독일 분데스리가의 축구 클럽인 보루시아 도르트문트로 이적한 홀란드는 그야말로 엄청난 기량을 보여 주었습니다. 데뷔전에서 출전한 시간이 90분도 되지 않았는데 또 해트 트릭을 기록하였습니다. 이후에도 놀라운 득점력으로 2020-21 시즌에는 분데스리가 최우수 선수상을 받았습니다.

2022년 홀란드는 맨체스터 시티 FC로 이적합니다. 아버지가 뛰었던 구단에서 축구 선수 생활을 하게 되었죠. 홀란드 영입 다음 해인 2023년 맨체스터 시티 FC는 트레블(한 시즌에 1부 리그, 챔피언스리그, 컵 대회 세 가지를 모두 우승하는 것)을 달성하였으며 홀란드는 프리미어 리그와 챔피언스 리그 득점왕으로 올라섰습니다.

둘 이강인

이강인은 파리 생제르맹 FC에서 뛰고 있는 대한민국 선수입니다. 포지션은 공격형 미드필더로 팀의 플레이를 이끌어 가는 역할을 맡고 있어요. 유럽 리그에서도 손꼽힐 정도로 뛰어난 드리블 능력을 갖추고 있으며 특유의 정교한 킥으로 득점을 만들어 냅니다.

이강인은 2007년 〈날아라 슛돌이〉라는 TV 프로그램에서 처음 모습을 알렸습니다. 어린이들이 축구를 배우며 좌충우돌하는 예능 프로그램에서, 이강인은 차원이 다른 축구 실력을 선보이며 축구 천재라고 불렸습니다. 7살의 어린 나이였지만 남다른 재능으로 사람들의 주목을 받았지요.

이강인은 초등학교 4학년 때 유럽으로 건너가 스페인 발렌시아 CF의 유소년 팀에 입단했습니다. 발렌시아 CF는 173cm의 작은 체구인데도 뛰어난

파리 생제르맹 FC에서 활약하고 있는 이강인 선수

ⓒ Republic of Korea

축구 기술과 예리한 시야를 가진 이강인의 잠재력을 높이 평가하였죠.

이강인은 2018년 10월, 17세의 나이로 발렌시아 CF 1군 데뷔전을 치렀습니다. 이것으로 발렌시아 CF에서 최연소로 데뷔한 외국인 선수이자 최초의 동양인 선수라는 타이틀을 얻었습니다.

이강인은 2019년 20세 이하 선수들이 참가하는 FIFA U-20 월드컵에 태극 마크를 달고 참가하였습니다. 높은 패스 성공률과 훌륭한 골 어시스트로 우리나라 역사상 최초 FIFA 남자 축구 대회 결승에 오르는 성과를 이뤄 냈습니다.

이 대회에서 이강인은 대한민국 선수 최초로 골든 볼을 획득합니다. U-20 월드컵에서 두 번째로 어린 나이에 수상한 골든 볼이었습니다. 최연소 수상자는 리오넬 메시입니다. 이강인은 리오넬 메시 이후 14년 만에 처음으로 18세의 나이에 골든 볼을 수상한 선수가 되었습니다.

이강인이 〈날아라 슛돌이〉에서 활약하던 시절, 이강인을 무척 아끼던 스승이 있었습니다. 그는 전 축구 국가대표였던 고 유상철 감독입니다. 유상철 감독은 선수 시절 파리 생제르맹 FC의 홈구장인 '파르크 데 프랭스' 경기장에서 월드컵 첫 골을 기록한 적이 있어요. 2023년 이강인은 파리 생제르맹 FC로 이적하며 스승이 뛰던 그라운드를 누비게 되었습니다.

셋 주드 벨링엄

주드 벨링엄은 잉글랜드 선수로 현재 유럽 최고의 명문 축구 클럽인 레알 마드리드 CF에 소속되어 있습니다. 중앙 미드필더로서 공격과 수비를 오가

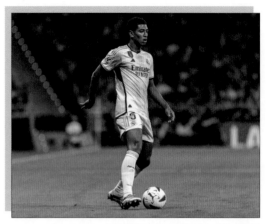

레알 마드리드 CF에서 뛰는 주드 벨링엄

며 맹활약 중이죠.

벨링엄은 잉글랜드 중부의 작은 마을에서 태어났습니다. 경찰인 동시에 아마추어 축구 선수이기도 했던 벨링엄의 아버지는 벨링엄을 데리고 꾸준히 축구 훈련에 참가하였습니다.

하지만 벨링엄이 처음부터 축구를 좋아한 것은 아니었습니다. 그는 축구보다는 꽃이나 풀에 관심이 많았고 꽃으로 팔찌를 만들어 엄마에게 선물하곤 했습니다. 부모님은 그런 벨링엄을 이해해 주었고 건강하고 착하게 자라기만을 바랐습니다. 오히려 축구에 대해 강요하지 않은 것이 축구를 사랑하게 된 이유가 되었죠.

벨링엄은 어렸을 때부터 축구에 두각을 드러냈습니다. 리버풀 FC과 버밍엄 시티 FC, 첼시 FC까지 어린 벨링엄을 영입하고 싶어 했어요. 벨링엄이 선택한 곳은 버밍엄 시티 FC였습니다. 이후 벨링엄은 2019년 16세의 나이로 1군 프로 무대에 데뷔하였습니다.

1년 후 보루시아 도르트문트로 이적한 벨링엄은 데뷔전에서 골을 넣으며 보루시아 도르트문트 구단 최연소 득점자가 되었어요. UEFA 챔피언스 리그

에서는 엘링 홀란드와 킬리안 음바페에 이어 4경기 연속 득점에 성공하면서 유럽 최고의 유망주로 떠올랐습니다.

2023년 벨링엄은 가장 존경하는 선수인 지네딘 지단이 활약했던 레알 마드리드 CF에 입단하였습니다. 지단의 등 번호인 5번을 받게 되었죠.

넷 비니시우스 주니오르

비니시우스 주니오르는 경기장 측면에서 뛰며 공격을 이끄는 윙어입니다. 뛰어난 드리블 실력과 순간적인 가속도가 특징인 선수죠. 레알 마드리드 CF에서 주드 벨링엄 선수와 함께 뛰고 있습니다. 브라질 축구를 대표하는 선수로는 네이마르 주니오르를 빼놓을 수 없는데요. 비니시우스는 네이마르의 뒤를 이을 차세대 브라질 선수로 떠오르고 있습니다.

브라질의 명문 구단 CR 플라멩구는 어린 선수들을 발탁하기 위해 여러 축구 학교와 제휴를 맺고 있었습니다. 그러던 중 비상한 능력의 가속도와 드리블을 갖춘 어린아이가 주목받게 되었죠. 여섯 살의 비니시우스였습니다.

이후 비니시우스는 2015년 열린 남미 U-15 대회에서 6경기 동안 6골을 득점했을 뿐만 아니라 2017년 열린 남미 U-17 대회에서 득점왕과 최우수 선수상을 휩쓸며 압도적인 실력을 보여 주었습니다. 이를 좋게 본 레알 마드리드 CF는 높은 금액을 제시하며 비니시우스를 영입합니다.

2021-22 시즌 레알 마드리드 CF는 UEFA 챔피언스 리그 14번째 우승을 차지합니다. 이 우승의 일등 공신은 비니시우스였죠. 해당 시즌 비니시우스

레알 마드리드 CF에서 뛰는 비니시우스 주니오르

는 52경기에서 22골 16도움이라는 어마어마한 활약을 펼치며 레알 마드리드 CF의 핵심 선수로 성장했습니다.

비니시우스는 안타까운 일로 논란의 중심에 서기도 했습니다. 지속적인 인종 차별에 시달렸던 비니시우스에게 스페인 발렌시아 CF 팬들이 또다시 차별적인 언행을 보인 것이죠. 이에 대해 항의한 비니시우스와 팬들의 갈등이 격해져 한동안 경기가 중단되기도 했습니다. 경기 후 네이마르, 음바페 등의 선수들이 비니시우스 지지를 선언했고, 레알 마드리드 CF도 공식 성명을 통해 비니시우스에게 벌어진 일을 규탄하며 증오 범죄를 두고 보지 않겠다고 밝혔습니다.

한편 비니시우스는 소속 팀에 애정이 넘치는 선수로도 유명한데요. 뛰는 도중 팀의 엠블럼을 마주치면 밟지 않고 폴짝 뛰어넘거나 중요한 골을 넣고 나서 꼭 팀의 로고를 가리키는 모습을 보여 팬들의 많은 사랑을 받고 있습니다.

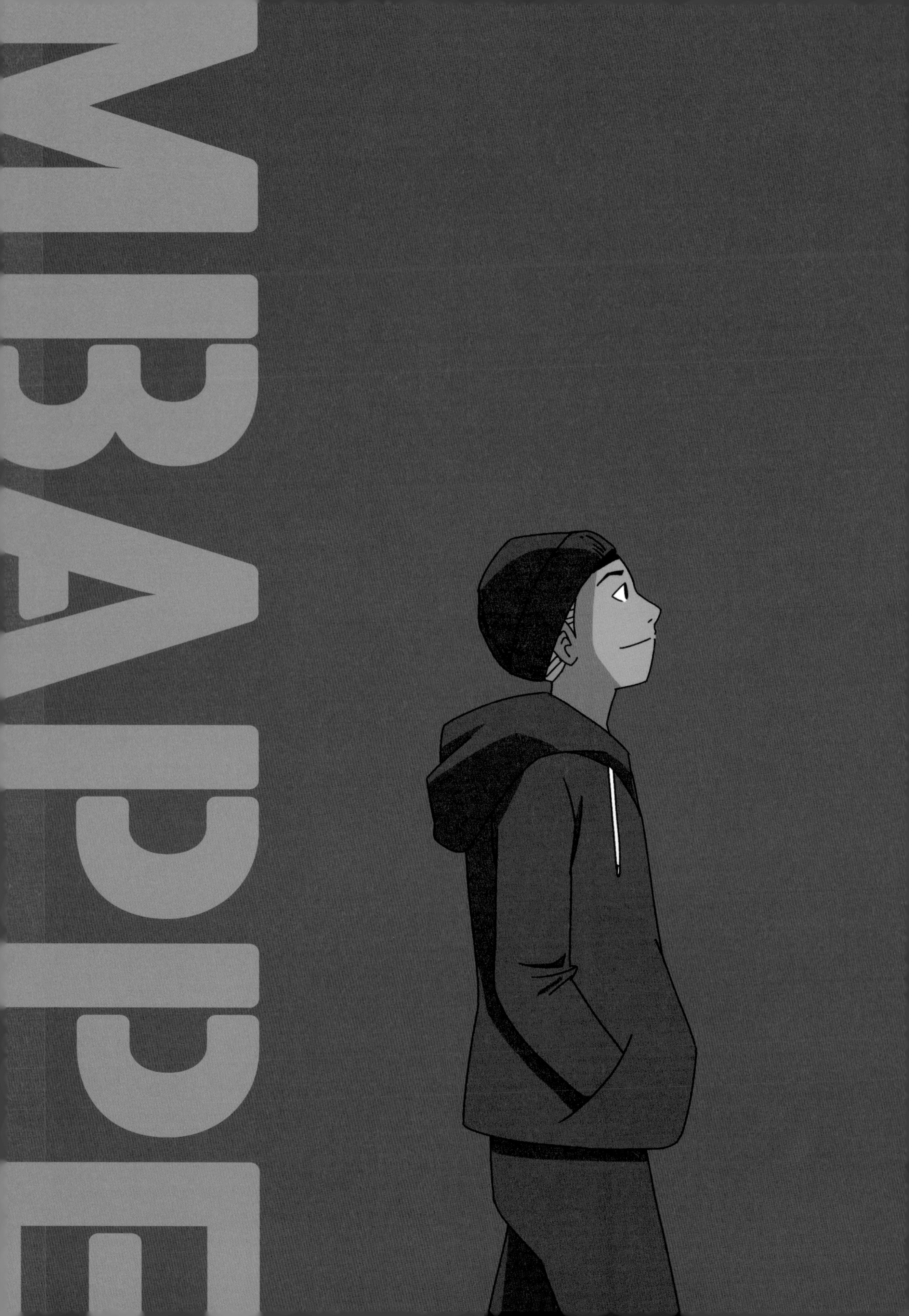
MBAPPE

7장

끝나지 않은 도전

> 나는 몽상가야!
> 꿈은 무궁무진해.
> 게다가 꿈꾸는 건 무료라고.

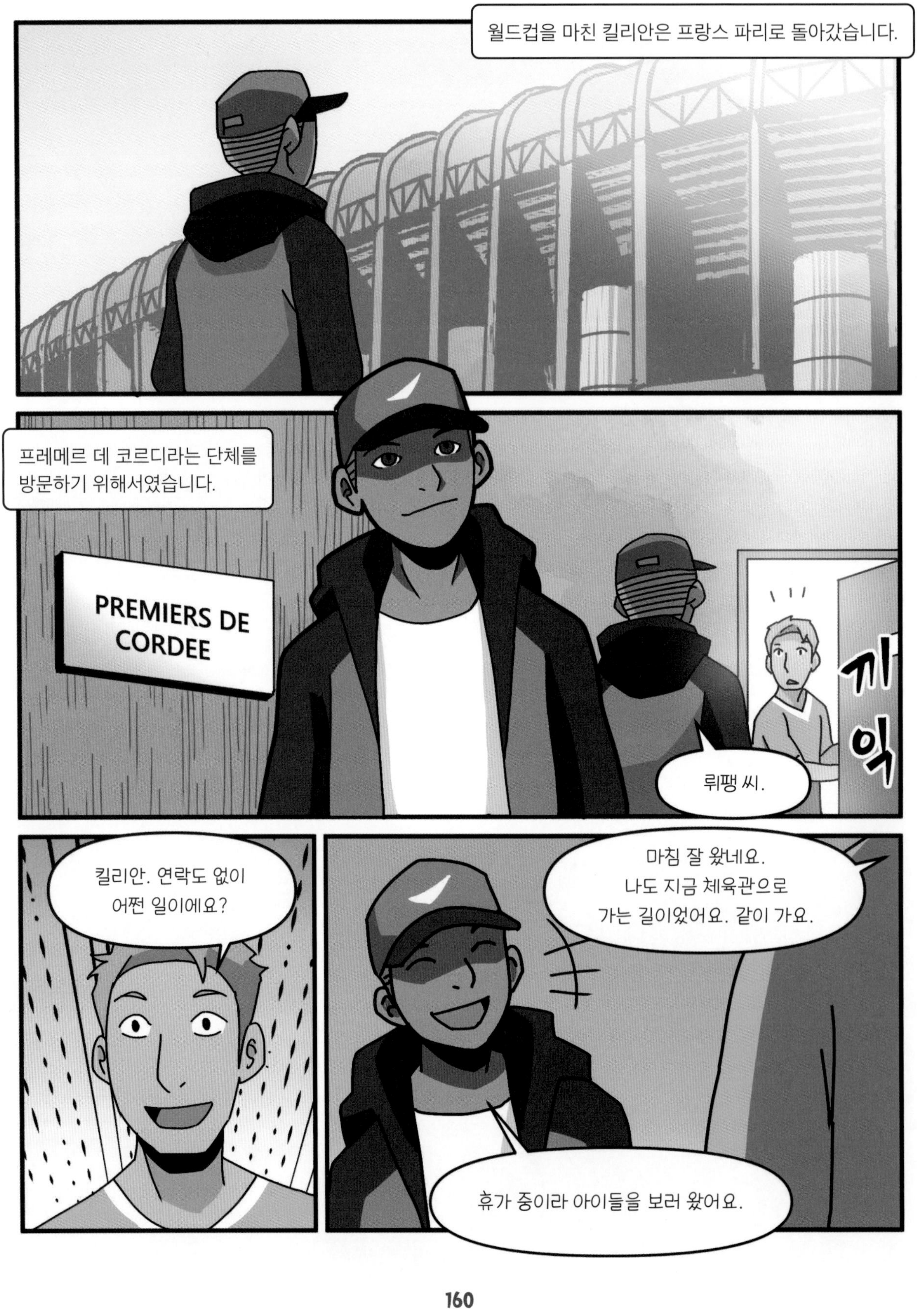
월드컵을 마친 킬리안은 프랑스 파리로 돌아갔습니다.
프레메르 데 코르디라는 단체를 방문하기 위해서였습니다.
PREMIERS DE CORDEE
끼익
뤼팽 씨.
킬리안. 연락도 없이 어쩐 일이에요?
휴가 중이라 아이들을 보러 왔어요.
마침 잘 왔네요. 나도 지금 체육관으로 가는 길이었어요. 같이 가요.

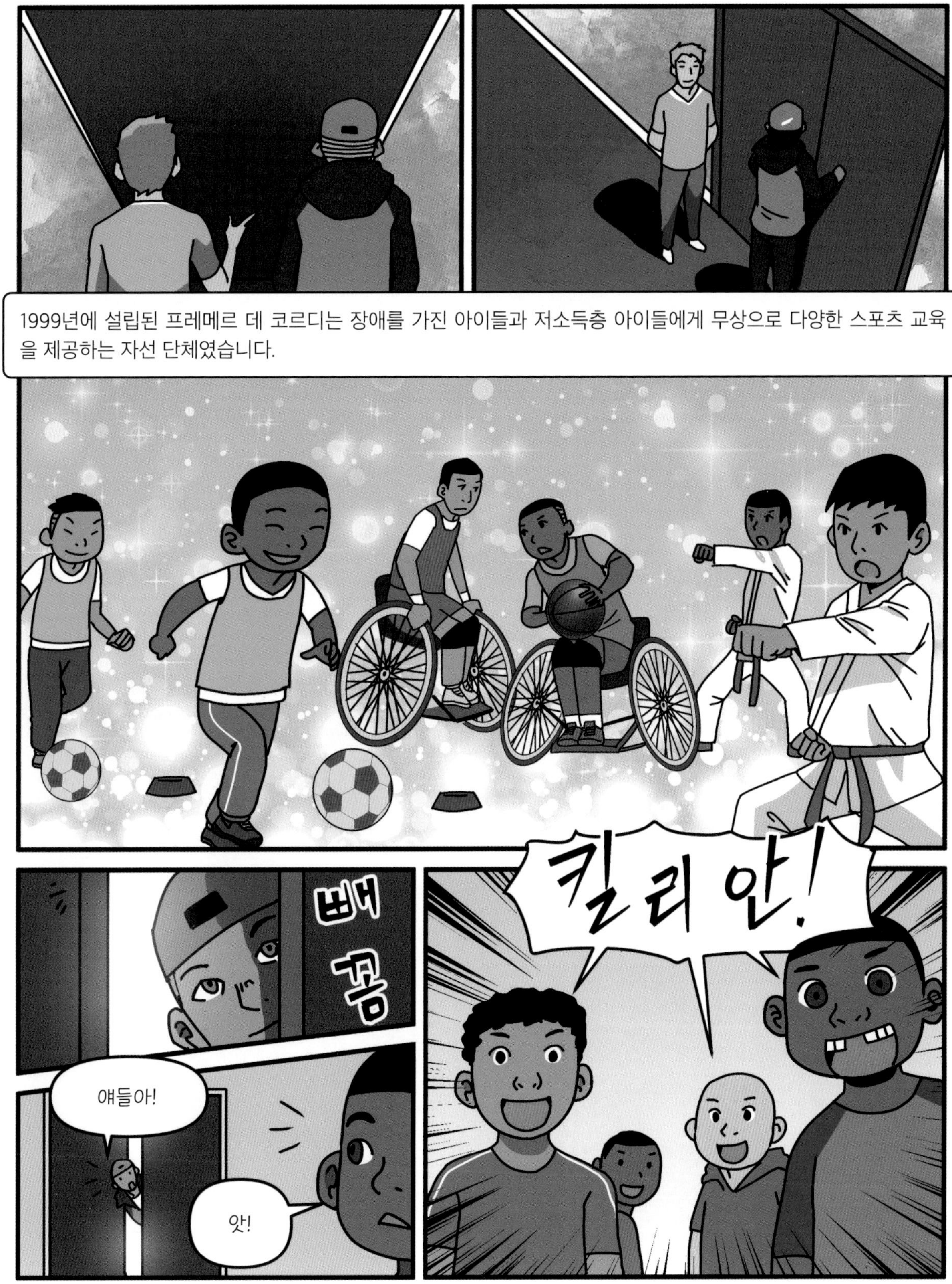
1999년에 설립된 프레메르 데 코르디는 장애를 가진 아이들과 저소득층 아이들에게 무상으로 다양한 스포츠 교육을 제공하는 자선 단체였습니다.
빼꼼
얘들아!
앗!
킬리안!

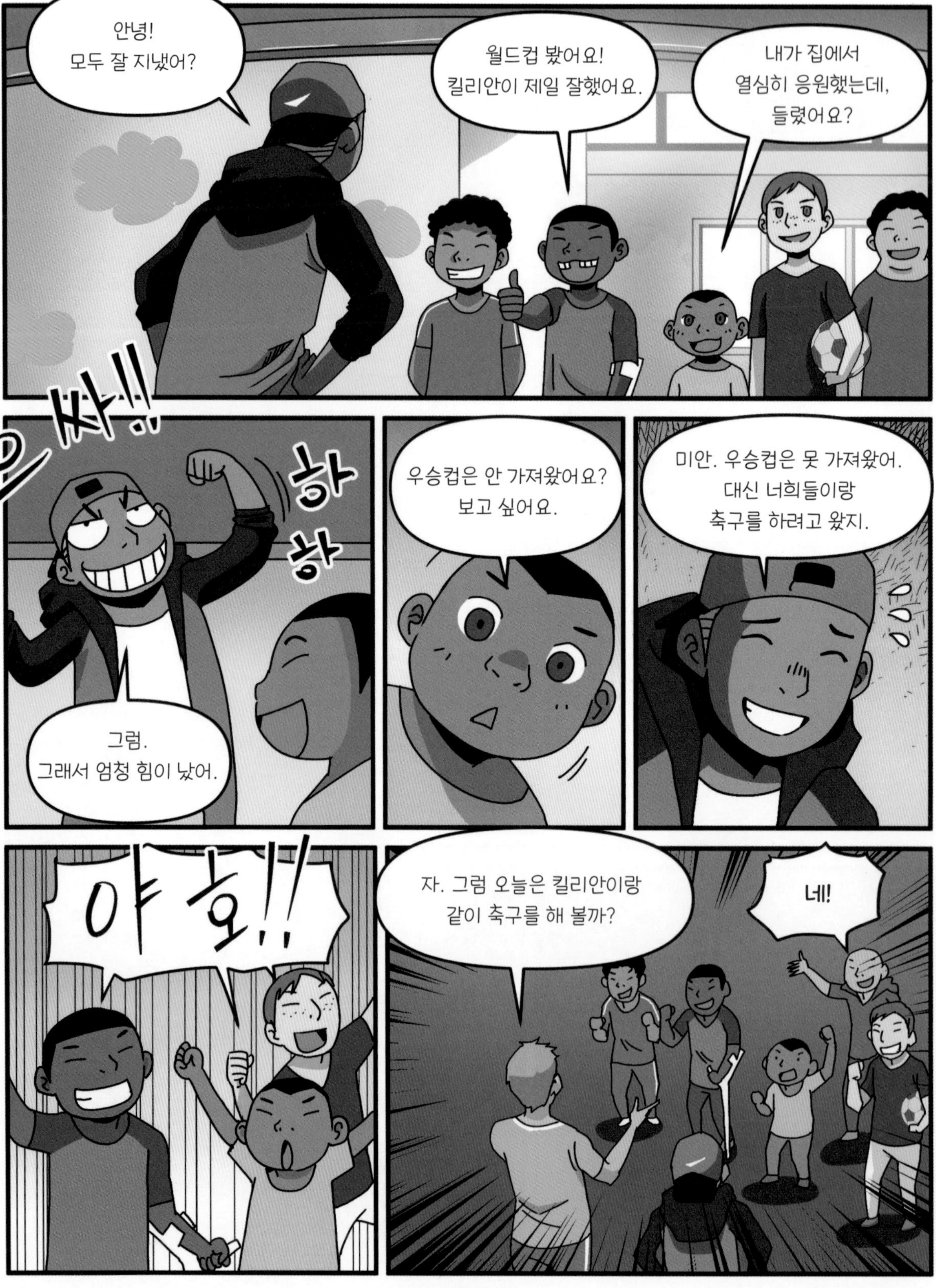
안녕!
모두 잘 지냈어?
월드컵 봤어요!
킬리안이 제일 잘했어요.
내가 집에서
열심히 응원했는데,
들렸어요?
으쌰!!
하하
그럼.
그래서 엄청 힘이 났어.
우승컵은 안 가져왔어요?
보고 싶어요.
미안. 우승컵은 못 가져왔어.
대신 너희들이랑
축구를 하려고 왔지.
야호!!
자. 그럼 오늘은 킬리안이랑
같이 축구를 해 볼까?
네!

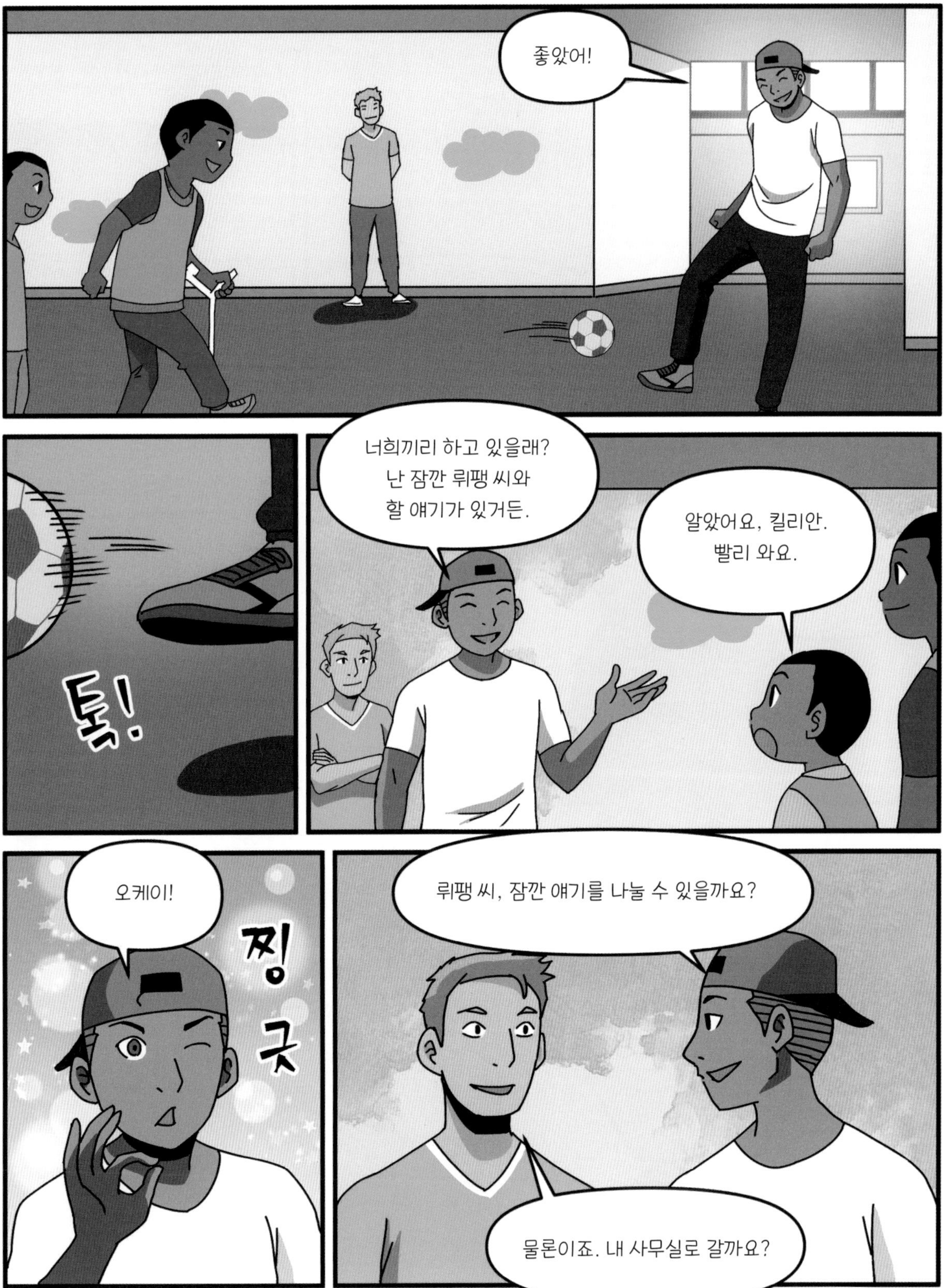

좋았어!
톡!
너희끼리 하고 있을래?
난 잠깐 뤼팽 씨와
할 얘기가 있거든.
알았어요, 킬리안.
빨리 와요.
오케이!
찡긋
뤼팽 씨, 잠깐 얘기를 나눌 수 있을까요?
물론이죠. 내 사무실로 갈까요?

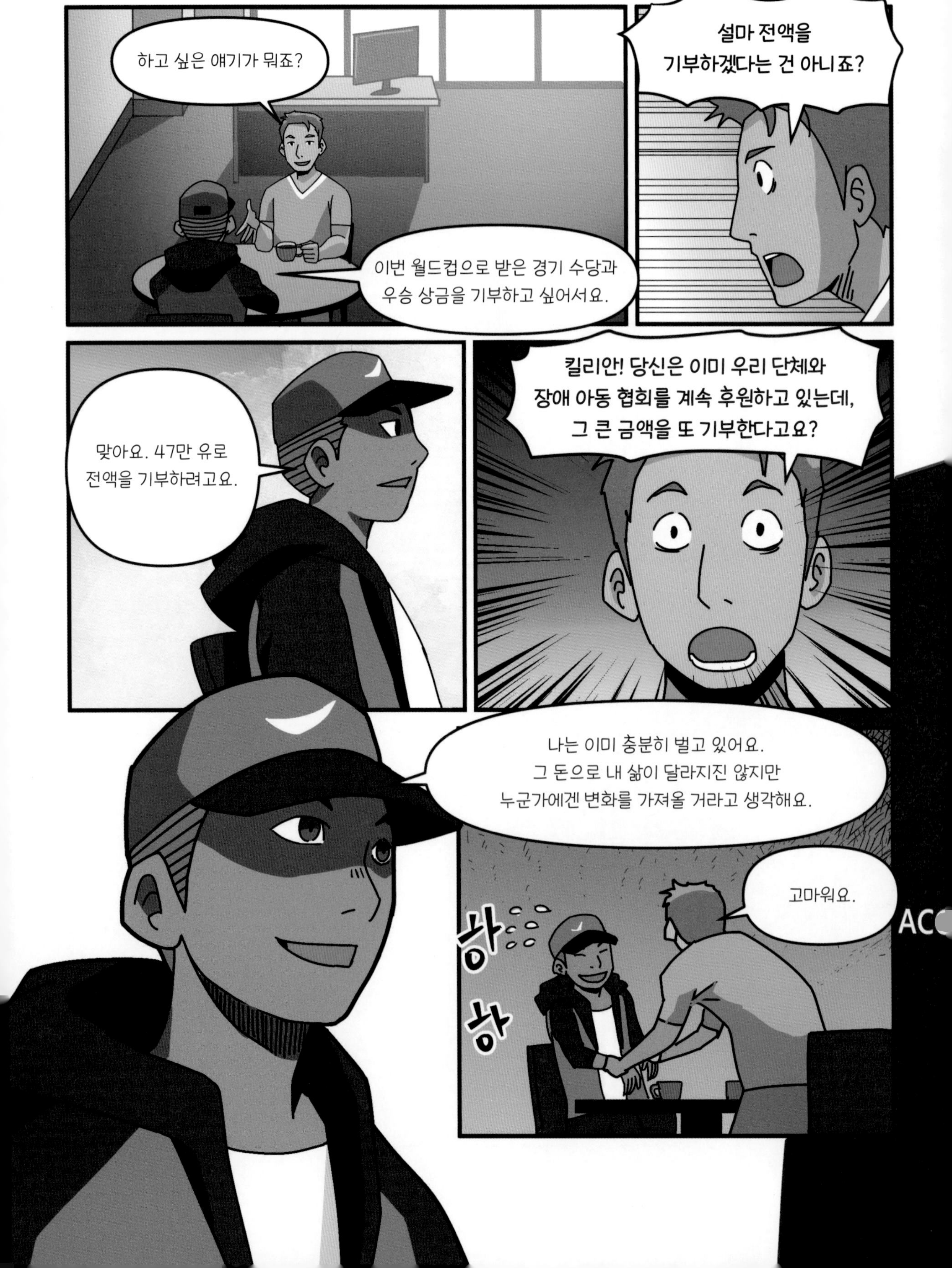
하고 싶은 얘기가 뭐죠?
이번 월드컵으로 받은 경기 수당과 우승 상금을 기부하고 싶어서요.
설마 전액을
기부하겠다는 건 아니죠?
맞아요. 47만 유로
전액을 기부하려고요.
킬리안! 당신은 이미 우리 단체와
장애 아동 협회를 계속 후원하고 있는데,
그 큰 금액을 또 기부한다고요?
나는 이미 충분히 벌고 있어요.
그 돈으로 내 삶이 달라지진 않지만
누군가에겐 변화를 가져올 거라고 생각해요.
고마워요.
하 하

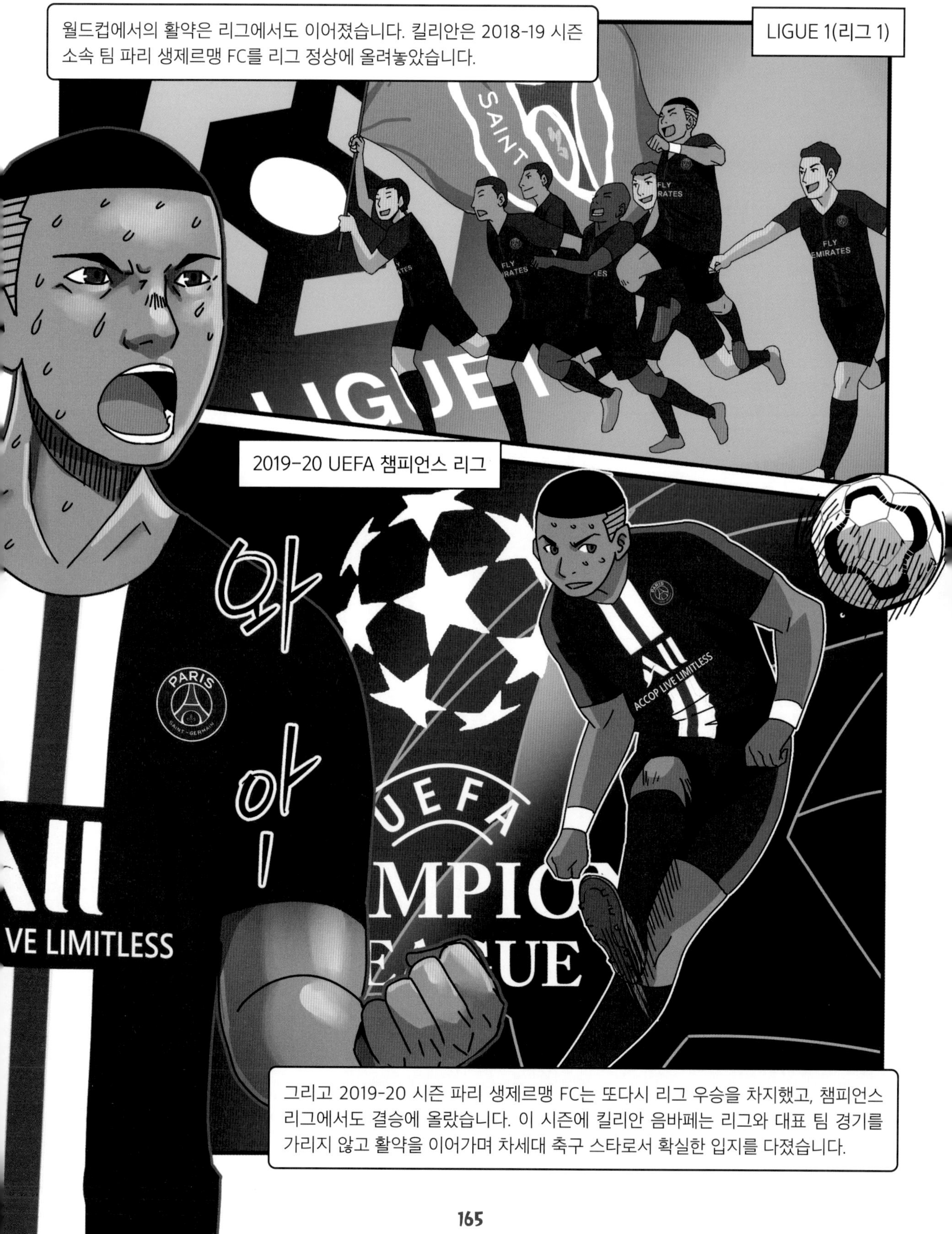
월드컵에서의 활약은 리그에서도 이어졌습니다. 킬리안은 2018-19 시즌 소속 팀 파리 생제르맹 FC를 리그 정상에 올려놓았습니다.
LIGUE 1(리그 1)
2019-20 UEFA 챔피언스 리그
와 아 !
그리고 2019-20 시즌 파리 생제르맹 FC는 또다시 리그 우승을 차지했고, 챔피언스 리그에서도 결승에 올랐습니다. 이 시즌에 킬리안 음바페는 리그와 대표 팀 경기를 가리지 않고 활약을 이어가며 차세대 축구 스타로서 확실한 입지를 다졌습니다.

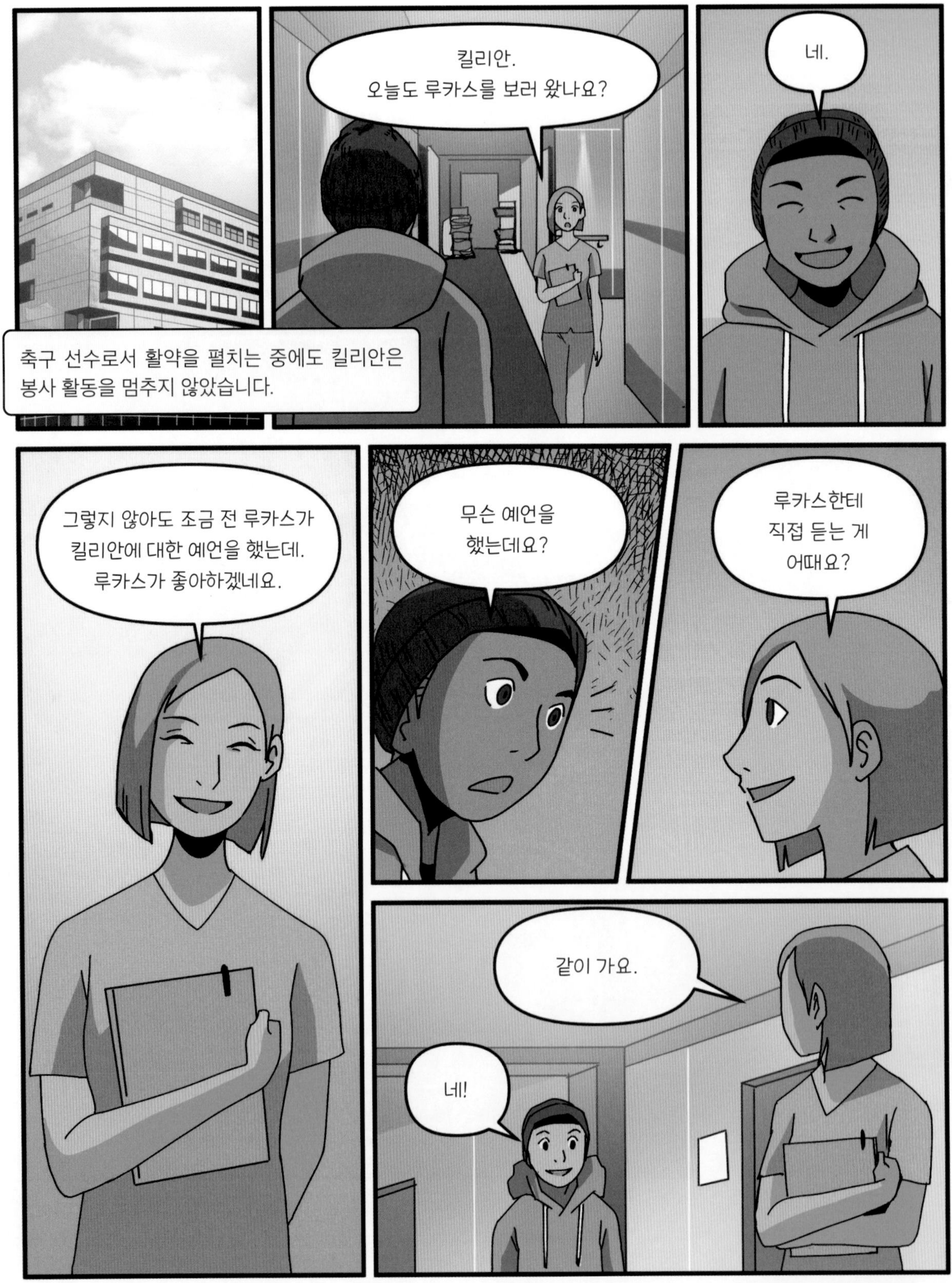
축구 선수로서 활약을 펼치는 중에도 킬리안은 봉사 활동을 멈추지 않았습니다.
킬리안. 오늘도 루카스를 보러 왔나요?
네.
그렇지 않아도 조금 전 루카스가 킬리안에 대한 예언을 했는데. 루카스가 좋아하겠네요.
무슨 예언을 했는데요?
루카스한테 직접 듣는 게 어때요?
같이 가요.
네!

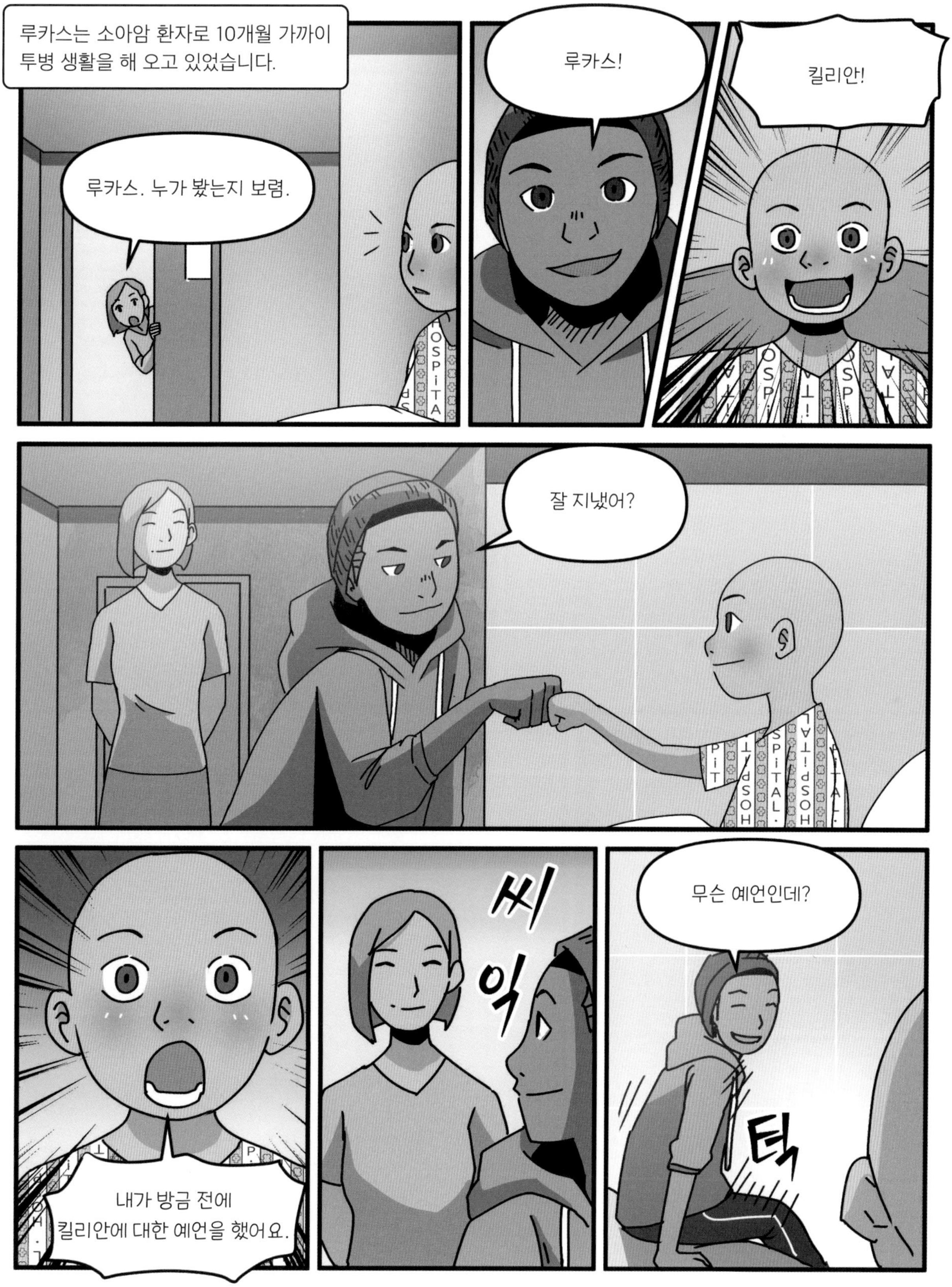
루카스는 소아암 환자로 10개월 가까이
투병 생활을 해 오고 있었습니다.
루카스. 누가 왔는지 보렴.
루카스!
킬리안!
잘 지냈어?
내가 방금 전에
킬리안에 대한 예언을 했어요.
씨익
무슨 예언인데?
턱

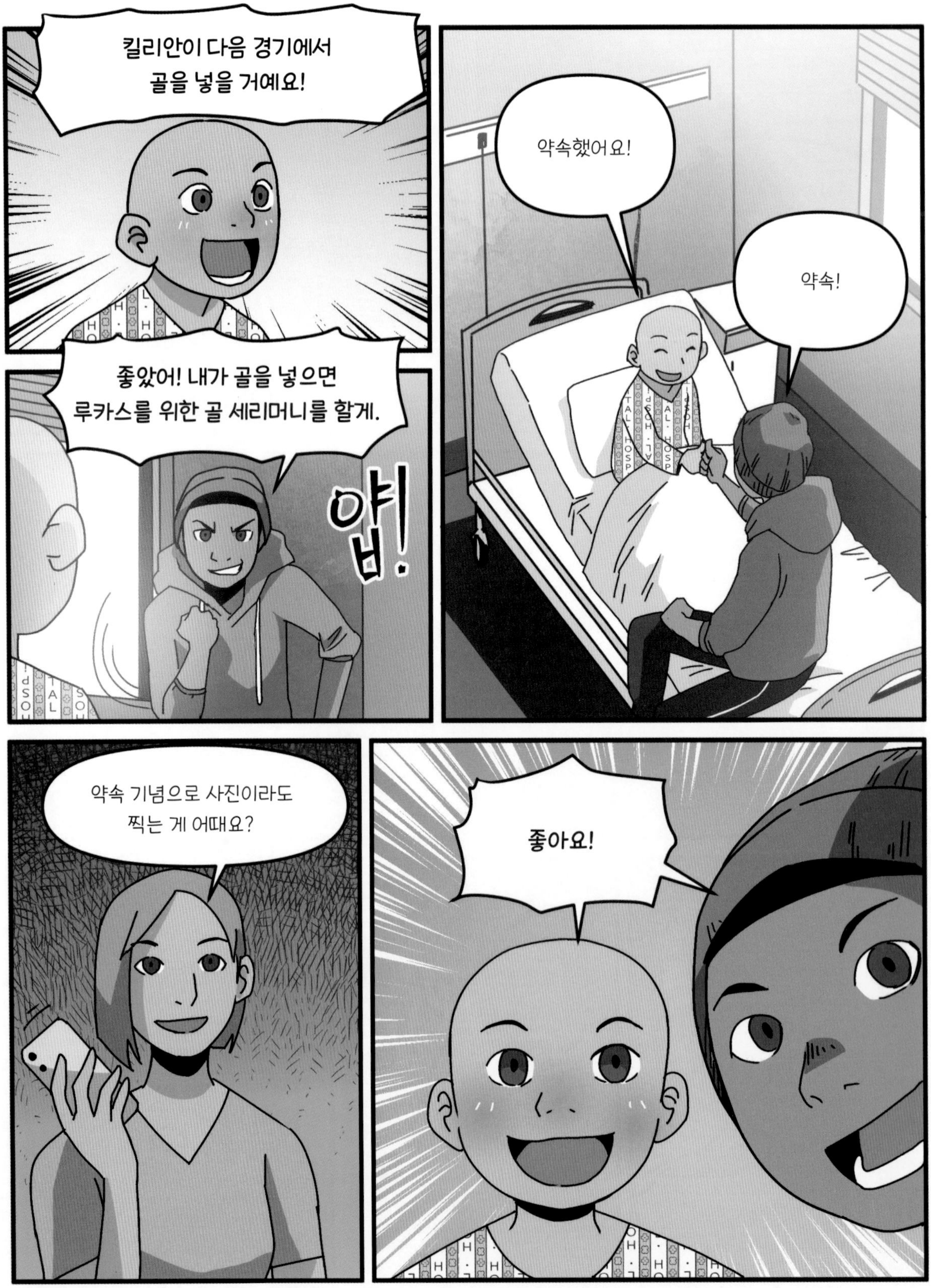
킬리안이 다음 경기에서
골을 넣을 거예요!
좋았어! 내가 골을 넣으면
루카스를 위한 골 세리머니를 할게.
얍!
약속했어요!
약속!
약속 기념으로 사진이라도
찍는 게 어때요?
좋아요!

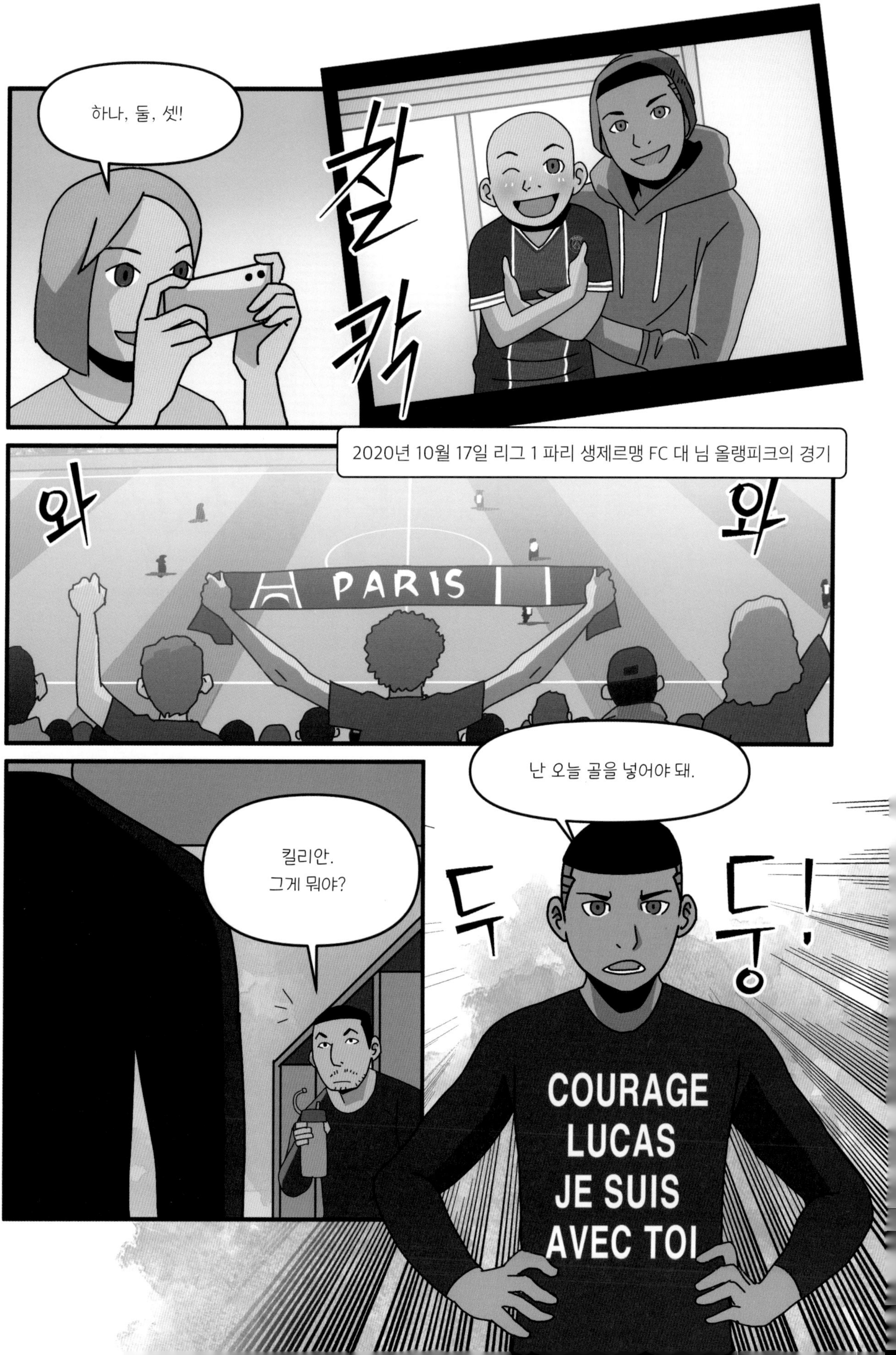
하나, 둘, 셋!
찰칵
2020년 10월 17일 리그 1 파리 생제르맹 FC 대 님 올랭피크의 경기
와
와
PARIS
난 오늘 골을 넣어야 돼.
킬리안.
그게 뭐야?
두둥!
COURAGE
LUCAS
JE SUIS
AVEC TOI

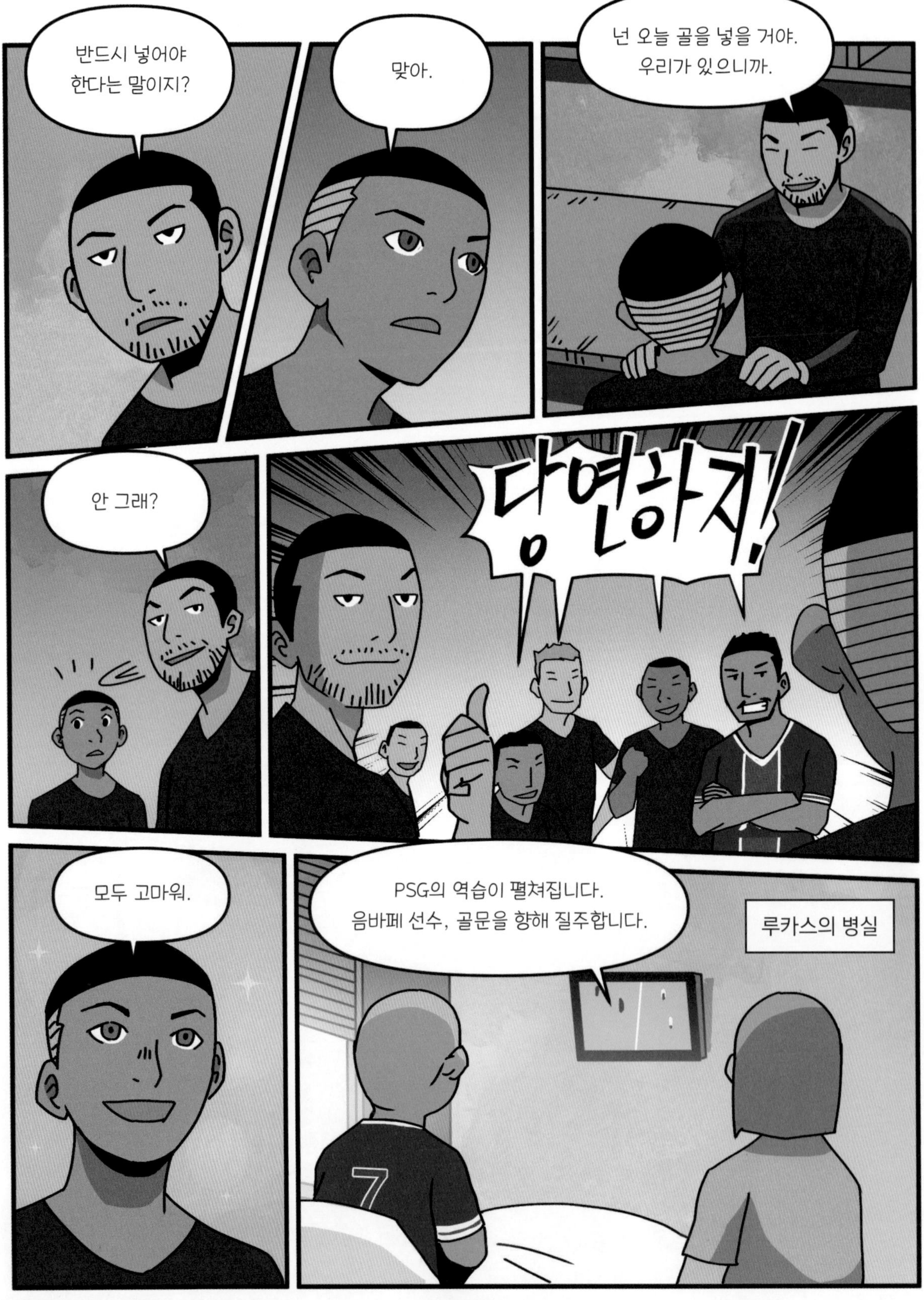
반드시 넣어야 한다는 말이지?
맞아.
넌 오늘 골을 넣을 거야. 우리가 있으니까.
안 그래?
당연하지!
모두 고마워.
PSG의 역습이 펼쳐집니다. 음바페 선수, 골문을 향해 질주합니다.
루카스의 병실

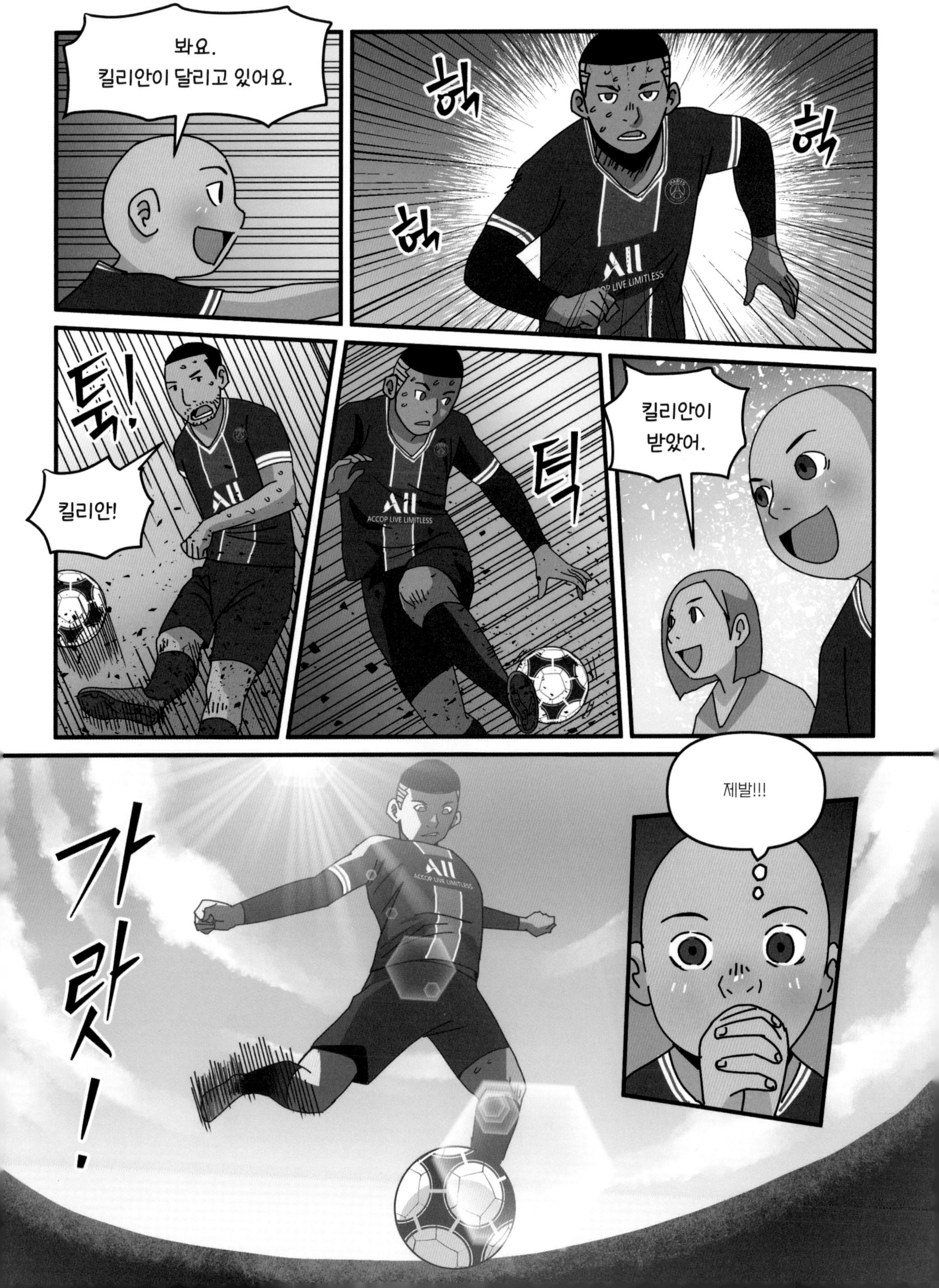

봐요.
킬리안이 달리고 있어요.
헉
헉
헉
툭!
킬리안!
턱
킬리안이
받았어.
가
랏!
제발!!!

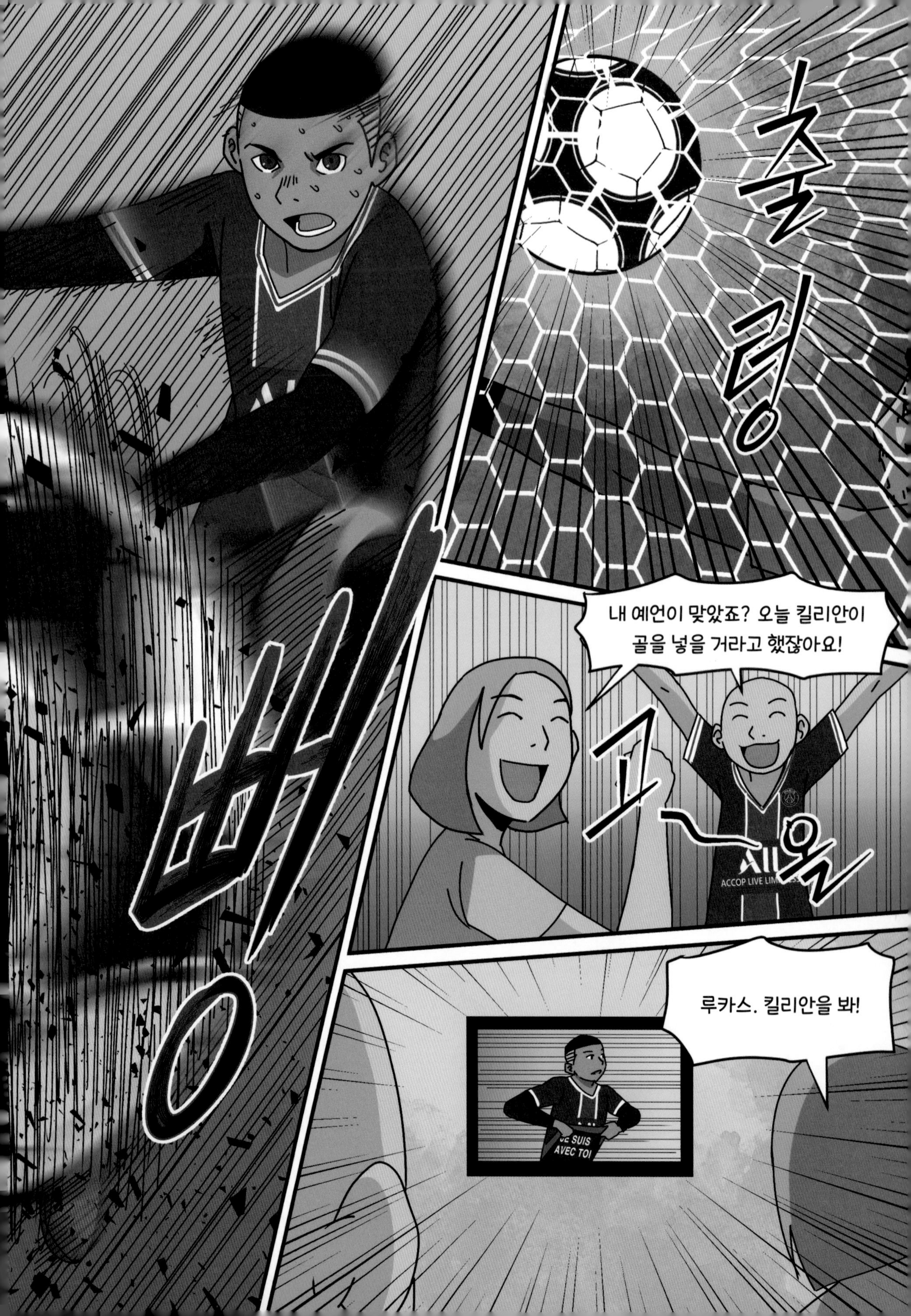
빵
출렁
내 예언이 맞았죠? 오늘 킬리안이 골을 넣을 거라고 했잖아요!
고~올
루카스. 킬리안을 봐!

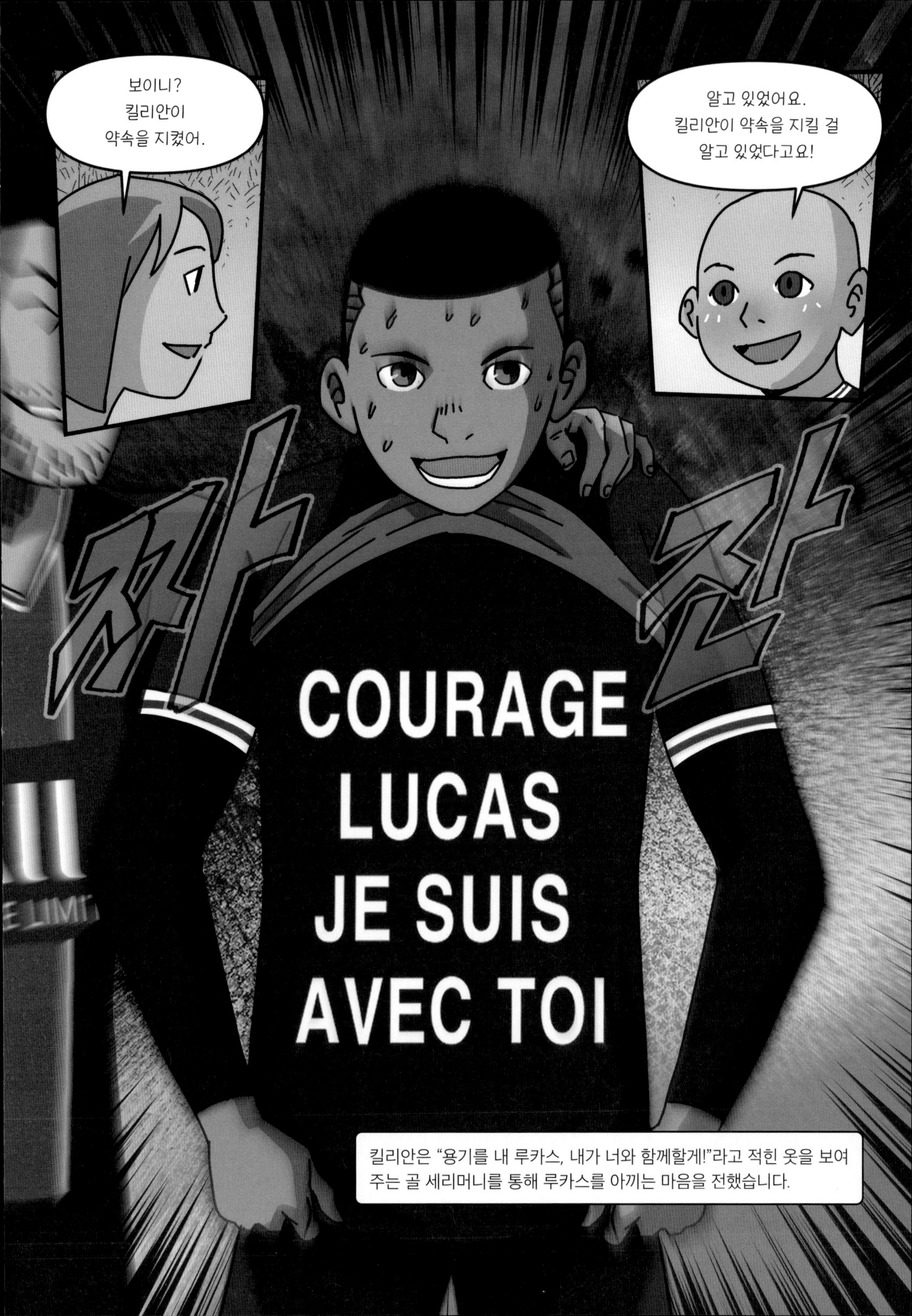
보이니?
킬리안이
약속을 지켰어.
알고 있었어요.
킬리안이 약속을 지킬 걸
알고 있었다고요!
짜잔
COURAGE
LUCAS
JE SUIS
AVEC TOI
킬리안은 "용기를 내 루카스, 내가 너와 함께할게!"라고 적힌 옷을 보여 주는 골 세리머니를 통해 루카스를 아끼는 마음을 전했습니다.

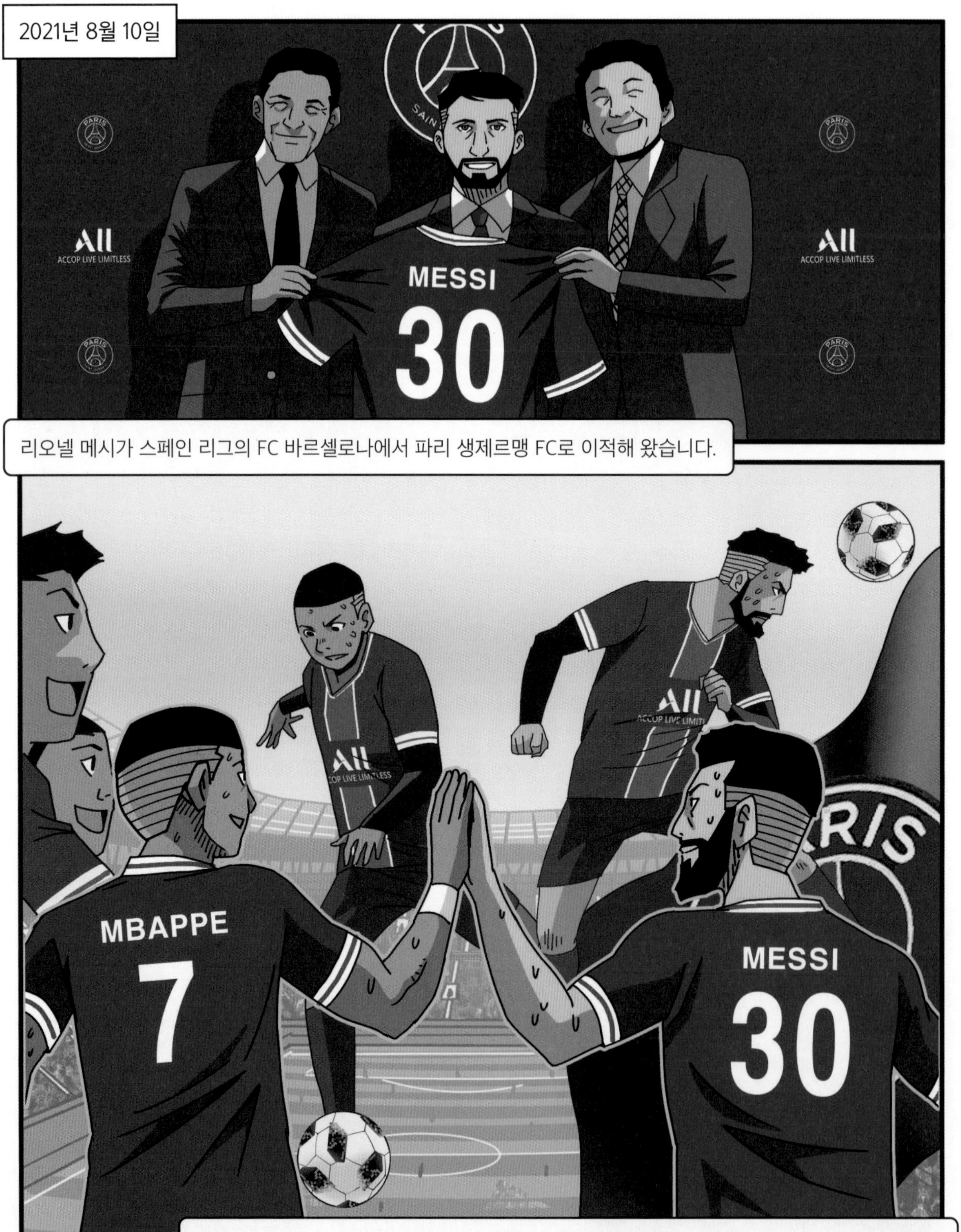
2021년 8월 10일
All
ACCOP LIVE LIMITLESS
MESSI
30
리오넬 메시가 스페인 리그의 FC 바르셀로나에서 파리 생제르맹 FC로 이적해 왔습니다.
MBAPPE
7
MESSI
30
새롭게 떠오르는 신성 킬리안 음바페에 더해 축구의 신 메시까지 가세한 파리 생제르맹 FC가
2021-22 시즌과 2022-23 시즌 연속해서 리그 1 우승을 차지한 것은 당연한 일이었습니다.

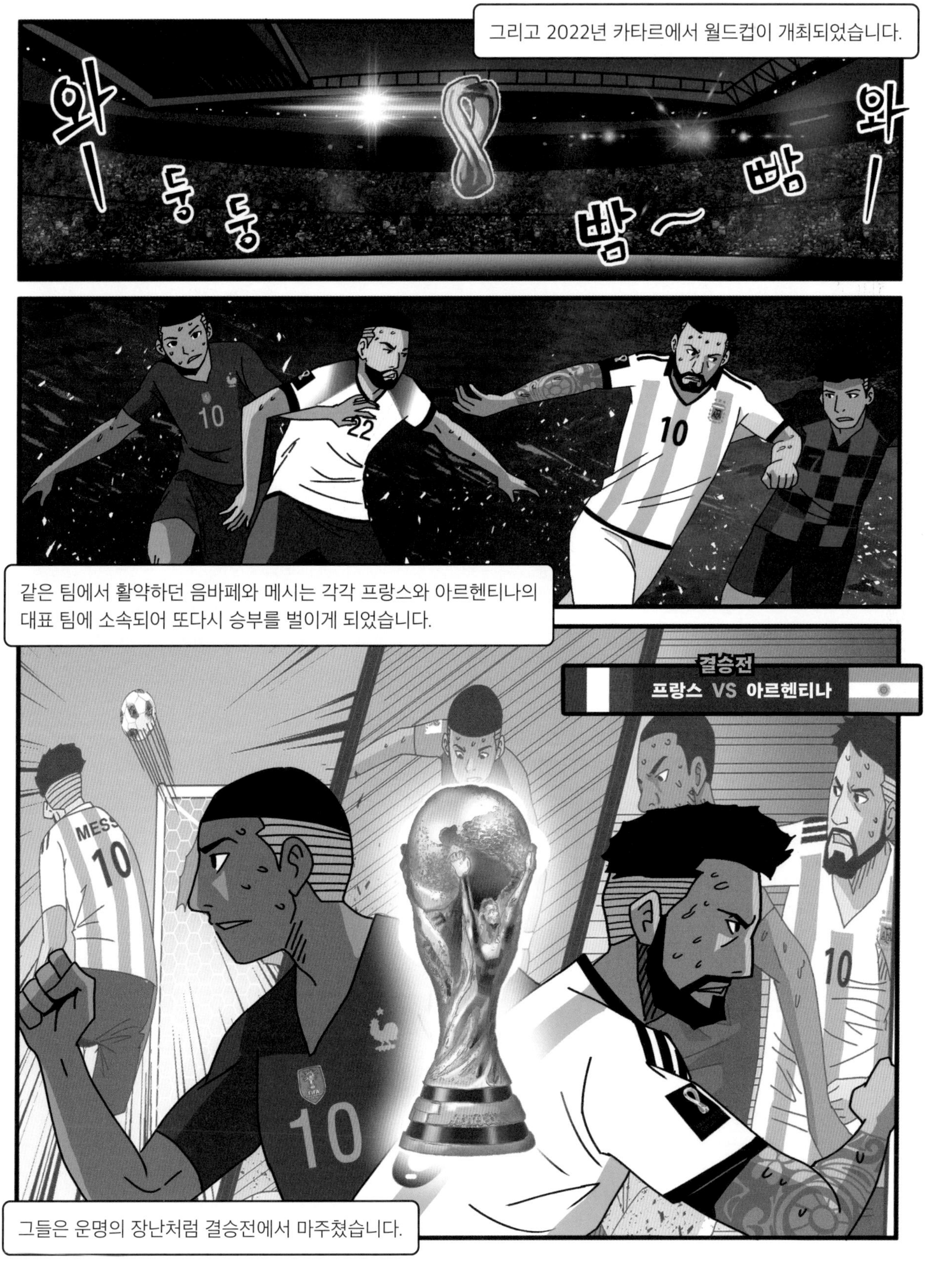
그리고 2022년 카타르에서 월드컵이 개최되었습니다.
와-
둥 둥
빰~ 빰
와-
10
22
10
10
같은 팀에서 활약하던 음바페와 메시는 각각 프랑스와 아르헨티나의 대표 팀에 소속되어 또다시 승부를 벌이게 되었습니다.
결승전
프랑스 VS 아르헨티나
MESS
10
10
10
그들은 운명의 장난처럼 결승전에서 마주쳤습니다.

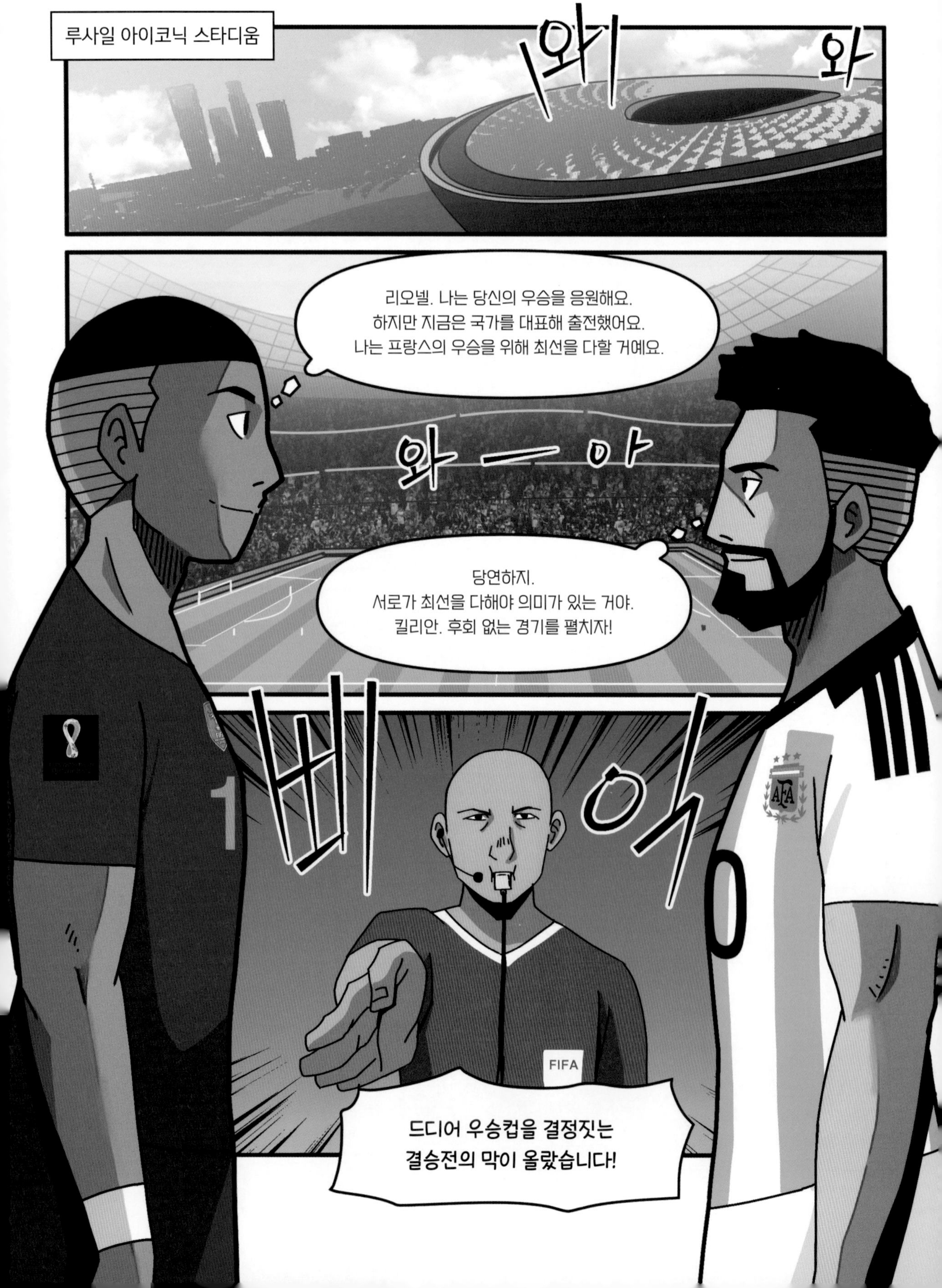
루사일 아이코닉 스타디움
와!
와
리오넬. 나는 당신의 우승을 응원해요.
하지만 지금은 국가를 대표해 출전했어요.
나는 프랑스의 우승을 위해 최선을 다할 거예요.
와-아
당연하지.
서로가 최선을 다해야 의미가 있는 거야.
킬리안. 후회 없는 경기를 펼치자!
삐익
FIFA
드디어 우승컵을 결정짓는
결승전의 막이 올랐습니다!

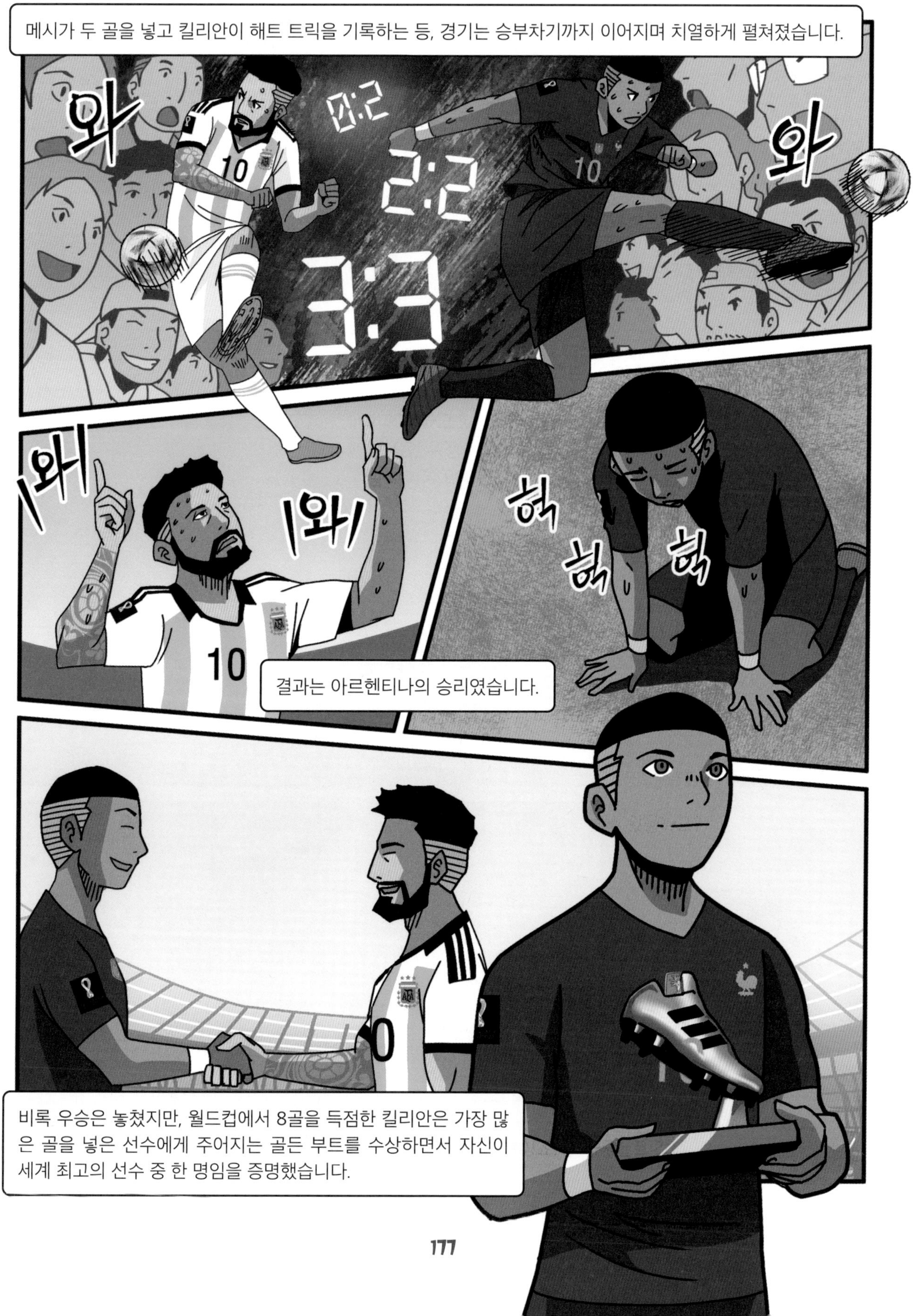

메시가 두 골을 넣고 킬리안이 해트 트릭을 기록하는 등, 경기는 승부차기까지 이어지며 치열하게 펼쳐졌습니다.
와
0:2
2:2
3:3
와
와!
와!
헉
헉
헉
결과는 아르헨티나의 승리였습니다.
비록 우승은 놓쳤지만, 월드컵에서 8골을 득점한 킬리안은 가장 많은 골을 넣은 선수에게 주어지는 골든 부트를 수상하면서 자신이 세계 최고의 선수 중 한 명임을 증명했습니다.

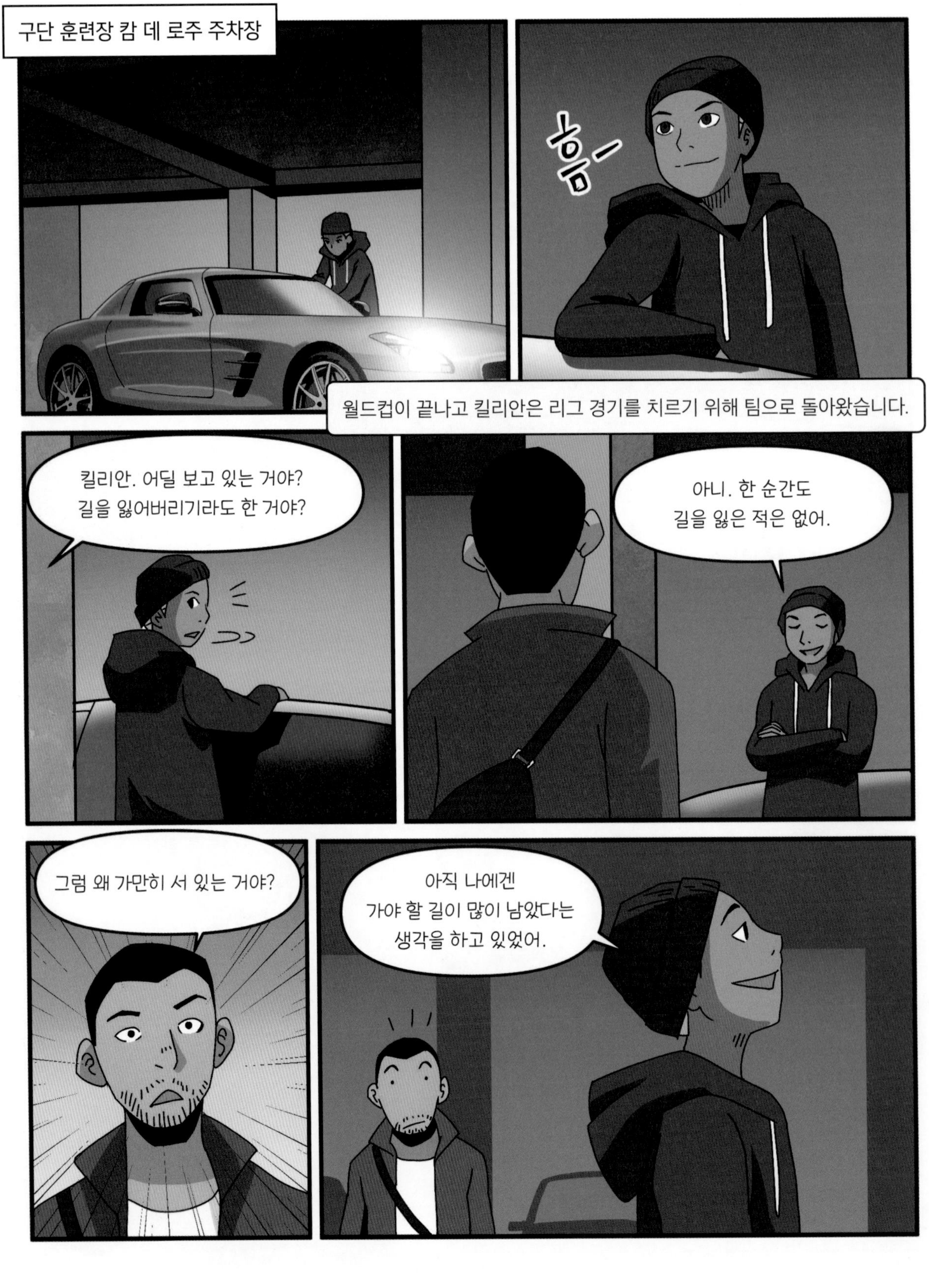
구단 훈련장 캄 데 로주 주차장
흠—
월드컵이 끝나고 킬리안은 리그 경기를 치르기 위해 팀으로 돌아왔습니다.
킬리안. 어딜 보고 있는 거야? 길을 잃어버리기라도 한 거야?
아니. 한 순간도 길을 잃은 적은 없어.
그럼 왜 가만히 서 있는 거야?
아직 나에겐 가야 할 길이 많이 남았다는 생각을 하고 있었어.

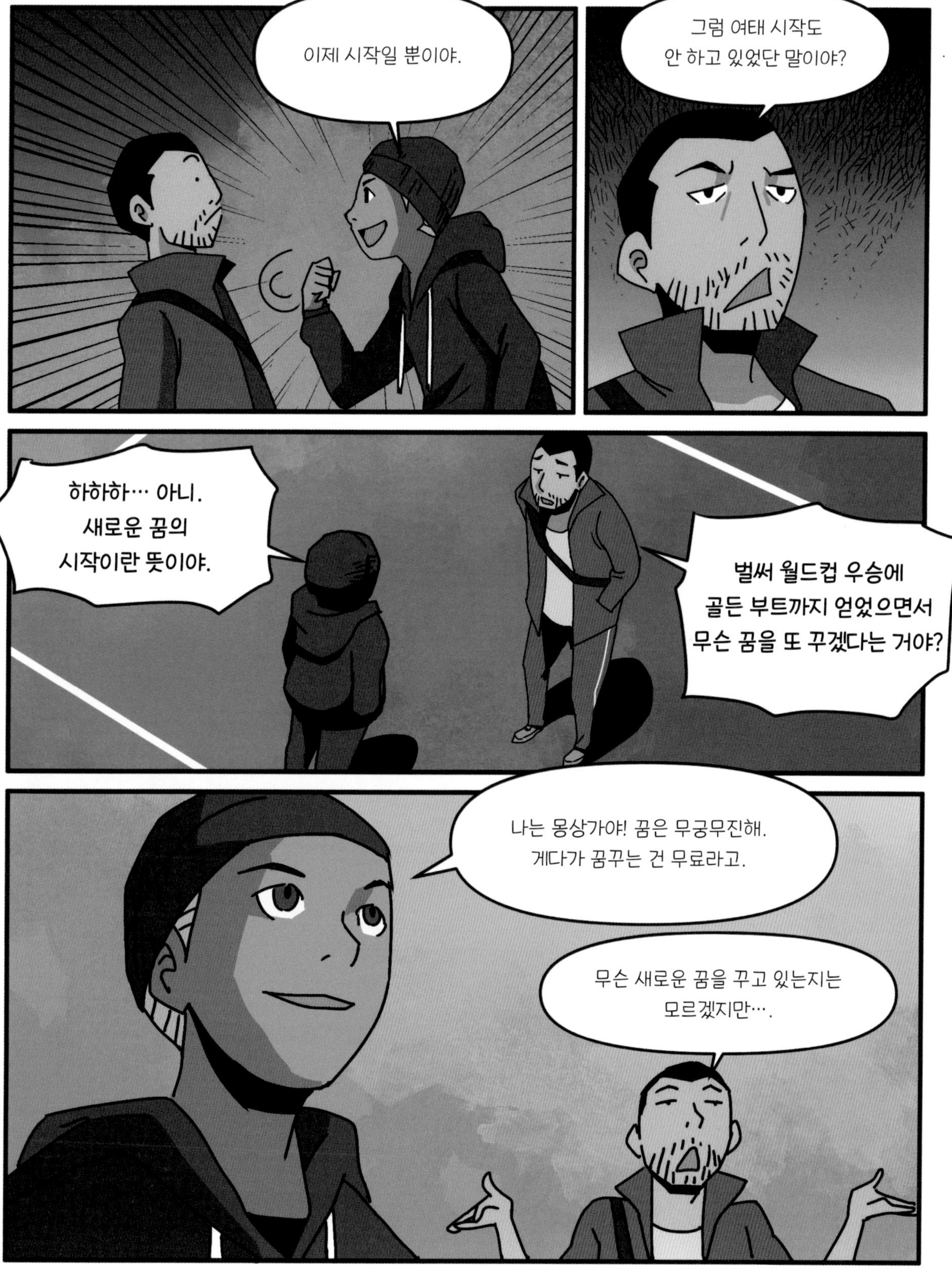

이제 시작일 뿐이야.
그럼 여태 시작도 안 하고 있었단 말이야?
하하하… 아니. 새로운 꿈의 시작이란 뜻이야.
벌써 월드컵 우승에 골든 부트까지 얻었으면서 무슨 꿈을 또 꾸겠다는 거야?
나는 몽상가야! 꿈은 무궁무진해. 게다가 꿈꾸는 건 무료라고.
무슨 새로운 꿈을 꾸고 있는지는 모르겠지만….

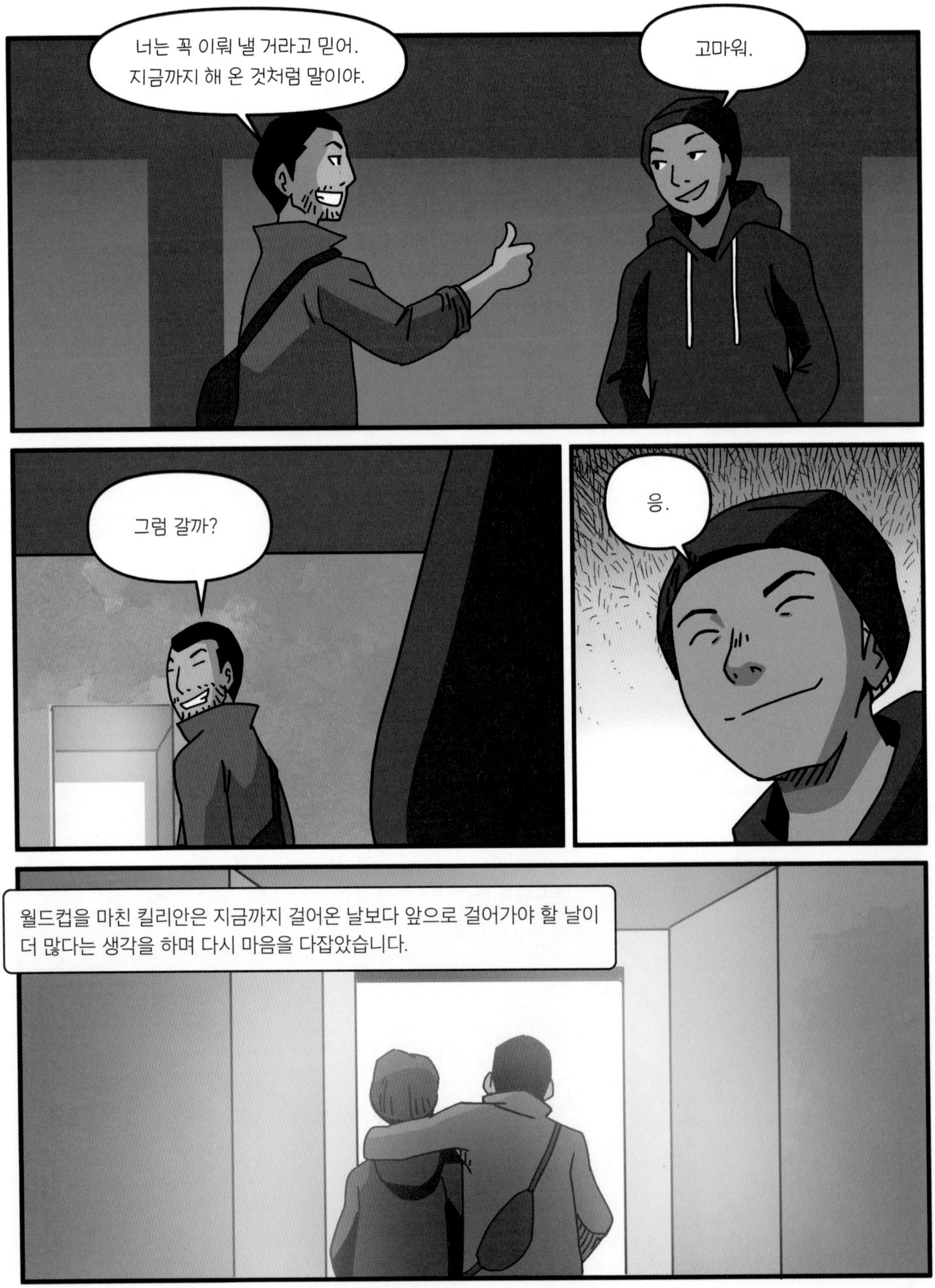
너는 꼭 이뤄 낼 거라고 믿어.
지금까지 해 온 것처럼 말이야.
고마워.
그럼 갈까?
응.
월드컵을 마친 킬리안은 지금까지 걸어온 날보다 앞으로 걸어가야 할 날이 더 많다는 생각을 하며 다시 마음을 다잡았습니다.

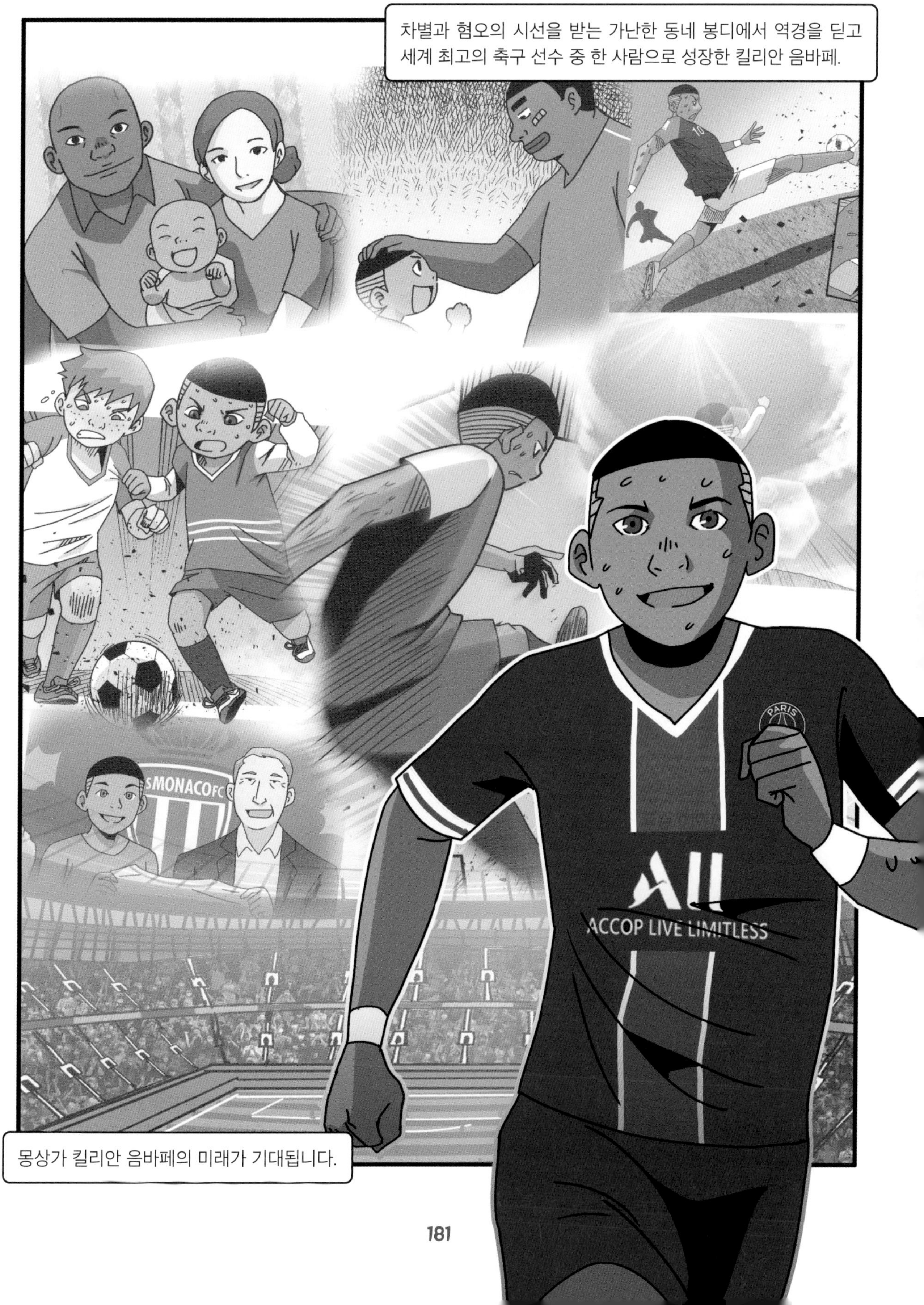
차별과 혐오의 시선을 받는 가난한 동네 봉디에서 역경을 딛고
세계 최고의 축구 선수 중 한 사람으로 성장한 킬리안 음바페.
SMONACOFC
PARIS
ACCOP LIVE LIMITLESS
몽상가 킬리안 음바페의 미래가 기대됩니다.

MBAPPE

⚽ 생각해 보기 🏑

> 책을 다 읽은 뒤 내용을 되새기고
> 생각하는 시간도 필요합니다.
> 책에 대해 주변 사람들과
> 함께 이야기 나누면 더욱 좋아요!

인물 돋보기

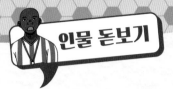

축구계의 떠오르는 별
'킬리안 음바페'가 궁금해!

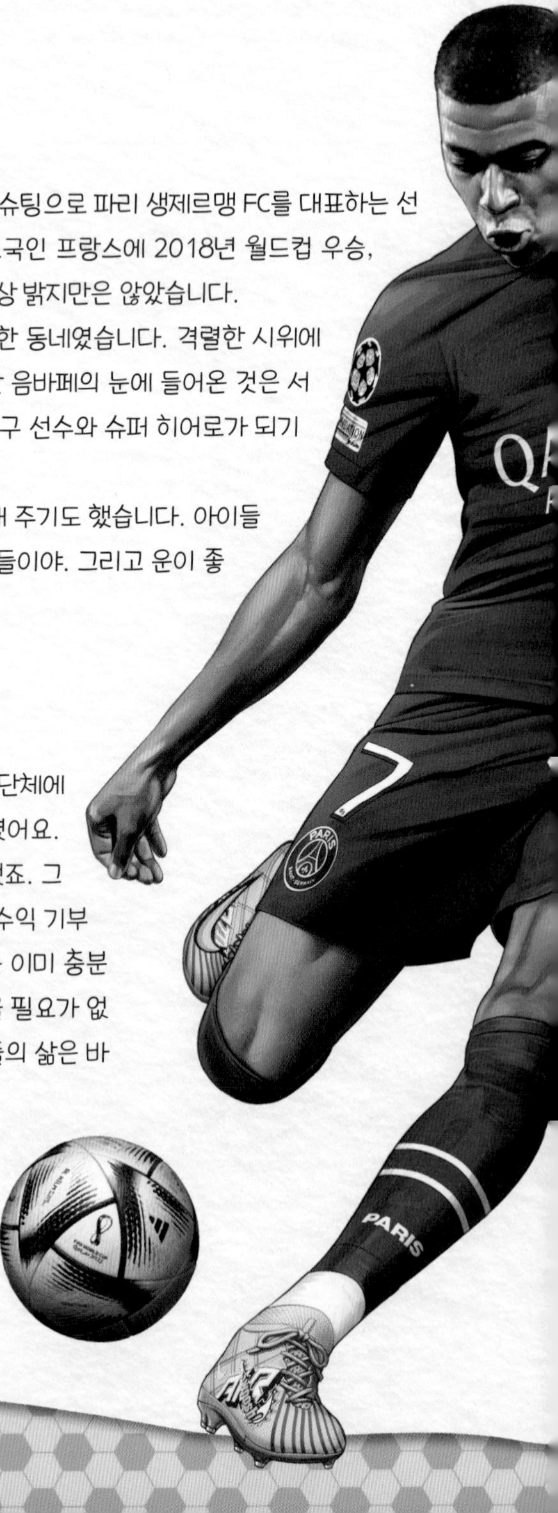
PARIS

가난한 동네에서 꽃 피운 축구에 대한 꿈

시속 38km의 폭발적인 스피드, 수비수들을 제치고 날리는 감각적인 슈팅으로 파리 생제르맹 FC를 대표하는 선수가 된 킬리안 음바페. 국가대표 팀에서도 넘치는 기량을 뽐내며 조국인 프랑스에 2018년 월드컵 우승, 2022년 월드컵 준우승을 안겨 주었어요. 하지만 음바페의 시간이 항상 밝지만은 않았습니다.
음바페가 나고 자란 파리 외곽의 봉디는 이민자들이 모여 사는 가난한 동네였습니다. 격렬한 시위에 휘말리기도 하고 이따금 폭력적인 사건이 터지기도 했습니다. 하지만 음바페의 눈에 들어온 것은 서로를 도우며 살아가는 봉디 사람들, 그리고 열악한 환경 속에서도 축구 선수와 슈퍼 히어로가 되기를 꿈꾸던 친구들의 모습이었습니다.
봉디는 음바페에게 시련을 안기기도 했지만 꺼지지 않는 꿈을 꾸게 해 주기도 했습니다. 아이들에게 쓰는 편지에서 음바페는 이렇게 말합니다. "우리는 미친 몽상가들이야. 그리고 운이 좋게도 꿈을 꾸는 데는 많은 돈이 들지 않아. 사실, 무료지."

음바페의 끊임없는 기부 활동

음바페는 2018년 러시아 월드컵으로 번 수익 약 6억 원을 비영리 단체에 기부하였습니다. 스포츠를 경험하기 어려운 입원 아동들을 위해서였어요. 프랑스에 코로나가 번져 가고 있었을 때는 노숙자들을 위한 기부를 했죠. 그는 지금도 꾸준히 선행을 하며 아이들을 후원하고 있습니다. 월드컵 수익 기부에 대한 인터뷰에서 음바페는 기부의 이유를 이렇게 밝혔어요. "나는 이미 충분한 돈을 벌고 있으며, 조국을 위해 월드컵에서 뛰었기에 그 돈을 받을 필요가 없었다. (그 돈을 가져도) 내 삶은 바뀌지 않지만, 도움이 필요한 사람들의 삶은 바뀔 수 있다."

어린이들에 대한 남다른 사랑

음바페는 2020년 가족들과 함께 "Inspired by KM"이라는 재단을

설립하여 아이들의 스포츠와 문화 활동을 지원하고 있습니다. 이 재단에서는 약 100명의 아동을 지원하며, 아이들을 '별'이라고 부르고 있습니다. 아이들을 사랑하는 음바페의 마음이 느껴지는 애칭이죠. 그는 어린이들의 롤 모델로서 주류와 스포츠 베팅, 인스턴트 음식 광고를 하지 않는 것으로 유명합니다. 또 암 투병 중인 어린이를 위해 직접 응원 영상을 보내기도 하는 등 따뜻한 마음씨를 지닌 선수이지요.

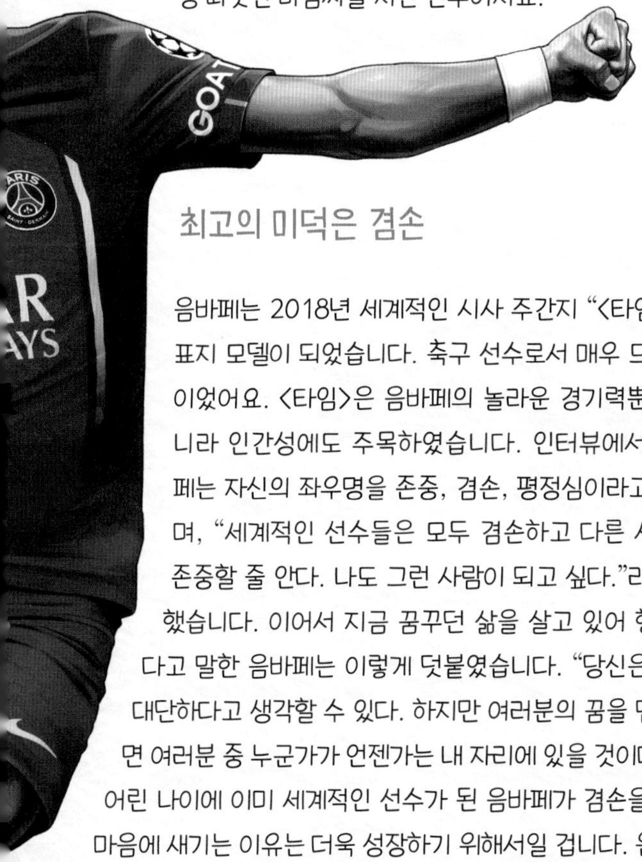

최고의 미덕은 겸손

음바페는 2018년 세계적인 시사 주간지 "〈타임〉"의 표지 모델이 되었습니다. 축구 선수로서 매우 드문 일이었어요. 〈타임〉은 음바페의 놀라운 경기력뿐만 아니라 인간성에도 주목하였습니다. 인터뷰에서 음바페는 자신의 좌우명을 존중, 겸손, 평정심이라고 밝히며, "세계적인 선수들은 모두 겸손하고 다른 사람을 존중할 줄 안다. 나도 그런 사람이 되고 싶다."라고 말했습니다. 이어서 지금 꿈꾸던 삶을 살고 있어 행복하다고 말한 음바페는 이렇게 덧붙였습니다. "당신은 내가 대단하다고 생각할 수 있다. 하지만 여러분의 꿈을 믿는다면 여러분 중 누군가가 언젠가는 내 자리에 있을 것이다."
어린 나이에 이미 세계적인 선수가 된 음바페가 겸손을 항상 마음에 새기는 이유는 더욱 성장하기 위해서일 겁니다. 완벽하다는 생각에 멈추어 버리면 더 이상의 발전은 없을 테니까요. 자신의 앞에 아직도 많은 길이 남아 있음을 아는 선수만이 할 수 있는 말이죠.
여러분에게도 무궁무진한 가능성이 남아 있습니다. 힘든 날이 찾아와도 어린 시절의 음바페를 떠올리며 꿈을 포기하지 마세요. 그렇게 한 걸음씩 나아가다 보면 언젠가 자신의 꿈에 가까이 다가가 있을 테니까요!

꿈이라서 다행이야

그림 이유철

집을 이렇게 만들면 어떡하니!

제발… 이게 다 꿈이었으면!

헉!

찌 링

다행이야. 꿈이었구나.

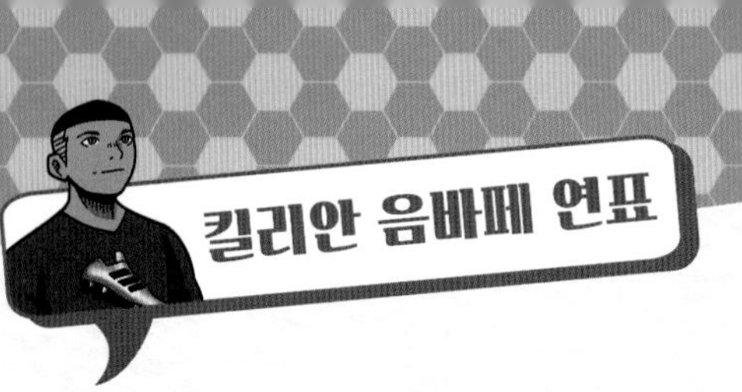

킬리안 음바페 연표

1998~

- 12월 20일 파리 19구에서 출생
- AS 봉디 유소년 팀 입단

2011~2013

- 클레르퐁텐 아카데미 입소
- 첼시 FC의 유소년 캠프 참가
- 레알 마드리드 CF의 유소년 훈련 프로그램 참가
- AS 모나코 FC 유소년 팀 입단

2015

- AS 모나코 FC 소속으로 프로 무대 데뷔
- 구단 최연소 1군 데뷔 기록 경신
- 구단 최연소 득점 기록 경신

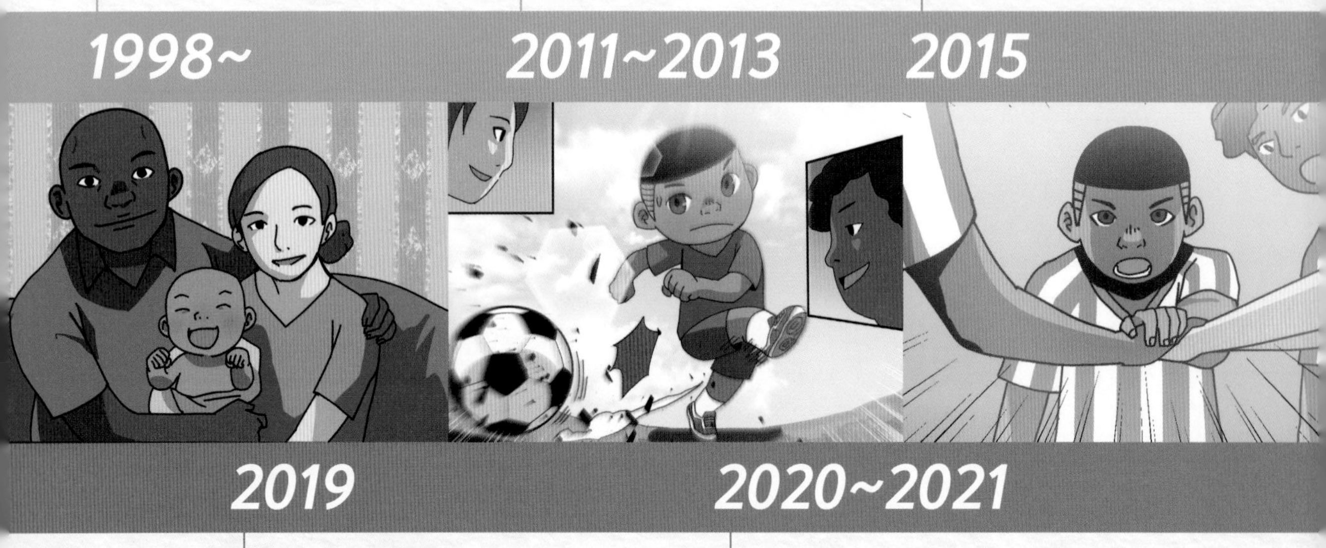

2019

- 리그 1 득점왕
- 리그 1 올해의 선수
- 트로페 코파

2020~2021

- UEFA 챔피언스 리그 결승 진출
- UEFA 네이션스 리그 우승
- UEFA 네이션스 리그 결선 토너먼트 득점왕

2017

- 리그 1 우승
- 리그 1 올해의 팀 선정
- 파리 생제르맹 FC 이적
- 골든보이 상

2018

- 쿠프 드 프랑스 우승
- 러시아 월드컵 우승
- 월드컵 베스트 영 플레이어
- 레지옹 도뇌르 훈장 슈발리에 수훈

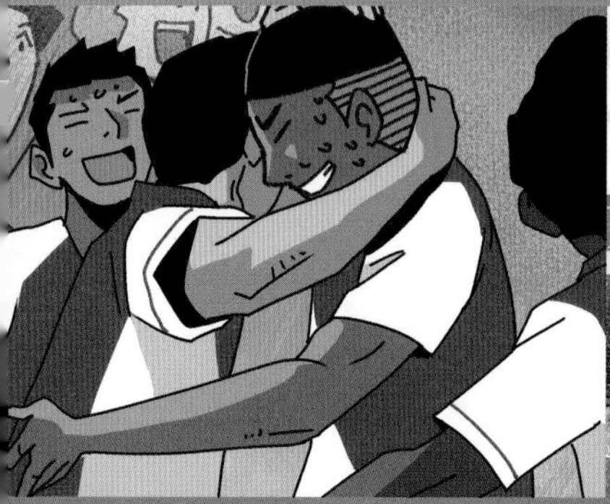

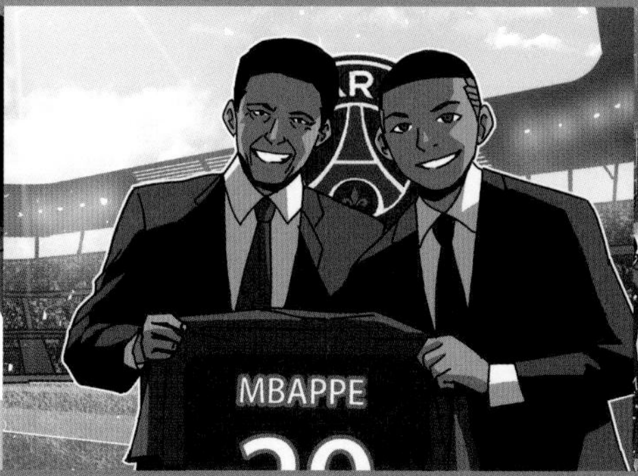
MBAPPE

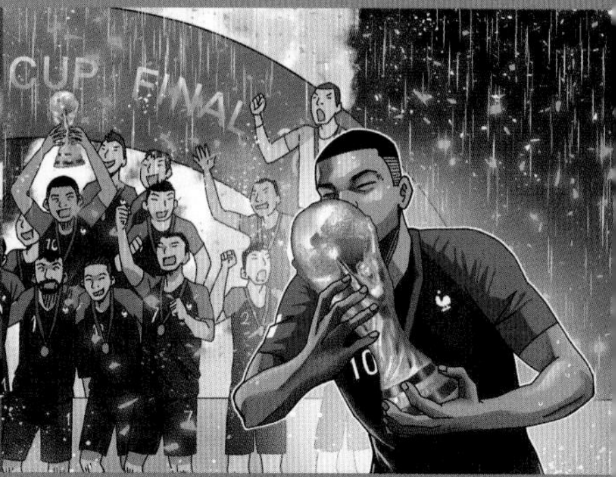
CUP FINAL

2022

- 리그 1 득점왕, 도움왕 동시 달성
- 카타르 월드컵 준우승
- 월드컵 골든 부트
- 월드컵 실버 볼
- 연간 최다 공격 포인트 73개 기록

2023

- 발롱도르 3위
- 파리 생제르맹 FC 소속 선수 중 최다 득점 기록 경신
- ESPN 올해의 공격수
- ESM 올해의 팀

여러분이 생각하는 축구란 무엇인가요?

음바페는 축구는 팀이 함께하는 것이며 동료가 없으면 경기에 나갈 수조차 없는 스포츠라는 이야기를 듣고 팀워크에 대해 깨우쳤습니다. 이후 "나는 팀을 위해 최선을 다하려는 마음으로 경기장에 있을 뿐이다."라는 말을 하기도 했어요. 여러분이 생각하는 축구란 어떤 스포츠인가요? 나아가 여러분이 생각하는 훌륭한 축구 선수가 갖춘 덕목은 무엇인지, 축구 경기 속 명장면과 그 이유는 무엇인지 생각해 봅시다.

내가 생각하는 축구란?

_____

_____

_____

훌륭한 축구 선수가 갖춰야 할 세 가지 덕목

① _____

② _____

③ _____

내가 뽑은 축구 명장면과 그 이유

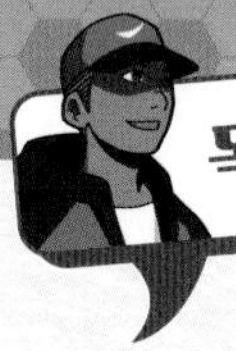

독후 활동 2

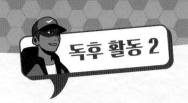

잔디 위를 누비는 멋진 축구 선수가 되어 봐요!

책을 읽고 축구에 흥미를 가지게 되었나요? 그렇다면 멋진 축구 선수가 되어 보는 상상에 퐁당 빠져 보아요. 내가 맡고 싶은 포지션은 무엇인지, 나와 함께 뛸 선수들은 누가 될지 생각해 봅시다.

포지션별 특징

골키퍼	• 넓은 시야로 예상치 못한 곳에서 날아오는 공까지 방어한다. • 민첩하게 움직이고 손과 발을 이용하여 공을 제어한다. • 공이 날아올 곳을 예측하여 적절한 위치를 선점한다.
공격수	• 자유자재로 볼을 다루고 원하는 위치에 공을 차 넣는다. • 빠른 판단으로 공을 어디로 보내고 받을지 예상한다. • 오프사이드에 주의하고 수비수를 따돌린 후 득점한다.
수비수	• 상대의 다음 행동과 공의 경로를 예상하고 차단한다. • 골키퍼를 보조하며 페널티 에어리어로 들어온 공을 밖으로 밀어낸다. • 상대의 돌파를 막고 필요한 경우 공격적인 플레이를 구사한다.
미드필더	• 상대에게 공이 있을 경우 공을 빼앗고 지킨다. • 공격과 수비 양쪽에서 활약해야 하는 만큼 다재다능하다. • 정확한 패스를 통해 기회를 만들고 득점으로 연결한다.

내가 하고 싶은 포지션 ______________________

나와 함께 뛸 선수들은?

여러분과 함께 뛸 10명의 선수는 누가 될까요? 각 선수를 어떤 포지션에 둘지, 대형은 무엇이 좋을지 자유롭게 상상해 그려 봅시다.

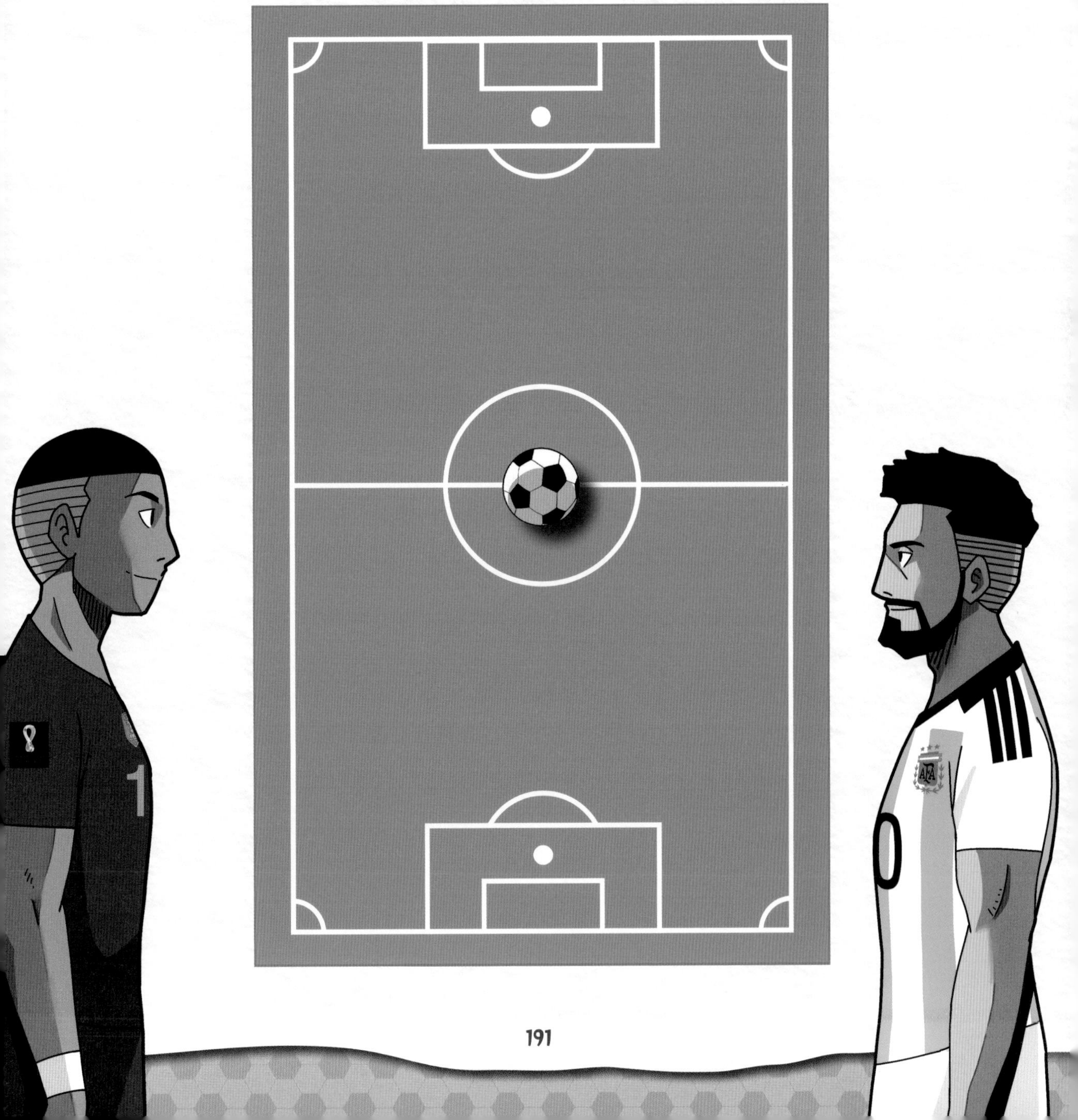

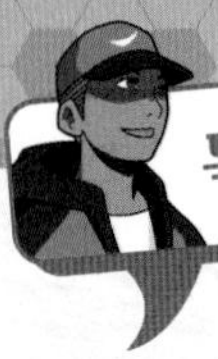

독후 활동 3

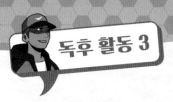

여러분은 무엇을 베풀고 싶나요?

음바페는 한 잡지와의 인터뷰에서 "나는 단순히 골을 넣고 돈을 가져가는 사람 이상이 되고 싶다."라고 말했습니다. 자신이 가진 것들을 베풀고 나눔으로써 음바페는 실제로 축구 선수 이상의 영향력을 발휘하고 있지요.

음바페는 파리의 불우한 청소년들을 위한 재단을 설립하고 프랑스에서 매년 열리는 자선 행사에 참여하는 등 선행을 이어가고 있습니다. 배우고 얻은 것을 베풀고 싶다는 자신의 두 번째 꿈을 실현한 거예요.

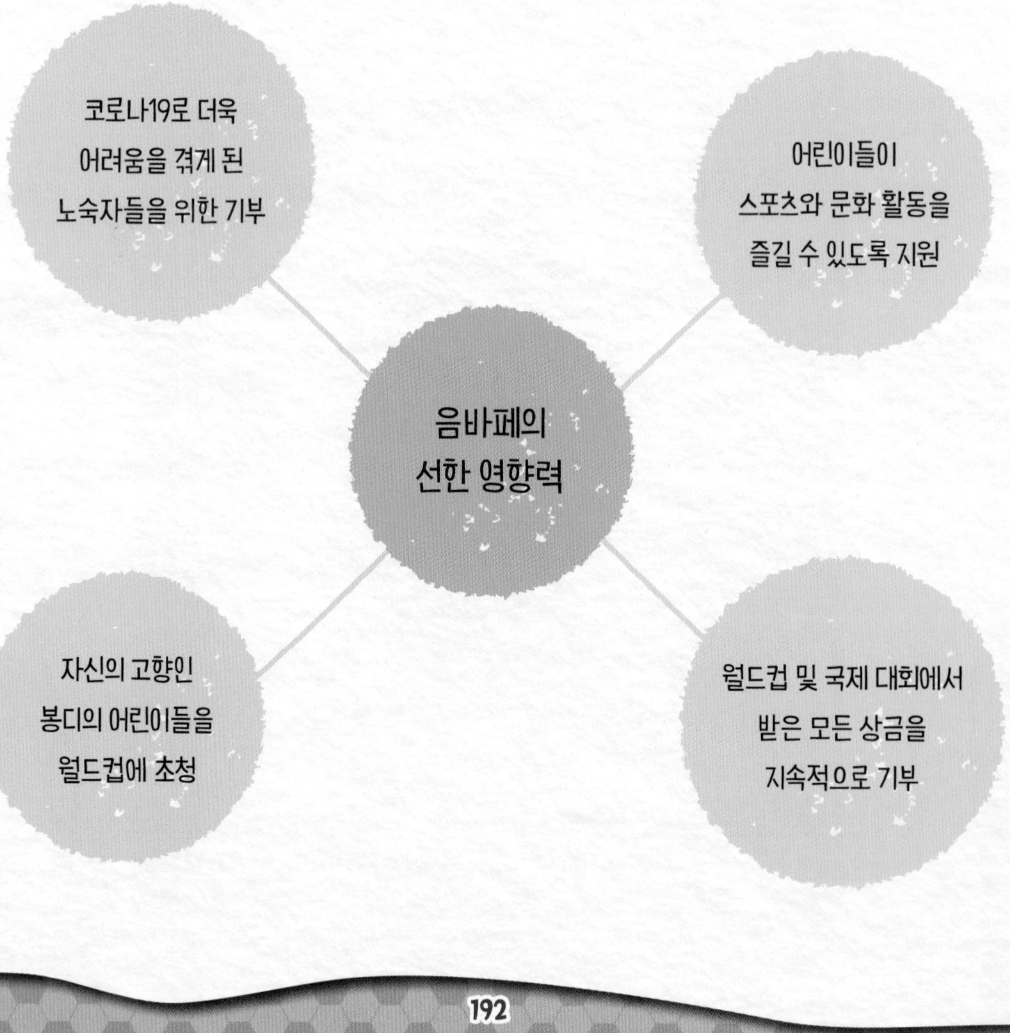
코로나19로 더욱 어려움을 겪게 된 노숙자들을 위한 기부
어린이들이 스포츠와 문화 활동을 즐길 수 있도록 지원
음바페의 선한 영향력
자신의 고향인 봉디의 어린이들을 월드컵에 초청
월드컵 및 국제 대회에서 받은 모든 상금을 지속적으로 기부

선한 영향력은 세상을 밝게 비추는 빛입니다. 이 빛을 받고 자라난 사람들이 또 다른 곳에서 선한 영향력을 발휘할 때 세상은 더 좋은 곳이 될 것입니다. 여러분도 음바페처럼 베풀고 싶은 것이 있나요? 여러분이 세계적인 인물이 된다면 어떤 선한 영향력을 발휘할 수 있을까요?

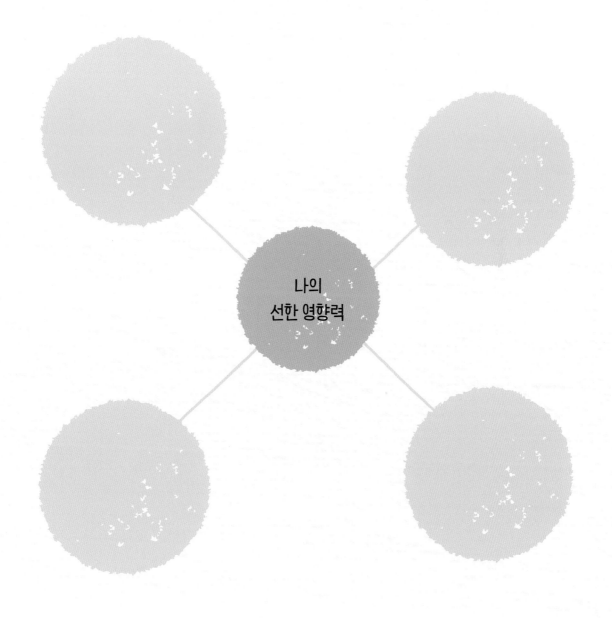

나의
선한 영향력

 스페셜

킬리안 음바페

초판 1쇄 발행 2024년 1월 30일
초판 4쇄 발행 2024년 5월 24일

글 김현수 **그림** 이유철 **표지화** 신춘성

펴낸이 김선식
펴낸곳 다산북스

부사장 김은영
어린이사업부총괄이사 이유남
디자인 김은지 **책임마케터** 안호성
어린이콘텐츠사업1팀장 최인수 **어린이콘텐츠사업1팀** 김은지 박세미 강푸른
마케팅본부장 권장규 **마케팅3팀** 최민용 안호성 박상준 송지은
미디어홍보본부장 정명찬
편집관리팀 조세현 김호주 백설희 **저작권팀** 한승빈 이슬 윤제희 **제휴홍보팀** 류승은 문윤정 이예주
재무관리팀 하미선 윤이경 김재경 이보람 임혜정
인사총무팀 강미숙 지석배 김혜진 황종원
제작관리팀 이소현 김소영 김진경 최완규 이지우 박예찬
물류관리팀 김형기 김선민 주정훈 김선진 한유현 전태연 양문현 이민운

출판등록 2005년 12월 23일 제313-2005-00277호
주소 경기도 파주시 회동길 490
전화 02-704-1724 **팩스** 02-703-2219
다산어린이 카페 cafe.naver.com/dasankids **다산어린이 블로그** blog.naver.com/stdasan
종이 스마일몬스터 **인쇄** 민언프린텍 **코팅 및 후가공** 제이오엘앤피 **제본** 대원바인더리

ISBN 979-11-306-5013-5 14990

KC
품명: 도서 | **제조자명:** 다산북스
제조국명: 대한민국 | **전화번호:** 02)704-1724
주소: 경기도 파주시 회동길 490
제조년월: 판권 별도 표기 **사용연령:** 8세 이상

※ KC마크는 이 제품이 공통안전기준에 적합하였음을 의미합니다.

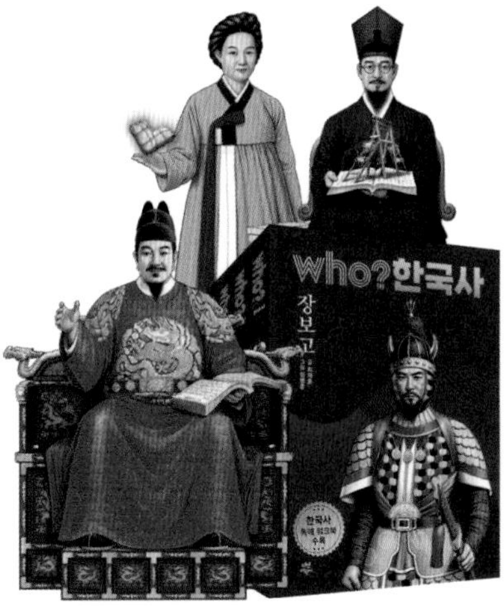

who? 한국사

초등 역사 공부의 첫 단추! '인물'을 알아야 시대가 보인다

● 선사·삼국 ● 남북국 ● 고려 ● 조선 ● 근대

01 단군·주몽
02 혁거세·온조
03 근초고왕
04 광개토 대왕
05 진흥왕
06 의자왕·계백
07 연개소문
08 김유신
09 대조영
10 원효·의상
11 장보고
12 최치원
13 견훤·궁예
14 왕건
15 서희·강감찬
16 묘청·김부식
17 의천·지눌
18 최충헌
19 공민왕
20 정몽주
21 이성계·이방원
22 정도전
23 세종 대왕
24 김종서·세조
25 조광조
26 이황·이이
27 신사임당·허난설헌
28 이순신
29 광해군
30 김홍도·신윤복
31 정조
32 김만덕·임상옥
33 정여립·홍경래
34 박지원
35 정약용
36 최제우·최시형
37 김정호·지석영
38 전봉준
39 김옥균
40 흥선 대원군·명성 황후
41 허준
42 선덕 여왕
43 윤봉길
44 안중근
45 유관순
46 을지문덕

※ who? 한국사(전 46권) | 대상 초등학교 전 학년 | 책 크기 188×255 | 각 권 페이지 190쪽 내외

who? 인물 중국사

인물로 배우는 최고의 역사 이야기

01 문왕·무왕
02 강태공·관중
03 공자·맹자
04 노자·장자
05 한비자·진시황
06 유방·항우
07 한 무제·사마천
08 조조·유비
09 제갈량·사마의
10 왕희지·도연명
11 당 태종·측천무후
12 현장 법사
13 이백·두보
14 왕안석·소동파
15 주희·왕양명
16 칭기즈 칸
17 주원장·영락제
18 정화
19 강희제·건륭제
20 임칙서·홍수전
21 증국번·호설암
22 서 태후·이홍장
23 캉유웨이·위안스카이
24 쑨원
25 루쉰
26 장제스·쑹칭링
27 마오쩌둥
28 저우언라이
29 덩샤오핑
30 시진핑

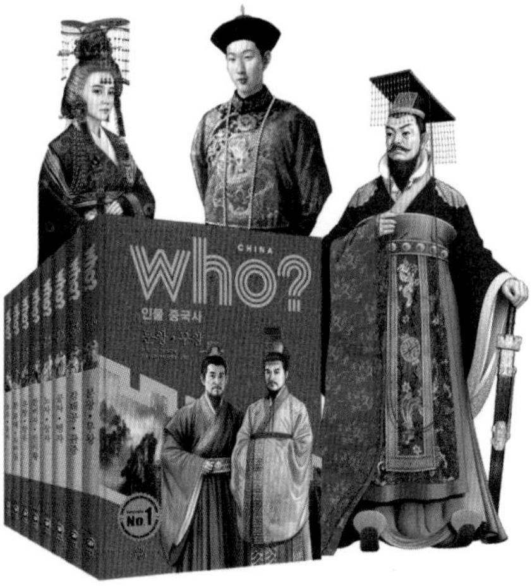

※ who? 인물 중국사(전 30권) | 대상 초등학교 전 학년 | 책 크기 188×255 | 각 권 페이지 190쪽 내외

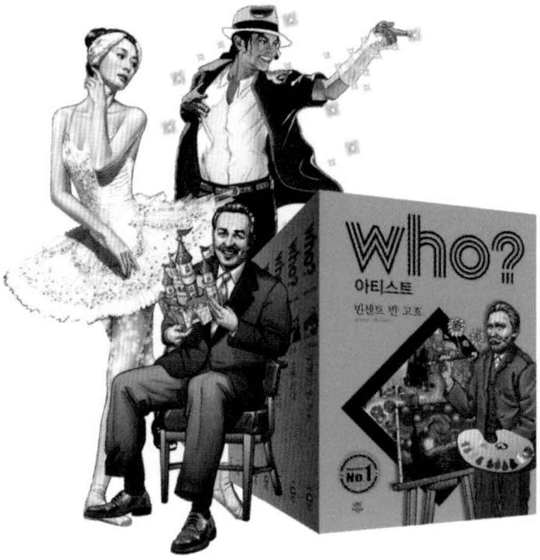

who? 아티스트

최고의 명작을 탄생시킨 아티스트들을 만나다

● 문화·예술·언론·스포츠

01 조앤 롤링
02 빈센트 반 고흐
03 월트 디즈니
04 레오나르도 다빈치
05 오프라 윈프리
06 마이클 잭슨
07 코코 샤넬
08 스티븐 스필버그
09 루트비히 판 베토벤
10 안토니 가우디
11 김연아
12 오드리 헵번
13 찰리 채플린
14 펠레
15 레프 톨스토이
16 버지니아 울프
17 마이클 조던
18 정명훈
19 한스 크리스티안 안데르센
20 미야자키 하야오
21 강수진
22 마크 트웨인
23 리오넬 메시
24 이사도라 덩컨
25 앤디 워홀
26 백남준
27 마일스 데이비스
28 안도 다다오
29 조지프 퓰리처
30 프리다 칼로
31 우사인 볼트
32 조성진
33 마리아 칼라스
34 오귀스트 로댕
35 오리아나 팔라치
36 프레데리크 쇼팽
37 시몬 드 보부아르
38 존 레넌
39 밥 말리
40 파블로 피카소

※ who? 아티스트(전 40권) | 대상 초등학교 전 학년 | 책 크기 188×255 | 각 권 페이지 190쪽 내외

who? 인물 사이언스

기술로 세상을 발전시킨 과학자들의 이야기

※ who? 인물 사이언스 (전 40권) | 대상 초등학교 전 학년 | 책 크기 188×255 | 각 권 페이지 180쪽 내외

who? 세계 인물

만화로 만나는 세상을 바꾼 위대한 인물들의 이야기

※ who? 세계 인물 (전 40권) | 대상 초등학교 전 학년 | 책 크기 188×255 | 각 권 페이지 180쪽 내외

who? 스페셜 · K-pop

아이들이 가장 만나고 싶고, 닮고 싶은 현대 인물 이야기

※ who? 스페셜 · K-pop | 대상 초등학교 전 학년 | 책 크기 188×255 | 각 권 페이지 190쪽 내외